21世纪中国象棋布局丛书

梁文斌 张志强 编著

21世纪中国

象棋布局

第二辑

经济管理出版社

ECONOMY & MANAGEMENT PUBLISHING HOUSE

图书在版编目(CIP)数据

21世纪中国象棋布局. 第2辑/梁文斌,张志强编著. —北京:经济管理出版社,2009.7

ISBN 978－7－5096－0665－0

Ⅰ.2… Ⅱ.①梁…②张… Ⅲ.中国象棋－布局(棋类运动) Ⅳ.G891.2

中国版本图书馆CIP数据核字(2009)第104195号

出版发行:*经济管理出版社*

北京市海淀区北蜂窝8号中雅大厦11层

电话:(010)51915602　　邮编:100038

印刷:三河市文阁印刷厂　　　　经销:新华书店

组稿编辑:郝光明　　　　　　责任编辑:郝光明

技术编辑:蒋　方　　　　　　责任校对:郭　佳

880mm×1230mm/32　　　10.875印张　306千字

2009年10月第1版　　　　2012年4月第2次印刷

定价:20.00元

书号:ISBN 978－7－5096－0665－0

序

《21世纪中国象棋布局》（第一辑）问世后，读者反响热烈，认为这本书有特色，实用性强，要求我们继续推出大师们在新世纪的新作品。

目前市场上讲解象棋布局的书有很多，各有特色，对广大象棋爱好者提高棋艺都有帮助，读者可根据自己的爱好选择。

本书也有自己的特色。

《21世纪中国象棋布局》（第一辑）收录了自2000年至2004年全国所有大型比赛中的十三种布局"秘密武器"。后来据出版社的负责同志说，发行量还不错，于是从那时起，我们便萌生了续写姊妹篇的想法。

客观地说，现今市面上的布局书已经为数不少，甚至让我们有些眼花缭乱，那么我们为什么还要分一杯羹呢？在此，笔者利用卷首有限的空间略加诠释，希望对读者了解阅读这本书有一定的引导作用。

1. 新潮前卫，与时俱进。本书收集了2005年至2008年全国所有大型比赛的十六种主流布局，像为广大棋迷熟知的中炮急冲中兵对屏风马平炮兑车、中炮直横车对屏风马两头蛇、五七炮对屏风马进7卒、顺炮等等。

2. 时间为序，追根溯源。每种布局均以时间为序，独立成章，较为详尽地向读者展示其演变过程。换言之，也就是如何问世、否定、蛰伏、修正的发展轨迹。

3. 文武兼收，相得益彰。对每种布局演变过程中的历史背景、棋手风格、临杆心态都采用了同步的方式进行"现场直播"。力争让广大象棋爱好者如闻其声、如见其人、如感其言、如临其境。这一点有别于一般象棋书籍偏重技术，而忽视了必要的文字说明。

4. 棋图跟踪，便于阅读。按照对局的步数变化，相应地增加棋图，用图示代替运子变化过程中的记忆。力争让读者不用实盘打谱，而仅凭持书阅读，就能掌握书中的内容。

子落惊风雨，棋成泣鬼神。在《21世纪中国象棋布局》（第二辑）即将出版之际写下这些，欢迎读者批评指正。

张志强

2009 年 6 月

目 录

第一章　中炮急冲中兵对屏风马平炮兑车…………………………… (1)

第一节　2005年"威凯房地产杯"新变例 ……………………… (1)

第二节　2005年团体赛新变例 ………………………………… (9)

第三节　2005年少年赛新变例 ………………………………… (15)

第四节　2005年个人赛新变例 ………………………………… (22)

第五节　第5届"威凯房地产杯"新变例 ……………………… (39)

第六节　2006年等级赛新变例 ………………………………… (42)

第七节　2007年象甲联赛新变例 ……………………………… (47)

第八节　2008年团体赛新变例 ………………………………… (54)

第九节　2008年个人赛新变例 ………………………………… (56)

第二章　中炮直横车对屏风马两头蛇………………………………… (65)

第一节　2005年个人赛新变例 ………………………………… (65)

第二节　2006年个人赛新变例 ………………………………… (68)

第三节　2007年第6届"嘉周杯"新变例 ……………………… (74)

第四节　2007年大师赛新变例 ………………………………… (78)

第五节　2008年"威凯房地产杯"新变例 ……………………… (86)

第六节　2008年"嘉周杯"新变例 …………………………… (94)

第七节　2008年象甲联赛新变例 ……………………………… (98)

第八节　2008年首届智运会新变例 …………………………… (103)

第三章　中炮进三兵对屏风马挺 3 卒…………………………（108）

第一节　2007 年象甲联赛新变例 …………………………（108）

第二节　2008 年象甲联赛新变例 …………………………（111）

第三节　2008 年明星赛新变例 ……………………………（122）

第四节　2008 年山东棋王赛新变例 ………………………（126）

第五节　其他比赛新变例 …………………………………（130）

第四章　中炮对屏风马进 7 卒…………………………（139）

第一节　2005 年全国区县级赛新变例 ……………………（139）

第二节　2005 年浙江"三环杯"赛新变例 ………………（145）

第三节　2005 年个人赛新变例 ……………………………（149）

第四节　第 3 届体育大会新变例 …………………………（158）

第五节　2006 年个人赛新变例 ……………………………（162）

第六节　2007 年团体赛新变例 ……………………………（166）

第七节　2008 年团体赛新变例 ……………………………（169）

第五章　五九炮过河车对屏风马平炮兑车……………（172）

第一节　2006 年"威凯房地产杯"新变例 ………………（172）

第二节　2007 年第 6 届"嘉周杯"新变例 ………………（176）

第三节　2007 年象甲联赛新变例 …………………………（179）

第四节　2008 年荥阳争霸赛新变例 ………………………（196）

第六章　中炮过河车对屏风马左马盘河………………（201）

第一节　2006 年团体赛新变例 ……………………………（201）

第二节　2006 年个人赛新变例 ……………………………（208）

第三节　2007 年团体赛新变例 ……………………………（211）

第七章　五六炮过河车进七兵对屏风马平炮兑车……（218）

第一节　2005 年个人赛新变例 ……………………………（218）

　　第二节　2007 年个人赛新变例 ………………………… (223)

第八章　中炮对左三步虎……………………………… (231)

　　第一节　2006 年个人赛新变例 ………………………… (231)

　　第二节　2007 年象甲联赛新变例 ……………………… (242)

第九章　中炮巡河车对屏风马挺 3 卒………………… (248)

　　第一节　2006 年个人赛新变例 ………………………… (248)

　　第二节　2007 年个人赛新变例 ………………………… (252)

第十章　顺炮……………………………………………… (257)

　　第一节　2005 年等级赛 & 区县级赛新变例 …………… (257)

　　第二节　2005 年浙江"三环杯"赛新变例 …………… (261)

　　第三节　2005 年个人赛新变例 ………………………… (264)

　　第四节　2007 年个人赛新变例 ………………………… (276)

第十一章　左炮封车转列炮…………………………… (281)

　　第一节　2005 年个人赛新变例 ………………………… (281)

　　第二节　2008 年象甲联赛新变例 ……………………… (286)

第十二章　仙人指路…………………………………… (290)

　　第一节　对兵局 ………………………………………… (290)

　　第二节　仙人指路对卒底炮 …………………………… (308)

第十三章　其他布局…………………………………… (316)

　　第一节　起马局 ………………………………………… (316)

　　第二节　中炮七路马对屏风马双炮过河 ……………… (320)

　　第三节　中炮直车对反宫马 …………………………… (328)

　　第四节　中炮过河车七路马对屏风马平炮兑车………… (332)

第一章　中炮急冲中兵对
屏风马平炮兑车

　　21世纪初期，中炮过河车急冲中兵对屏风马平炮兑车布局在全国赛场上越发炙手可热。它作为一种快节奏的攻法，常为喜攻好杀的棋手所采用。从20世纪60年代演化至今，布局体系已逐渐完善深化，红方连冲中兵辅以盘头马，展开中路攻势，黑方则退边炮平7路打车，反冲7卒发起反击，以后双方短兵相接，对攻激烈，变化十分复杂。从实战对局的胜率来看，可以说是胜负参半，难分伯仲。自2004年以来，棋手们积极创新，开拓进取，不断有新款战术在比赛中涌现，可谓琳琅满目，佳作频现。下面就让我们一同来领略大师们在历年大赛中的神来之笔。

第一节　2005年"威凯房地产杯"新变例

一

　　2004年全国象棋个人赛，急冲中兵上仕战术以"象嘴献车"的惊险动作吸引了棋界人士的眼球。当一种新着出现之后，与之对抗的战术必然会应运而生。

1. 炮二平五　马8进7	2. 马二进三　卒7进1
3. 车一平二　车9平8	4. 车二进六　马2进3
5. 兵七进一　炮8平9	6. 车二平三　炮9退1
7. 兵五进一　士4进5	8. 兵五进一　炮9平7

9. 车三平四　卒7进1　　　10. 马三进五　卒7进1

11. 马五进六　车8进8　　　12. 马八进七　象3进5

13. 马六进七　车1平3　　　14. 前马退五　车3平4

15. 仕四进五（图1）……

如图1形势，红方上仕最早出现在2003年网上比赛，经过一段时间考验之后正式出现在全国大赛的赛场上。

15. ……　　　　车8进1　　　16. 炮八平九　马7进8

五步穿槽马开始起跳！

17. 车四平三　马8进6

弃炮抢攻乃既定方针。

18. 车三进二　车8平7

19. 仕五退四　炮2退1（图2）

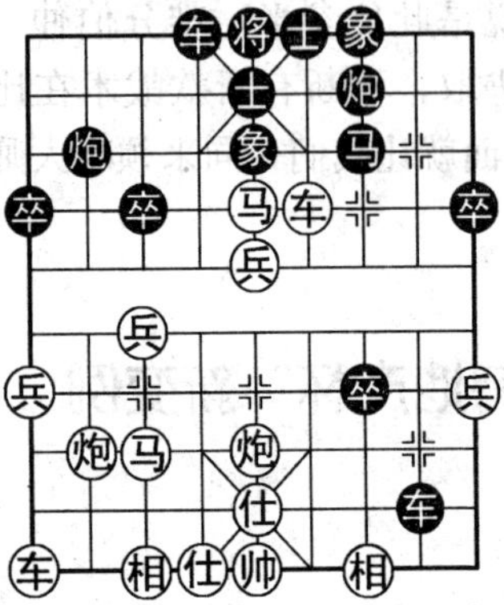

图1 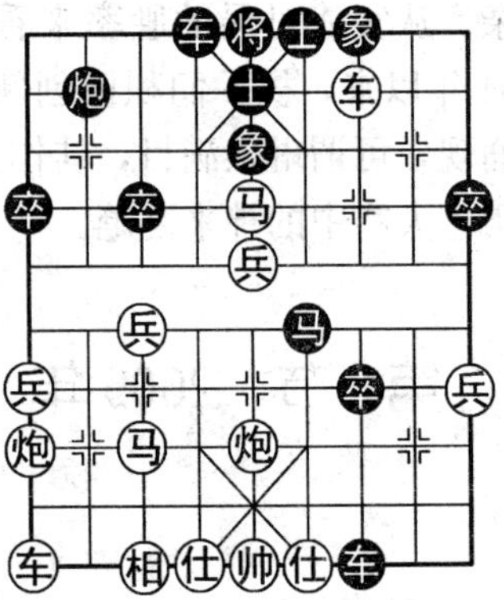　　　　　　　　　　图2

逼红车定位是很重要的顿挫战术。如图2形势，红方以下有车三退三和车三退一两种选择，演示如下：

（一）车三退三
（3月23日洪智VS谢岿之战）

20. 车三退三　……

献车象嘴是惊险的高难度动作，具有强烈的对杀之意。如误走车三退四，马 6 进 4，红要丢车。

20.……　　　马 6 进 4

白吃为什么不吃？因在 2004 年 11 月 8 日朱晓虎 VS 党斐之战曾这样下过：象 5 进 7，兵五平四，马 6 进 5，炮九平五，车 4 进 8，车九平八，炮 2 进 7，马五进七，象 7 退 5，后马进五，红优。

21. 车九进一　象 5 进 7　　**22.** 马五退三　象 7 进 5

飞象解杀是谢岿大师创出的最新布局飞刀。

23. 马三退五……

红如改走炮五进五，士 5 进 6，马三进四，炮 2 平 6，仕六进五，卒 7 平 6，黑方好下。

23.……　　　卒 7 进 1

24. 兵五进一　车 7 退 1

妙！多车欺少车。

25. 炮五退一（图 3）……

煞费苦心。如图 3 形势，红方另有两种选择：①仕六进五，马 4 进 3，车九平七，炮 2 进 8，仕五退六，车 4 进 9，黑胜。②仕四进五，车 4 进 4，兵五进一，车 4 平 8，兵五进一，士 6 进 5，马五进四，将 5 平 6，黑优。

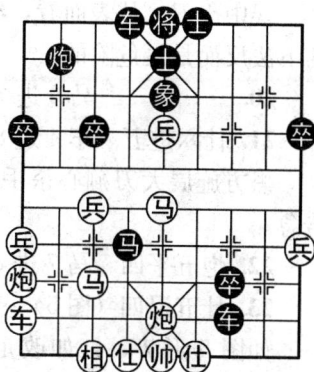
图 3

25.……　　　车 4 进 4

26. 车九平八　炮 2 进 5

27. 马五进四　炮 2 平 9

右炮左移叫杀，红方难以应付。

28. 相七进五　马 4 进 6

29. 炮五平四　将 5 平 4

30. 兵五进一　炮 9 进 3

31. 仕四进五　车 7 进 1

32. 仕五退四　卒 7 进 1（图 4）

如图 4 形势，至此黑方胜势。

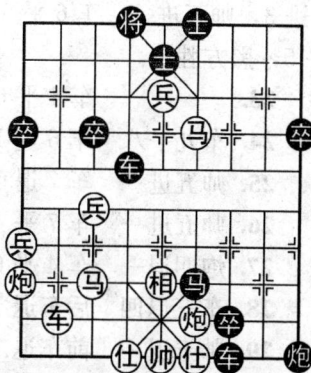
图 4

小结：最新布局飞刀十分锋利，如重演此局请谨慎。

（二）车三退一
（3月25日曹岩磊VS赵剑之战）

20. 车三退一　……

误中飞刀。从表面看，红车退一步无可非议，但有时看似最安全的下法反而是最危险的。

20. ……　　　马6进7

21. 仕六进五　车4进8

黑方施展大刀剜心杀手，红方形势告急。

22. 炮五平四　马7进6

23. 仕五退四（图5）……

如图5形势，红如改走炮四退一，车7平9，马七进五，车4退2，以下红有两种选择：①仕五退四，车9平6，帅五进一，车4平5，炮九平五，车5平6，黑方胜势。②后马进四，马6退8，炮四退一，马8进6，仕五退四，车4平6，马四退三，车6进3，帅五进一，车6平5，帅五平六，车9退1，帅六进一，车9平5，黑方胜定。

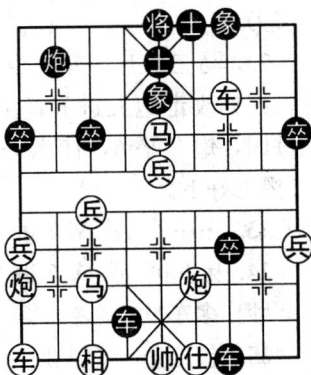
图5

23. ……　　　车4平6

24. 车九平八　车6进1

25. 帅五进一　车7退1

26. 帅五进一　车7平4

27. 炮四退一　车4平6

28. 车三退四　后车退1

29. 帅五退一　前车退1

30. 帅五退一　后车平3（图6）

如图6形势，至此黑胜。

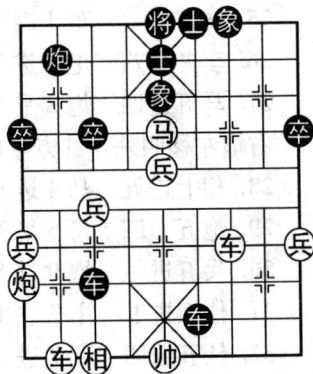
图6

小结：记得《棋艺》对这一路变化有过论述，现又误落陷阱实在令人惋惜！倘若少年读者每月少吃半个汉堡包，成年读者每月少喝两口五粮液，买本《棋艺》看看，就有可能远离布局陷阱与飞刀！

二

1. 炮二平五　马8进7	2. 马二进三　车9平8
3. 车一平二　卒7进1	4. 车二进六　马2进3
5. 兵七进一　炮8平9	
6. 车二平三　炮9退1	
7. 兵五进一　士4进5	
8. 兵五进一　炮9平7	
9. 车三平四　卒7进1	
10. 马三进五　卒7进1	
11. 马五进六　车8进8	
12. 马八进七　象3进5	
13. 车九进二（图7）……	

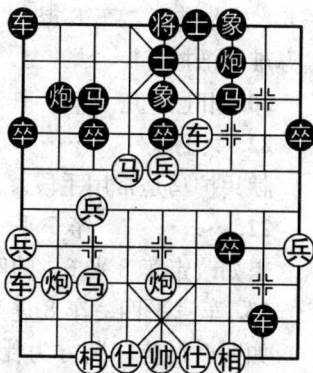

图7

高边车看似笨拙而实则含有诱敌深入之意。如图7形势，黑方有马7进8与卒7平6两种选择，分述如下：

（一）马7进8
（3月23日苗利明 VS 张申宏之战）

13. ……　　　马7进8

飞马踏车，动了谋吃红方边车的贪念。

14. 车四平三　马8进6	15. 车三进二　马6进4
16. 仕四进五　马4进3	
17. 帅五平四　前马退1（图8）	

如图8形势，五步穿槽马完成了谋车的任务，但效果究竟如

何呢？

18. 马六进七　　卒 5 进 1

19. 后马进五　……

盘中马是抢先夺势的佳着。如改走相七进九，车 1 平 3，前马退五，车 8 平 7，相三进一，车 3 平 4，黑方好下。

19. ……　　　　车 8 退 4

如改走马 1 进 2，炮五进三，卒 7 平 6，马七进五，车 8 退 4，炮八平五，黑方难以抵挡。

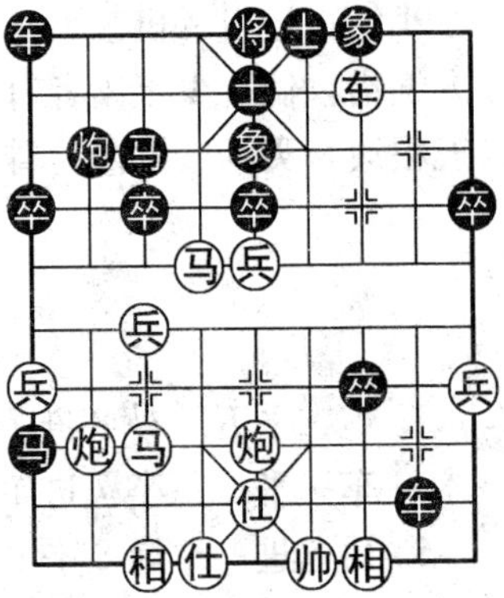

20. 相七进九　　车 1 平 3

22. 兵七进一　……

献兵护马是常用手段。

22. ……　　　　卒 7 平 6

黑如改走车 8 平 6，帅四平五，卒 7 平 6，炮八进三，红方亦优。

23. 车三平四　　车 8 进 5（图 9）

如图 9 形势，黑方为什么不改走卒 5 进 1 呢？因红可接走马七进五！士 6 进 5，炮五进五，士 5 进 6，马六进四，红方胜势。

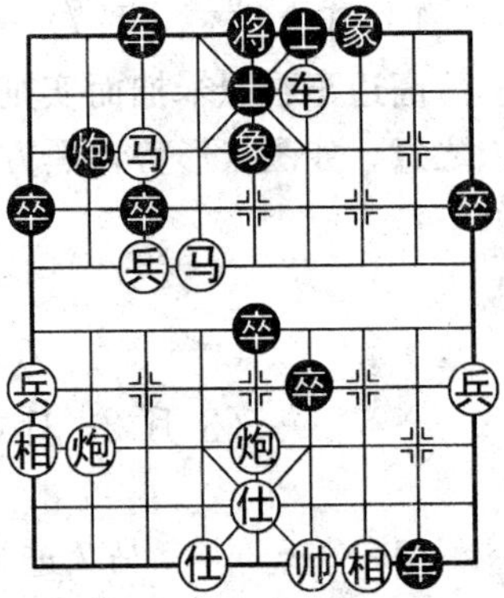

24. 马七进五　……

飞马踏士痛下杀手。双方对杀，速度往往是决定胜负的主要因素。

24. ……　　　　车 8 平 7

25. 帅四进一　　士 6 进 5

26. 炮五进五　……

炮轰中象，彻底打开黑方防线。

26. ……　　　　士 5 进 6

无可奈何，唯一的解着。

28. 炮五平八　　卒 5 进 1

图 8

21. 马五进六　　卒 5 进 1

图 9

27. 炮五退一　　炮 2 进 1

黑如改走车7退2，前炮平一，象7
进9，炮一平五，红胜。

29. 车四退一　　车3进1

30. 马六退五（图10）

如图10形势，以下黑如续走车3
平8，则后炮平五，将5平4，车四平
六，车8平4，炮五平六，红胜。

小结：此变黑方贪食红车，结果被
红方乘机抢攻入局。那么黑方正确的应
法是什么呢？请看下局。

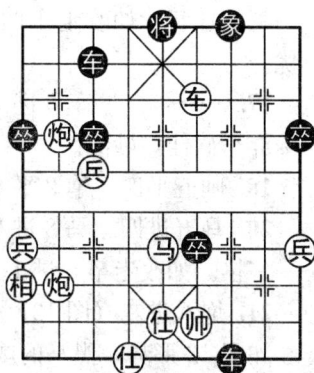

图10

（二）卒7平6
（3月24日卜凤波VS张强之战）

13. ……　　　　卒7平6

仅过一天，张强大师又遭遇同张申宏一样的挑战。此着平卒攻相
是改进之着，这一战术在网上是非常流行的。

14. 马七退五　……

新颖的探索性战术。可能顾忌如改
走车四退三，炮7进8，仕四进五，车8
进1，马六进七，卒5进1，黑方弃子后
有攻势。

14. ……　　　　车8平6

15. 相三进一　　马7进8（图11）

如图11形势，黑方见时机成熟，
于是飞马踏车发起进攻。

16. 车四进二　……

如改走车四平三，炮7平6，黑优。

16. ……　　　　炮2退1　　　　　**17. 炮五平三　……**

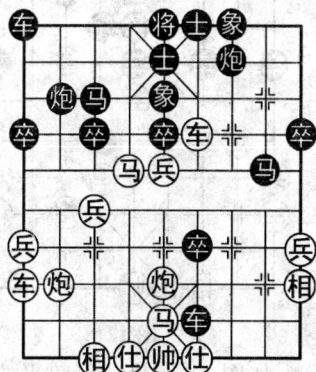

图11

解围佳着。如改走车四退三，马8进7，车四进一，马7进8，黑优。

17. …… 车6进1

弃车砍仕，妙哉。

18. 帅五平四 炮2平6 **19.** 帅四平五 炮6进1

20. 马五进四 马8进6

好棋。如改走卒5进1，马四进五，黑方反而不妙。

21. 炮八进二（图12）……

如图12形势，黑马的威胁性太大，红方进炮驱马势在必然。

21. …… 马6进4 **22.** 车九平六 马4退5

23. 马四进五 卒5进1 **24.** 炮八进一 车1平4

如改走卒5进1，马六进七，炮6平3，炮八平五，炮7平9，车六进五捉双，红有攻势。

25. 炮八平五 象7进9 **26.** 炮五退四 车4进3

27. 相七进五 象9退7 **28.** 马六退四 车4进4

29. 炮三平六（图13）

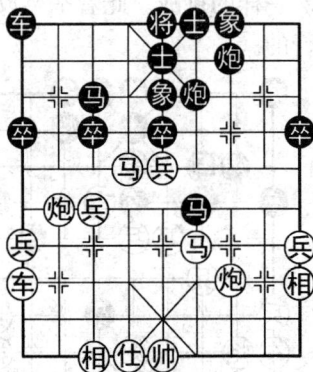

图12

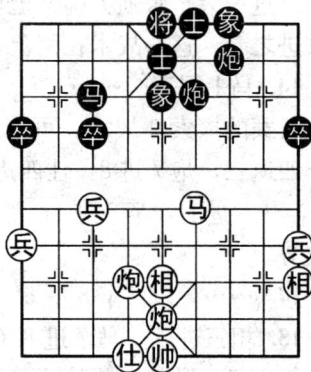

图13

如图13形势，局势平淡，终局和棋。

小结：此变黑方取得了可以抗衡的局面。看来红方倒马窝心的新着未见成效，有待继续研究改进。

第二节 2005年团体赛新变例

一

1. 炮二平五　马8进7　　　2. 马二进三　车9平8
3. 车一平二　马2进3　　　4. 兵七进一　卒7进1
5. 车二进六　炮8平9　　　6. 车二平三　炮9退1
7. 兵五进一　士4进5
8. 兵五进一　炮9平7
9. 车三平四　卒7进1
10. 马三进五　卒7进1
11. 马五进六　车8进8
12. 马八进七　象3进5
13. 马六进七　车1平3
14. 前马退五　卒3进1（图14）

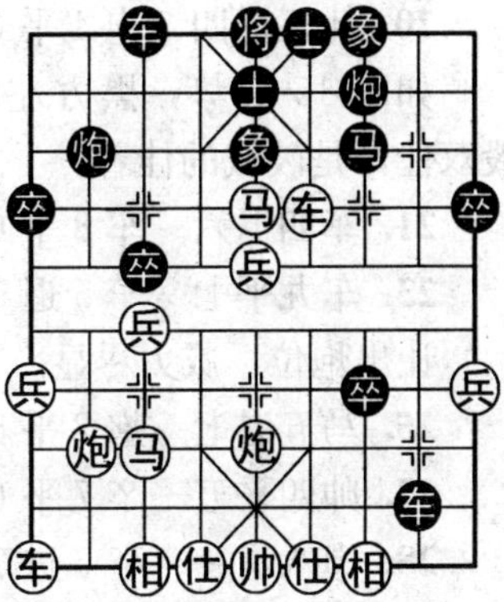

挺兑3卒是求战的下法。如改走马
7进8，车四平三，马8进6，演变下去
多以和棋告终。如图14形势，红方以下有兵七进一与马七退五两种
选择，演示如下：

图14

（一）兵七进一

（4月13日郑州徐云鹏VS浙江黄竹风之战）

15. 兵七进一　……
勇往直前，接受挑战。

15. ……　　　马7进5　　　16. 炮五进四　……
以炮吃马的下法现已十分罕见。

16. ······　　　炮 7 进 8

18. 马七进五 ······

改进之着。如误走帅五平四，炮 2 退 2，马七进八，炮 7 平 4，黑方胜势。

18. ······　　　车 8 进 1

19. 相七进五 ······

红如改走帅五平四，卒 7 平 6，车四退三，炮 7 退 7，帅四进一，炮 7 平 6，黑大有攻势。

19. ······　　　炮 7 平 4

20. 仕五退四　炮 4 平 6（图 15）

如图 15 形势，黑方左右开弓，摧毁双仕，是破城的佳着！

21. 车四退六　车 8 平 6

23. 车九平七　车 5 退 1

让出炮位，威力尽显。

25. 马五退七　炮 2 平 5

27. 帅四平五　卒 7 平 6

28. 炮八退一　卒 6 进 1

29. 帅五进一 ······

无奈！如改走炮八平六，卒 6 平 5，红方也难应付。

29. ······　　　车 6 平 5

30. 帅五平六　车 5 平 4

31. 帅六平五　将 5 平 4（图 16）

如图 16 形势，至此黑胜。

小结：炮轰中马变化再遭重创，望读者朋友以此为鉴，避免重蹈覆辙。

17. 仕四进五　车 3 进 4

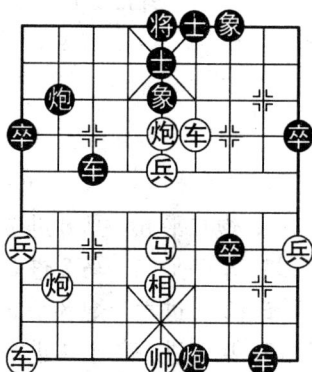

图 15

22. 帅五平四　车 3 平 5

24. 车七进三　象 5 进 7

26. 相五退三　车 5 平 6

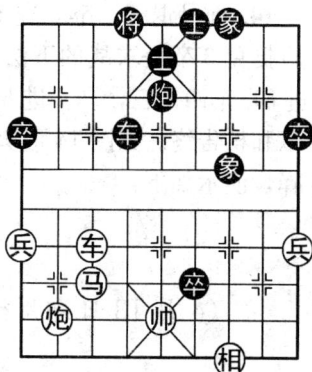

图 16

（二）马七退五
（4月19日火车头崔峻VS浦东霍羡勇之战）

15. 马七退五　卒3进1　　　　　**16.** 炮八平六　炮2进4

至此拉起大战的序幕。常见之着是走马7进8，车四平三，炮2退1，车九平八，双方各有顾忌。

17. 车四进二　马7进8

笔者在2002年就见过跳外马的下法，但在大型比赛中这还是第一次出现。黑如改走炮2平5，前马进三！红优。

18. 前马退三（图17）……

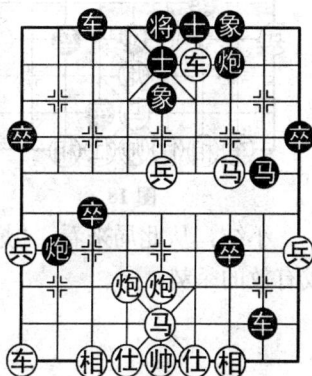

图17

如图17形势，红方弃马是阻挡黑方杀势的佳着。

18. ……　　　　象5进7

19. 车四平三　炮2平5

黑如先走象7退5，则炮六进四，也是红优。

20. 炮六进四　车3进3　　　　　**21.** 炮六平五　车3平5

为确保炮镇五子的态势，不得不上演壮士断腕的惊险镜头。

22. 兵五进一　车8平6

平车卡肋大有黑云压城城欲摧之势，那么红方如何应对呢？

23. 车九平八　……

看似平凡而实则是高瞻远瞩的佳着。

23. ……　　　　象7进5（图18）

不敢贸然行事。如图18形势，黑方如急走马8进9，兵五平四，象7进5，车八进九，士5退4，车三退一，红方胜势。

24. 兵五进一　象7退5　　　　　**25.** 车八进九　士5退4

26. 车八退六　……

绝妙的顿挫,以达到引卒拦车的目的。

26. ……　　　卒7平6　　27. 车八进四(图19)

如图19形势,至此红胜。

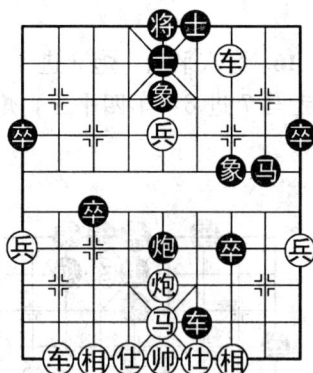

图 18

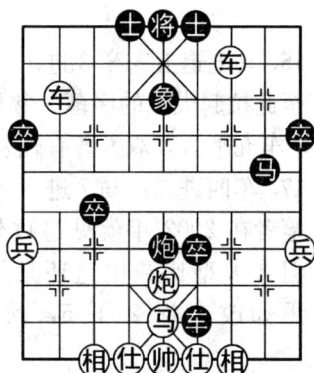

图 19

小结:从此局来看,"炮镇五子"看似凶悍无比,实则却难以组成有效的杀势。

二

本届比赛女子特级大师党国蕾创出"拐弯卒"飞刀战术。可能因为是女子棋手之作,并没有引起大家高度的关注,但是新疆薛文强大师却独具慧眼,发现了这一战术的价值。

1. 炮二平五　马8进7　　　**2. 马二进三　车9平8**

3. 车一平二　卒7进1　　　**4. 车二进六　马2进3**

5. 兵七进一　炮8平9　　　**6. 车二平三　炮9退1**

7. 兵五进一　士4进5　　　**8. 兵五进一　炮9平7**

9. 车三平四　卒7进1　　　**10. 马三进五　车8进8**

11. 马八进七　卒7平6(图20)

如图20形势,过去黑方出现过不探车点穴而直接走拐弯卒的变化,现在进车后再走拐弯卒是新战术。

12. 车四退二　卒5进1　　　**13. 炮五进三　象3进5**

如改走马3进5，马七进六，以下在网战中有两种选择，分述如下：①2003年7月13日菜青虫VS韩晓东之战：炮2平5，马六进七，马7进8，车四平三，炮5平7，马七退六，后炮进4，马五进三，炮7平5，马六进五，车1平2，炮八平五，炮5进2，马三进五，马8进7，终局和棋。②2005年4月17日弈不容情VS软健之战：马7进8，车四平三，炮2平7，马六进五，后炮进4，前马进三，象3进5，马五进三，马8退7，马三进四，车8平4，仕四进五，车1平2，炮八平六，红方大优。

14. 马七进六　炮2进3　　　　　**15. 马五退七　炮2平4**

16. 马七进六（图21）……

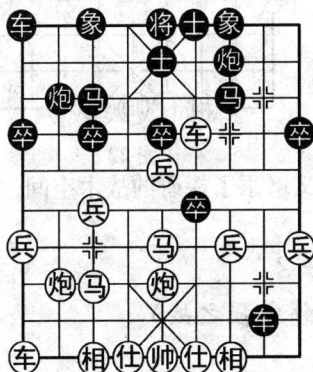

图20

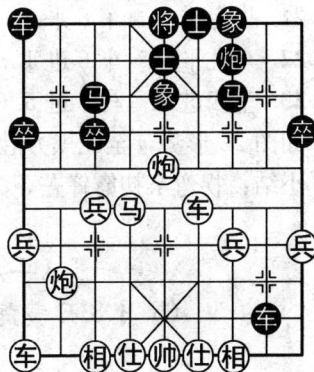

图21

如图21形势，黑方以下有车8退4与车1平2两种选择，演示如下：

（一）车8退4

（4月13日陈辛琳VS党国蕾之战）

16. ……　　　车8退4　　　　　**17. 马六进七　……**

对弈中遭遇布局飞刀时，要做好以下两点：一是对于敌方所布置的"诱饵"要经受住诱惑；二是冷静地揣测对方的战略意图。此时似可改走车四平五，红势不差。

17. ……　　　车1平4　　　　**18.** 炮八进三　……

红方在心理压力与时间恐慌的双重影响下，走出了致命软着。应改走炮八平三，车4进3，车四平五，红方尚可坚持。

18. ……　　　车4进4

船到江心补漏迟。如改走炮八平七，车4平5，马七退五，车8平5，相七进五，象5进3，黑方多子占优。

19. ……　　　车4平2

劫获一子，战术成功。

20. 车九进二　车2退1

21. 兵七进一　车8平6

22. 车九平四　车6进1

23. 车四进二　马7进5（图22）

如图22形势，至此黑方胜势。

图22

小结：拐弯卒初露锋芒，为此布局又增添了探研的战术空间。

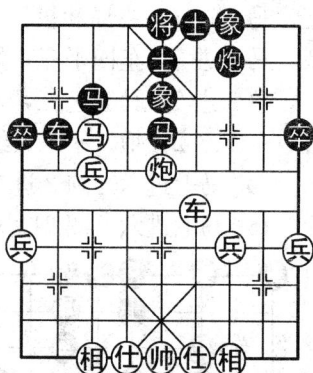

（二）车1平2
（5月8日黄海林VS薛文强之战）

16. ……　　　车1平2

薛大师改弦易辙，自创亮车捉炮的新着。可能也考虑到如车8退4，红可车四平五的变化。

17. 炮八平三　车2进4

18. 车四平五　马7进8（图23）

如图23形势，黑方飞马弃炮，构思精妙！

19. 炮三进六　……

如改走车九进二，炮7进6，车九平三，车8平4，车三平四，马8进7，

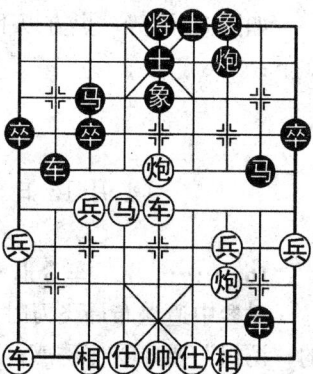

图23

车四进一，车4退2，黑可抗御。

19. ······　　　马8进7

佳着！如改走马8退6，车五退一，马6退7，车九进二，红方稍好。

20. 车五退三　　······

如改走车五退一，马7进6，车五退二，车2平5，车九进一，车5平4，马六退四，车8退7，局面势均力敌。

20. ······　　　车8平5

21. 仕六进五　　车2平5

22. 马六进七　　车5平2（图24）

如图24形势，黑车扼守2路要道，机警。

23. 相七进五　　马3进5

24. 车九平六　　马5进6

26. 相三进五　　车2退1（黑可抗衡）

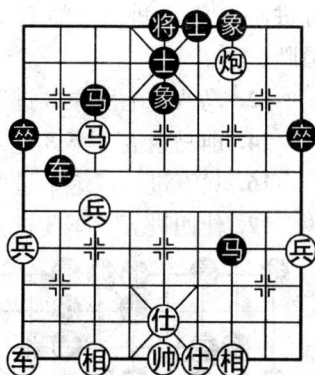

图 24

25. 相五进三　　马7退5

小结：拐弯卒新战术虽然暂时取得了较佳的效果，但可以抗衡的结论能否最终成立，尚需继续检验。

第三节　2005年少年赛新变例

一

1. 炮二平五　　马8进7	**2. 马二进三　　车9平8**
3. 车一平二　　卒7进1	**4. 车二进六　　马2进3**
5. 兵七进一　　炮8平9	**6. 车二平三　　炮9退1**
7. 兵五进一　　士4进5	**8. 兵五进一　　炮9平7**
9. 车三平四　　卒7进1	**10. 马三进五　　卒7进1**

11. 马五进六   车8进8（图25）

如图25形势，在8月6日赵鑫VS阎心宝之战是走象3进5，马六进七，车1平3，马七退五，马7进5，兵五进一（似应走相三进一为好），炮7进8，仕四进五，车8进9，车九进一，车3平4，兵五进一，象7进5，帅五平四，炮7平4，帅四进一，炮4平6，黑胜。

12. 马八进七   象3进5   **13. 马六进七   车1平3**

14. 前马退五   卒3进1   **15. 兵七进一   马7进5**

16. 兵五进一   炮7进8

17. 仕四进五   车3进4（图26）

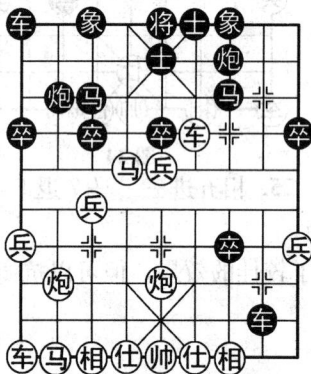

图25

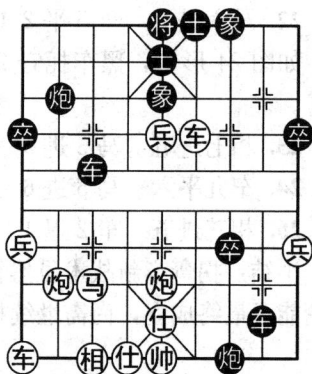

图26

如图26形势，红方有兵五进一与炮八退一两种选择，演示如下：

（一）兵五进一
（8月4日原肃寒VS钱晨熙之战）

18. 兵五进一   ……

兵冲黑象，先发制人，但造成红肋车失根的后遗症。

18. ……   象7进5

稳健。如改走车3进3，兵五进一，将5进1，炮八进二，相互对杀，黑有顾忌。

19. 炮八退一　车 8 退 8

攻守两利，另有车 8 退 4 的下法。

20. 车九进二　炮 7 平 9

倘若当初不以兵冲象，现在红可走车九平八，而现在如不撑仕则要丢车。

21. ……　卒 7 进 1

22. 车九平八　……

为什么不走帅五进一呢？因车 3 平 2，炮八平六，车 2 进 4，黑有攻势。

22. ……　卒 7 进 1（图 27）

如图 27 形势，弃炮陷车的妙着！

23. 车八进五　车 8 进 9

24. 车四退六　车 3 平 5

唯一的解杀之着。

25. 仕六退五　……

红如改走炮八平五，车 5 进 3，相七进五，卒 7 平 6，黑胜。

25. ……　卒 7 进 1

精妙。如改走炮 9 平 6，仕五退四，卒 7 平 6，仕六进五，卒 6 平 5，帅五进一，车 8 平 6，炮八进二，红方多子占优。

26. 车四进一　车 8 退 1

27. 车四退一　卒 7 平 6

28. 帅五平四　车 5 平 6

29. 仕五进四　车 6 进 3

30. 帅四平五　车 8 平 4（图 28）

如图 28 形势，至此黑优，余着从略，终局黑胜。

21. 仕五进六　……

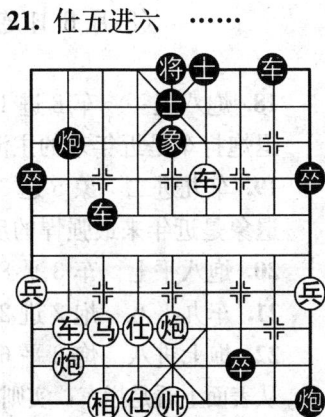

图 27

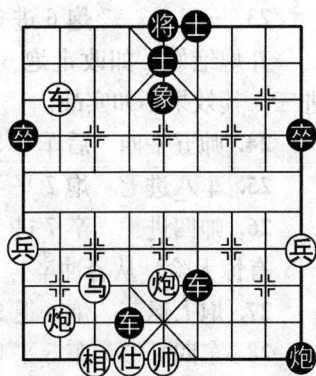

图 28

小结：有时"进攻的次序"不宜颠倒，此局红方失利的教训对青少年棋手来说颇有警示意义。

（二）炮八退一
（8月6日连泽特 VS 范臻周之战）

18. 炮八退一　　车8进1

退炮打车是近年来的主流战术。

19. 车九进二　　象5退3

退象是近年来最强悍的反击战术。

20. 炮八平七　　车3平8

21. 车九平八　　炮2进2

22. 炮七进八　　炮2平6

从表面上看是拦车，实则暗藏杀机。

23. 炮五进三（图29）……

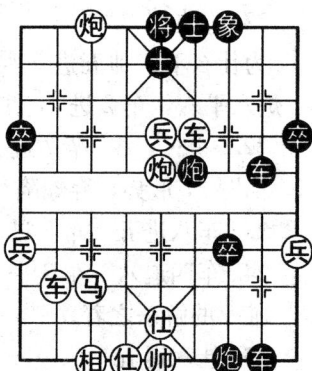

图29

如图29形势，红方解杀还打是试探性之着。如改走炮七平九，炮6进5，帅五平四，炮7平4，帅四进一，炮4退1，仕五退六，后车进4，黑方捷足先登。

23. ……　　　　炮6进5

弃炮绝妙。如改走炮6进2，车八进三，其效果不如实战。

24. 帅五平四　　后车平5

25. 车八进七　　炮7平4

26. 帅四进一　　卒7进1

有惊无险，从容冲卒！

27. 炮七退三　　炮4退9

28. 车四平二　　车5平6

29. 仕五进四　　车8平5（图30）

如图30形势，至此黑胜。

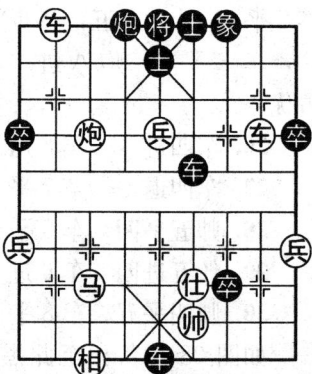

图30

小结：探索性新着难以抵挡黑方的强劲反击，重演此阵必凶多吉少。

二

1. 炮二平五　马8进7
2. 马二进三　车9平8
3. 车一平二　卒7进1
4. 车二进六　马2进3
5. 兵七进一　炮8平9
6. 车二平三　炮9退1
7. 兵五进一　士4进5
8. 兵五进一　炮9平7
9. 车三平四　卒7进1
10. 马三进五　车8进8
11. 马八进七　卒7进1
12. 马五进六　象3进5（图31）

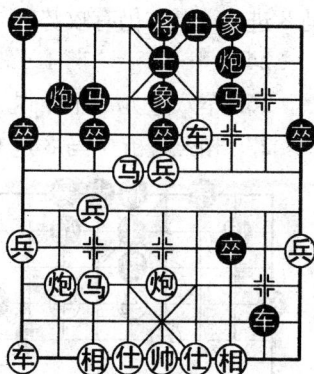

图31

如图31形势，至此红方有马六进七与车九进二两种选择，演示如下：

（一）马六进七
（8月5日李健 VS 陈泓盛之战）

13. 马六进七　车1平3
14. 前马退五　卒3进1
15. 马七退五　……

退窝心马也是流行的战术之一。

15. ……　　　卒3进1
16. 炮八平六　马7进8
17. 车四平三　炮2退1
18. 车九平八　卒3平4
19. 兵五平六　……

分兵六路是少见的下法。

19. ……　　　卒4进1
20. 炮六退一（图32）……

退炮有嫌示弱。如图32形势，红方应改走炮五进五，象7进5，后马进六，车3进6，炮六平五弃子搏杀，红方可战。

20. ······　　车8退3　　　　　**21.** 前马退七　卒4进1

22. 马七进六　炮2平4　　　　**23.** 车三平七　车3平1

24. 车七平八　······

如改走车七平九，车1平4，炮六平八，车8平2，炮五进一，马8进6，黑方仍有攻势。

24. ······　　卒4平5　　　　　**25.** 前车进三　车1平2

26. 车八进九　士5退4

27. 相三进五　马8进6（图33）

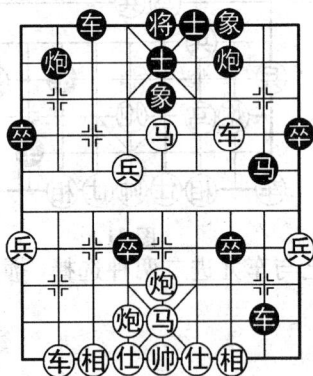

图32

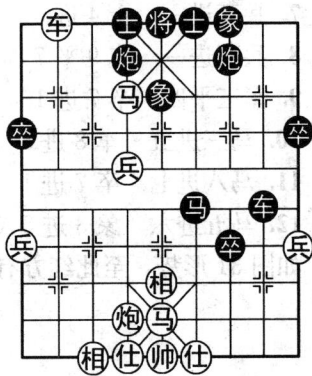

图33

策马奔袭，红难应矣。如图33形势，红方如接走相五进七，士6进5，红方丢子。

28. 炮六平七　马6进4

29. 炮七进八　将5进1（黑胜）

小结："分兵六路"的战术虽出师不利，却为这一布局增添了新的内容。其中笔者所拟变着仅供参考，用于实战请谨慎。

（二）车九进二
（8月6日李晓辉VS范臻周之战）

13. 车九进二　······

高边车拙中藏巧，意在引诱黑贪车中计。

13.　……　　卒7平6（图34）

分卒打相是久经考验的正着。如图34形势，黑方如改走马7进8，车四平三，马8进6，车三进二，马6进4，仕四进五，马4进3，帅五平四，马3退1，马六进七，红优。

14.　马六进七　　……

新着。如改走车四退三，炮7进8，仕四进五，车8进1，马六进七，卒5进1，黑方弃子后有攻势。

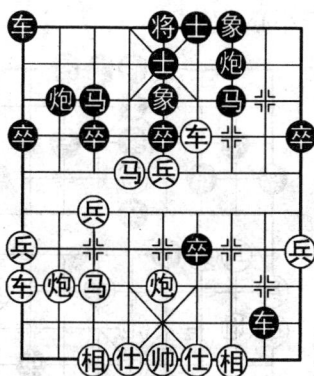

图34

14.　……　　炮7进8

15.　仕四进五　　炮7平9

16.　帅五平四　　卒5进1

减轻中路压力，好棋！

17.　车四退三　　车1平3

先捉马后出车，次序井然。

18.　前马退五　　车3平4

19.　马七进八　　车4进5（图35）

如图35形势，黑方弃炮攻杀，凶悍有力！

20.　炮八进五　　车4平7

21.　炮五平三　　马7进5

22.　马八进七　　车8进1

23.　帅四进一　　车7平8

24.　炮三平二　　……

弃炮暂解燃眉之急。

24.　……　　马5进7

25.　车四平三　　马7进5

黑马盘旋而上，红难应矣。

26.　车三退二　　炮9退2

27.　炮八退五　　前车退2

28.　炮八平一　　后车平6

29.　仕五进四（图36）……

如图36形势，红方如改走车九平四，马5进6，炮一平四，卒5进1，黑亦胜势。

29.　……　　车8平9

终局黑胜，余着从略。

小结："红高边车"战术遭到强烈反击而逐渐被冷落，重演此阵需小心为宜。

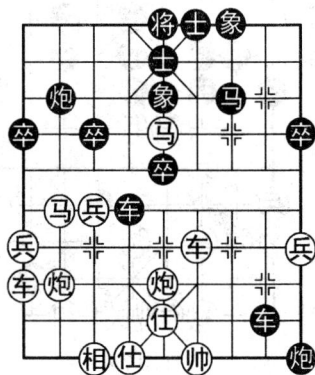

图 35

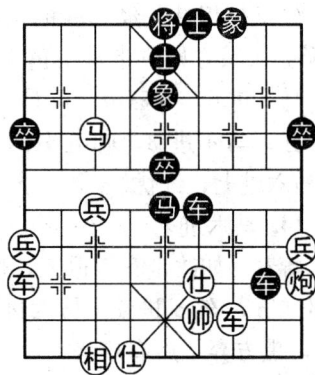

图 36

第四节　2005 年个人赛新变例

一

1. 炮二平五	马 8 进 7
3. 车一平二	车 9 平 8
4. 车二进六	马 2 进 3
5. 兵七进一	炮 8 平 9
6. 车二平三	炮 9 退 1
7. 兵五进一	士 4 进 5
8. 兵五进一	炮 9 平 7
9. 车三平四	卒 7 进 1

10. 马三进五　车 8 进 8（图 37）

　　如图 37 形势，至此红方有兵五进一与马八进七两种选择，演示如下：

2. 马二进三　卒 7 进 1

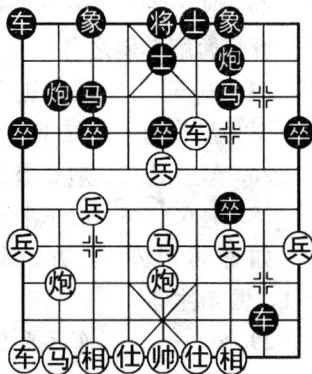

图 37

（一）兵五进一

（10月28日上海孙勇征 VS 通信潘振波）

11. 兵五进一 ……

直冲中兵，左翼车马炮按兵不动是构思奇特的新战术。

11. …… 卒7进1

新着！2005年8月22日苗利明 VS 蒋川之战曾走卒7平6，兵五平六，马7进8，车四平三，马8退9，马五进四，象3进5，车三平二，车8退5，马四进二，炮2进4，马二进四，炮7平6，炮五平三，卒6平7，兵三进一，炮2平7，马四退二，车1平4，相三进五，车4进3，马二退四，车4进3，马四进五，马3进5，马五退七，马5进6，双方各有顾忌。

12. 兵五平六 象3进5

稳健。如改走车8平2，马五进三，象3进5，马三进二，炮2退1，炮八平六，红方有攻势。

13. 马八进七 卒7平6

苦守无异于自杀，弃卒主动出击，力争一搏！

14. 车四退三 炮7进8

15. 仕四进五 炮7平9（图38）

弃卒、轰相、平炮一气呵成，干净利落。如图38形势，黑方此着如改走车8进1，车九进一，黑无手段。

16. 帅五平四 车8进1

17. 帅四进一 车8退1

18. 帅四退一 车8进1

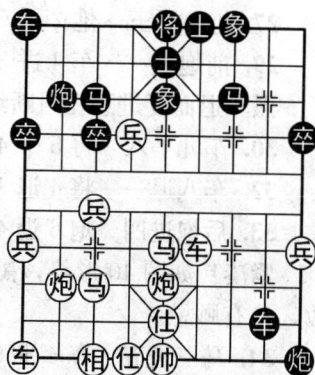

图38

19. 帅四进一 车8退5

黑车退守河口，形势所迫。如改走车1平4，马五进四，红方大优。

20. 马七进六 车1平4

21. 马五进四 马3进5

黑马盘中献吃，令人惊奇！

22. 兵六平五　　马7进5

双马换一兵的代价不小，但可就此打开4路车的通道。

23. 马四退三（图39）……

以细腻见长的孙大师见到如此拼命的场面想要稳中取胜，但"树欲静而风不止"。如图39形势，红方不如改走马六进五，车8进4，帅四进一，炮9平6，马四进五，象7进5，炮五进五，士5进6，马五进七，红方大优。

图39

23. ……　　　　车8退1　　**24. 马六进五　　车8平5**

25. 帅四退一　……

红如误走马三进四，车5进4，相七进五，炮9平1，红方丢炮。

25. ……　　　　车4进8　　**26. 炮五进一　　炮2进4**

逼红交换子力，算度深远的好棋！

27. 炮八平五　　炮2平6　　**28. 后炮进四　　车4退5**

29. 前炮退一　　车4进3

黑车退而复进意在阻断红马中路通道。

30. 车九平八　　将5平4　　**31. 车八进九　　将4进1**

32. 车八退一　　将4退1

33. 后炮进四　　炮6退4（图40）

紧凑！如图40形势，黑方如改走象7进5，马三进四，相互对攻，各有顾忌。

34. 马三进五　　车4平6　　**35. 帅四平五　　炮6平8**

36. 后炮平二　……

红如仕五进四，象7进5，黑优。

36. ……　　　　车6平8　　**37. 帅五平四　　象7进5**

38. 车八进一　　将4进1　　**39. 车八退四（图41）**

如图41形势，至此双方各有顾忌。

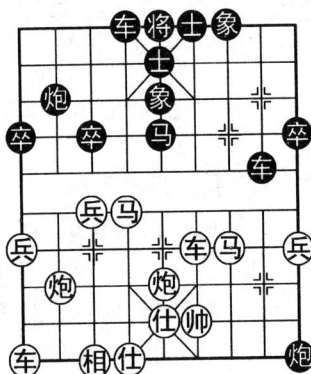

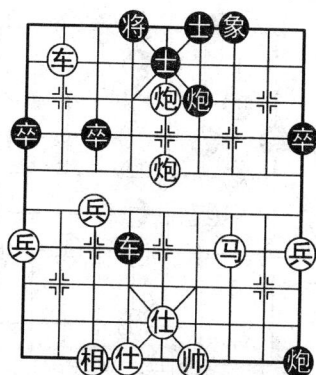

图 40

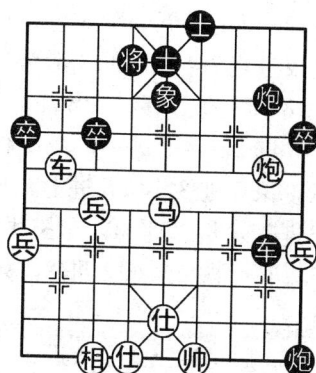

图 41

小结：红方新着惊险刺激，其强大的攻击性能不容小视。

（二）马八进七

（10 月 29 日重庆洪智 VS 黑龙江聂铁文之战）

11. 马八进七　卒 7 进 1

13. 马六进七　车 1 平 3

15. 车四平三　马 8 进 6（图 42）

如图 42 形势，以上是最流行的弃炮谋车的前奏曲！

16. 车三进二　马 6 进 4

17. 仕四进五　马 4 进 3

18. 帅五平四　马 3 进 1

19. 车三退五　马 1 退 2

退马换炮是稳健的应法。

20. 炮五平八　车 8 退 4

冷门战术！流行的变化是走车 8 退 3，双方另有攻守。

21. 炮八进三　车 8 进 1

黑如车 8 平 5，红可马五退七打死黑车。

12. 马五进六　象 3 进 5

14. 前马退五　马 7 进 8

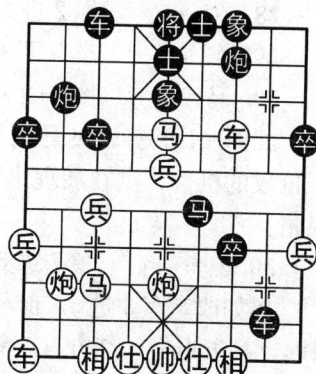

图 42

22. 马七进五　　车8平5（图43）

改进之着！如图43形势，2004年11月8日上海万春林 VS 江苏徐天红曾走卒3进1，兵七进一，车8平2，后马进六，象5进3，马五进七，炮2进1，车三进三，炮2平3，车三平七，车2退1，车七平一，车2进2，兵九进一，红优。

23. 后马进三　　卒3进1

24. 炮八退三　……

高瞻远瞩！如改走兵七进一，象5进3，炮八退三，象3退5，黑可抗衡。

24. ……　　卒3进1

26. 帅四平五　　卒3进1

28. 马二退四　……

红马进退腾挪，明为调整位置，实乃窥视中象。

28. ……　　炮2进5

29. 车三进三　　卒3平4

30. 马四进五（图44）……

如图44形势，飞马踏象，面对弃子抢攻的机会，洪智展现出勇于搏杀的风格！

30. ……　　象7进5

黑如改走车3进5，前马进三，将5平4，马五退七，红方有攻势。

31. 炮二进七　　象5退7

33. 炮二平一　……

机警。如改走马五进三，车8退5，车三平二，车3进9，黑方可战。

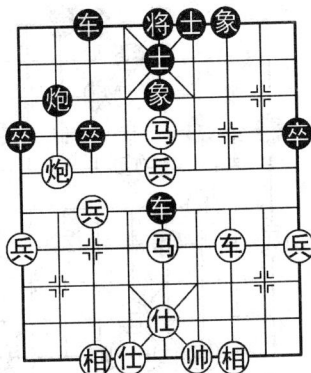

图43

25. 炮八平二　　车5平6

27. 马三进二　　炮2退1

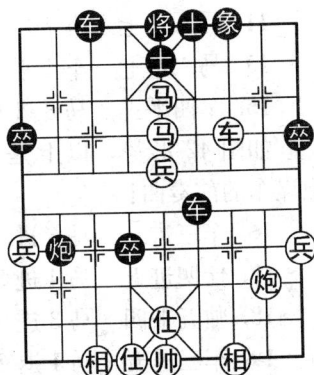

图44

32. 车三进三　　车6平8

33. ……　　　炮 2 平 9

34. 车三退五　炮 9 退 6

黑如改走车 8 退 5，炮一退六，红方兵种齐全占优。

35. 车三平二　车 3 进 9

36. 车二平八（图 45）

如图 45 形势，至此红方稍优。

小结：黑方的新变具有一定的抵抗力，其性能优劣要靠更多的实战来检验。

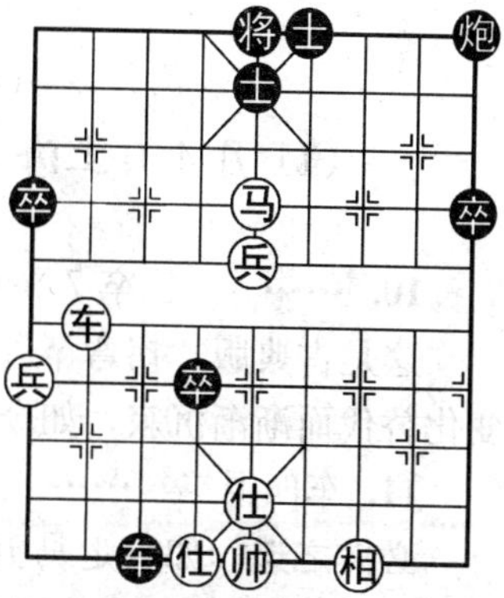

图 45

二

屏风马方的拐弯卒战术在布局史上分古典版与现代版两类，本届比赛中两种版本都出现了最新变着，值得关注！

1. 炮二平五　马 8 进 7

3. 车一平二　马 2 进 3

4. 兵七进一　卒 7 进 1

5. 车二进六　炮 8 平 9

6. 车二平三　炮 9 退 1

7. 兵五进一　士 4 进 5

8. 兵五进一　炮 9 平 7

9. 车三平四　卒 7 进 1

10. 马三进五（图 46）……

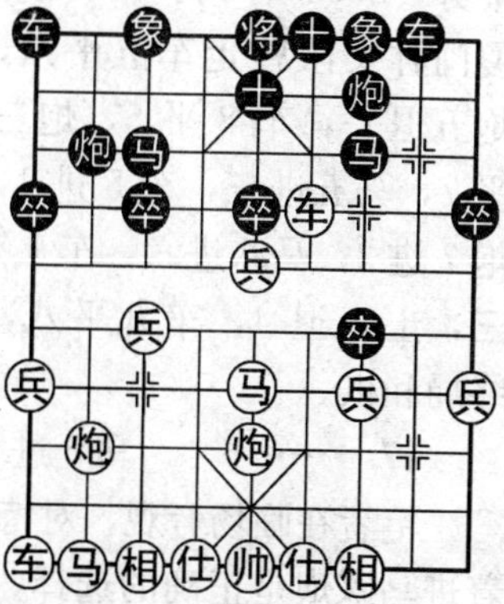

如图 46 形势，至此黑方有卒 7 平 6和车 8 进 8 两种下法，分述如下：

2. 马二进三　车 9 平 8

图 46

（一）卒7平6

（11月4日上海万春林先和厦门郑一泓之战）

10. ……　　卒7平6

这是古典版"拐弯卒"。20世纪70年代曾一度流行，后来被新变化替代而渐渐沉寂，如今重新被推上战场，看来要老谱翻新。

11. 车四退二　……

必然之选。如急走马五进六，马7进8，车四平三，马8退9，车三退一，象3进5，车三平四，炮7进8，黑方大有攻势。

11. ……　　卒5进1	**12. 炮五进三　马3进5**
13. 车四进四　炮2退1	**14. 车四退二　象3进5**
15. 炮八平三　马7进8	
16. 车四平五　马8进6	

17. 炮五平四（图47）……

特级大师万春林的新着。如图47形势，2004年4月10日浙江潘士强VS厦门林文限曾走车五平六，车8进4，炮五退一，车8平5，炮三进六，炮2平7，马五进三，车5进1，相七进五，炮7进3，马八进六，车1平4，车六进三，士5退4，车九平八，局势平淡，终局和棋。

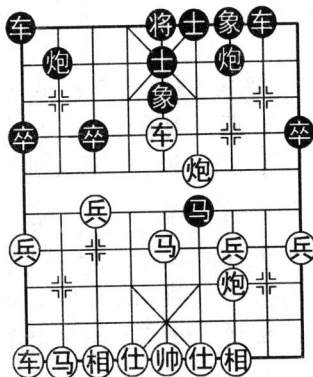

图47

17. ……　　马6进7

笔者在临场旁观，对特级大师郑一泓如何"后取"很感兴趣。此着进马踩炮是正确的选择，如炮7进6？车五退二，黑有丢子之虞，也许这就是万特大所希望达到的效果吧。

18. 马五退三　炮7进6	**19. 车九进二　炮7平8**
20. 车九平八　车8进4	**21. 炮四平五　炮2平3**
22. 车八进三（图48）……	

如图 48 形势，乍眼看去红方有用炮打车之棋，似乎黑丢卒之势已成定局，那么如何解决这道难题呢？请读者朋友心算一下，看是否与郑特大的思维相同。

22. ……　　　士 5 退 4　　　　**23. 车五平二** ……

为什么不走车五进一杀象呢？因黑可接走炮 3 平 5，车五退一，车 1 进 2，红有丢子之虑。

23. ……　　　车 8 平 5　　　　**24. 车八平五　炮 3 平 5**

25. 车五退四　炮 5 进 7　　　　**26. 仕四进五（图 49）**

如图 49 形势，至此红方稍优，终局和棋。

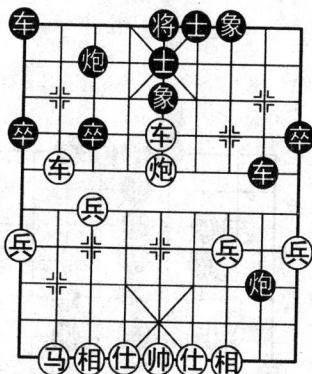

图 48

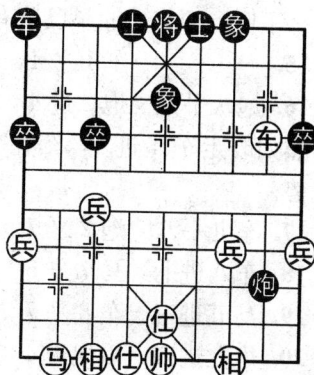

图 49

小结：红方的新着虽未建功，但小优势在手可立于不败之地，适合稳健风格棋手选用。

（二）车 8 进 8
（11 月 5 日湖南谢业枧 VS 广东吕钦之战）

10. ……　　　车 8 进 8　　　　**11. 马八进七　卒 7 平 6**

这是在 2005 年全国象棋团体赛上创出的现代版"拐弯卒"，临场只见吕特大略微停顿便手起着落。

12. 车四退二　卒 5 进 1　　　　**13. 炮五进三　象 3 进 5**

14. 相七进五（图 50） ……

如图 50 形势，飞左相是谢业枧所创的最新变着，过去广东棋手都走马七进六。小谢赛后对笔者说："飞左相是临场感觉，我是第一次见到这种拐弯卒战术，没有任何准备。"

14. ……　　　车 8 退 4

15. 车四平五　……

似笨实佳！临场笔者在枰旁观战也在跟着思考，倘若黑出肋车再捉炮，红方怎么下呢？原来小谢早已胸有成竹。

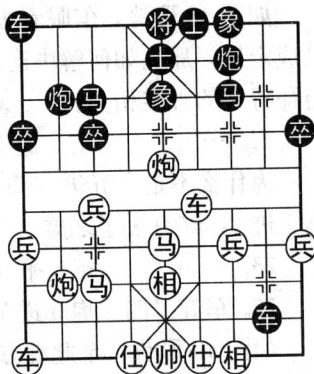

图 50

15. ……　　　车 1 平 4

16. 炮八平九　　炮 2 进 4

黑如改走车 4 进 4，车九平八，红方优势。

17. 车九平八　　炮 2 平 7

18. 车八进七　　马 7 进 5

19. 马五进三　　车 8 平 7

20. 炮九进四　　后炮进 4（图 51）

鸣金收兵，识时务者为俊杰。

21. 车五平三　　车 7 平 5

22. 车三退一　　车 5 平 1（和）

小结：飞左相的应对之策使小谢从

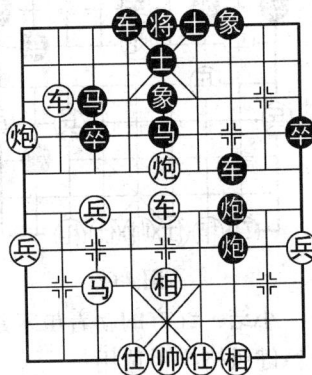

图 51

强大对手囊中夺得了宝贵的半分，为最后获得第 12 名而晋级大师奠定了基础。

三

1. 炮二平五　　马 8 进 7　　　　2. 马二进三　　车 9 平 8

3. 车一平二　　卒 7 进 1　　　　4. 车二进六　　马 2 进 3

5. 兵七进一　　炮 8 平 9　　　　6. 车二平三　　炮 9 退 1

7. 兵五进一　士4进5

8. 兵五进一　炮9平7

9. 车三平四　卒7进1

10. 马三进五　车8进8

11. 马八进七　卒7进1

12. 马五进六　象3进5

13. 马六进七　车1平3

14. 前马退五　卒3进1（图52）

如图52形势，红方有炮五退一与马七退五两种选择，演示如下：

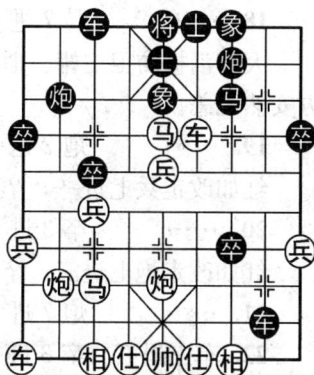

图 52

（一）炮五退一
（11月7日河南李少庚VS通信赵剑之战）

15. 炮五退一　……

窝心炮下法最早是由宋国强大师在全国大赛上创出的怪着，现在已经发展成为一种重要的攻守变化。

15. ……　　　卒7进1

直冲7卒是赵剑大师的独创！过去的流行应法是走卒3进1。

16. 炮八退一　卒7平6

率先平卒发难。

17. 相三进五　车8退2

笔者当时在旁观战，倍感惊疑，千里送卒为哪般呢？笔者认为黑车可能走车8退1谋相。

18. 炮八平七（图53）……

你送我吃偏就不吃，逆向思维！如图53形势，为什么不走车四退四吃卒免去后患呢？黑如接走卒3进1，马五进三，炮2平7，车四进二，红优。

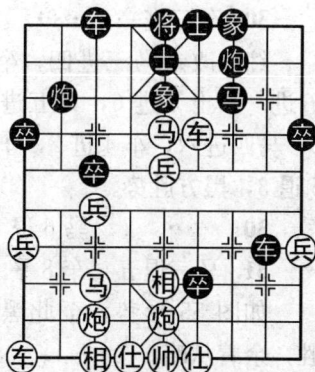

图 53

18. ……　　　马7进8　　　19. 车四平三　……

大有消极防卫之嫌。似可走车四退四，卒3进1，炮五平三，红方安然无恙。

19. ……　　　炮2退1　　　20. 兵五平六　……

红如改走兵七进一，卒6平5，相七进五，马8进6，红有顾忌。

20. ……　　　卒3进1　　　21. 炮五平三　……

红如改走炮七进三，卒6进1，炮五平九，车3进3，黑有攻势。

21. ……　　　炮7进7

22. 车三退五　　卒3进1

23. 马七进五　　卒3平4

24. 后马进三　　马8进7

25. 兵六平七　　车3平4

26. 车九平八　　卒6进1（图54）

如图54形势，黑方组织全部兵马，欲与红方决一死战。

27. 车三退一　　卒4进1

此时要重视攻击速度而不能顾及子力价值。

28. 车八进八　　卒4进1

30. 车三进一　　……

红如改走马三进四，卒4进1，帅五进一，士5进6，马五进七，车8进2，马四进六，车4进2，车八进一，象5退3，黑方胜势。

30. ……　　　马6退5

31. 马三退五　　车8平5（图55）

如图55形势，至此黑优，终局黑胜，余着从略。

小结： 虽然黑方新着初试成功，但依笔者拙见，此局黑优的结论并非毫无争议，重演此局尚需谨慎。

29. 炮七平四　　马7进6

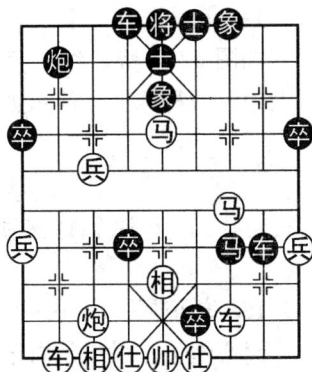

图54

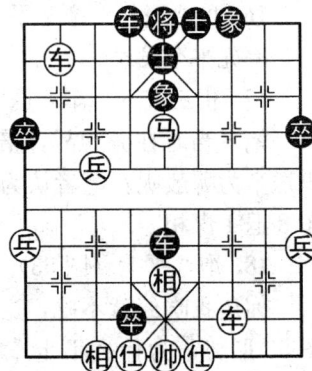

图55

（二）马七退五

（11月5日北京张强 VS 北京靳玉砚之战）

15. 马七退五　……

窝心马战术的创始人是北京队张申宏大师，而现今张大师早已倒戈，对于此变化只下黑棋而不下红棋。张强大师现在敢于逆势而行，显然必有心得，这引得笔者不得不驻足观战。

15. ……　　卒3进1　　**16. 炮八平六　炮2退1**

通常是先走马7进8，待红走车四平三后再走炮2退1。靳大师先退炮看来是有意要较量红左车先出之变例。

17. 车九平八　马7进8　　**18. 车四退一　卒3平4**

19. 车八进三　车3进8　　**20. 前马退三　……**

象嘴献马曾是张申宏大师的杰作！

20. ……　　卒4进1

弃卒引车，意在搏杀！

21. 车八平六　车3平4

22. 炮五进二（图56）……

如图56形势，张强大师果然准备了新着！

22. ……　　炮2进8

23. 炮六平八　车4退2

24. 马五进六　车8平4

25. 仕四进五　……

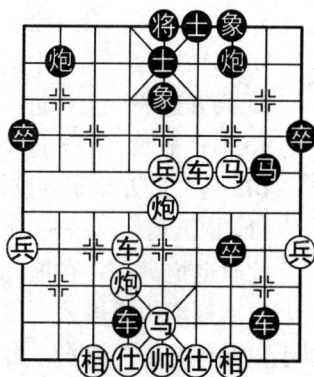

图 56

稳健！如改走马六退四，车4进1，帅五进一，马8退7，车四进一，炮7进3，双方各有顾忌。

25. ……　　车4退2

26. 马三进二　马8进9（图57）

如图57形势，黑方如改走炮7进8，以下红有两种选择：①车四平二，车4平3，黑有攻势。②马二进四，炮7平4，炮五进三，

士5进6，炮八平五，炮4退1，仕五退
六，炮4平1，兵五平六，车4平5，兵
六平五，车5平4，双方不变作和。

27. 车四进一　　炮7进8

28. 车四平九　　炮2平1

29. 车九平八

双方对攻，各有顾忌。

小结：张大师的新着有一定的攻击
性能，但是优是劣尚待更多的实战检
验。在此笔者提出忠告：读者朋友倘若
重演黑阵，有可能落入陷阱，招致败局！答案以后揭晓。

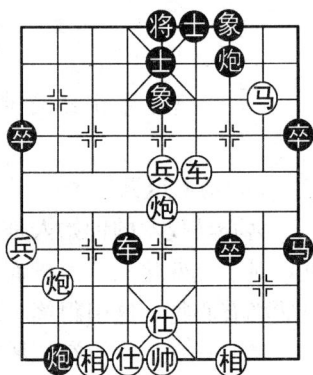

图 57

四

1. 炮二平五　　马8进7　　**2. 马二进三　　车9平8**

3. 车一平二　　马2进3　　**4. 兵七进一　　卒7进1**

5. 车二进六　　炮8平9　　**6. 车二平三　　炮9退1**

7. 兵五进一　　士4进5　　**8. 兵五进一　　炮9平7**

9. 车三平四　　卒7进1

10. 马三进五　　车8进8

11. 炮五退一　　……

此时退炮窝心，在前几年曾一度流
行，以后逐渐销声匿迹。本届比赛部分
棋手以此作为冷门战术，出现了几局。

11. ……　　　　卒7进1

12. 马五进六（图58）……

如图58形势，黑方有象3进5与马
3退4两种选择，演示如下：

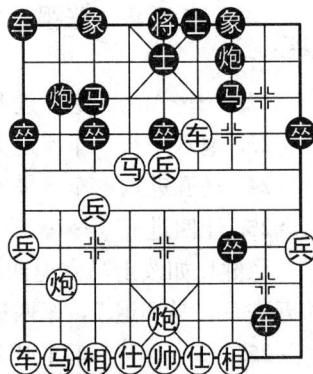

图 58

（一）象3进5
（10月28日农协陈建昌VS通信赵剑之战）

12. ……　　　象3进5

黑方飞象弃马，诱敌深入。

13. 兵七进一　……

如改走马六进七，车1平3，马七退五，马7进5，黑有反击手段。

13. ……　　　马3退4

黑如改走卒3进1，马六进七，车1平3，炮八平七，红优。

14. 兵七进一　车1平3　　　15. 马八进七　……

新着！

15. ……　　　卒5进1

2005年11月4日陈建昌VS陈泓盛之战，黑方又进行了改进：炮2退1，车九进二，马7进8，车四平三，卒5进1，马七进八，马8进6，车三退三，马6退4，炮八平七，前马进2，炮七进七，象5退3，车九平六，马2退3，黑方一车换三明显优势。

16. 相三进五　马7进8　　　17. 车四平二　……

似可改走车四平三，马8进6，车三
进二，马6退4，炮八退一，车8退2，
炮八平七，炮2退1，车三退四，炮2平
3，车三平六，炮3进6，车六进一，车3
平2，车九进二，双方各有顾忌。

17. ……　　　马8进9

18. 车二平三　炮7平8

19. 炮八退一（图59）……

如图59形势，红方为什么不改走
车三退三吃卒呢？因黑可接走车8平6，

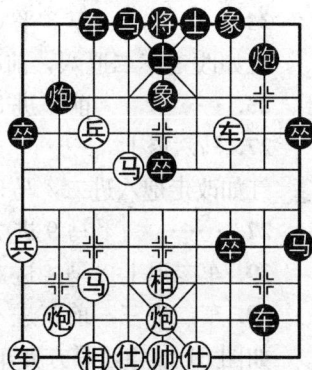

图59

以下红有两种选择：①车三平二，车3进3，炮八退一，车6退7，
马七进五，车3平6，马五退三，前车进3，炮五平三，后车进1，

车二平四，车6进4，马三进一，车6平9，黑优。②车三退三，车3进3，炮八退一，车3平7，炮八平四，车7进6，黑优。

19. ……　　　车8平6

乘机作杀，抢点占位的好棋！

20. 车三平二　车3进3

精妙绝伦！

21. 车二进二　车6退3

22. 马六退五　……

红方在对方暴风骤雨般的攻势面前，有些手忙脚乱。此时还是应走车九进二坚守为宜。

22. ……　　　卒5进1

23. 马五进七　卒5平4

妙着迭出！

24. 后马进六（图60）……

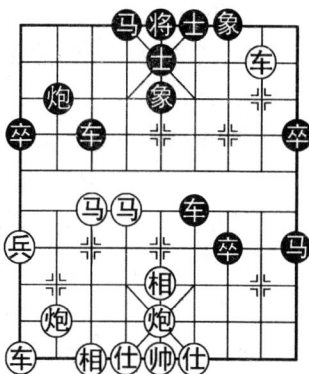

图 60

如图60形势，红方如改走炮八进三，车3平6，车二退八，马9进7，炮五平三，前车进3，炮八平六，前车平7，炮六退二，车7平4，炮六平三，卒7进1，黑优。

24. ……　　　车3平6　　　25. 炮五平四　……

红如改走车二退八，前车平4，黑得回失子占优。

25. ……　　　前车进3　　　26. 仕六进五　前车退3

27. 马六退七　……

红如改走炮八进二，马9进7，帅五平六，前车平4，黑大有攻势。

27. ……　　　马9进7　　　28. 帅五平六　炮2平4

29. 车二退七　马4进3

30. 车二平三　前车进4（图61）

如图61形势，黑方弃车砍仕，高瞻远瞩。

31. 仕五退四　车6进6　　　32. 帅六进一　马3进4

33. 前马进六　马4进3　　　34. 马六退七　马3进5

黑方弃车后，潮水般的攻势汹涌澎湃，一浪高过一浪。

35. 车三进一　……

弃车啃马，无奈。

35. ……　　　　卒 7 进 1　　　　　　**36.** 帅六平五　马 5 进 3

37. 前马退五　卒 7 平 6（图 62）

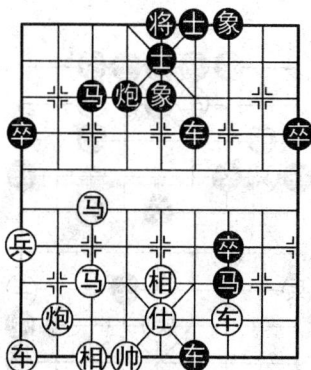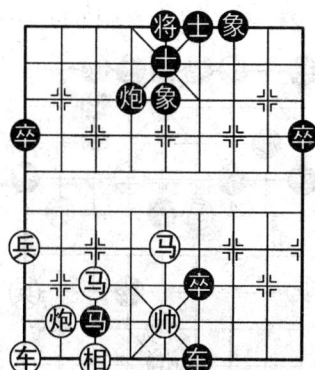

图 61　　　　　　　　　　　　　　　图 62

如图 62 形势，黑方车马炮联合攻城，至此胜局已定。

38. 车九进一　车 6 平 8　　　　　　**39.** 马五退四　车 8 退 1

40. 马七进五　卒 6 进 1（黑胜）

小结：红方的革新付出了昂贵的代价，读者朋友若想重演此局应以此为鉴。

（二）马 3 退 4

（11 月 6 日孙勇征 VS 赵国荣之战）

12. ……　　　　马 3 退 4

退马避捉，是以赵特大为代表的黑龙江棋手常用的武器。

13. 车九进一　卒 5 进 1　　　　　　**14.** 炮八平五　车 8 退 4

15. 车九平六　卒 7 平 6（图 63）

如图 63 形势，横卒轰相是赵特大的独门绝技。

16. 相三进一　炮 2 进 5　　　　　　**17.** 车四进二　炮 2 平 9

18. 后炮平一　车 1 进 2

精妙！使红方的攻势黯然失色。

19. 马六进八 ……

红如改走车四平三，炮9平7，车三平四，炮7进2，黑方攻势强大。

19. …… 车1平2   **20. 车四平三 车8平7**

21. 车六进七（图64）……

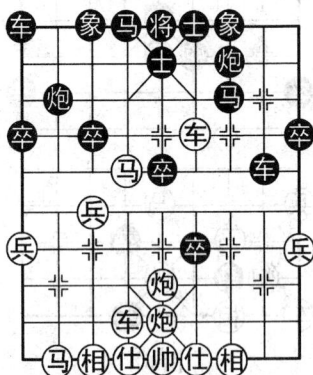

图63

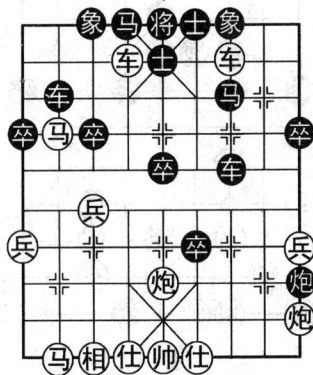

图64

如图64形势，笔者枰旁观战的第一感觉是：为什么不走车六平八保马呢？细细思考之后，发现原来黑可接走炮9平8，炮一平二，炮8退4，黑方夺回失子占优。

21. …… 车2进1

丢马是漏着吗？非也！孙大师用兵谨慎不会白白丢子，只因改走马八进九，炮9平1，相七进九，卒6进1，黑方兵临城下，红也难下。

22. …… 炮9平3

23. 车三进一 卒6平5

24. 炮五平二 车7平8

25. 车三退二 车8进3

26. 车三退二 车8退4（图65）

如图65形势，至此黑方多子占优。

22. 马八进七 ……

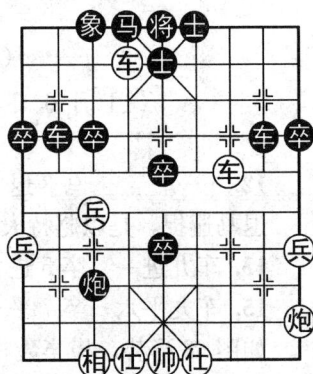

图65

小结：赵特大的新创初露锋芒，取得的效果令人震惊。也许在名人效应的影响下，这一布局变化会引起大家的注意。

第五节 第5届"威凯房地产杯"新变例

1. 炮二平五	马8进7	
2. 马二进三	车9平8	
3. 车一平二	卒7进1	
4. 车二进六	马2进3	
5. 兵七进一	炮8平9	
6. 车二平三	炮9退1	
7. 兵五进一	士4进5	
8. 兵五进一	炮9平7	
9. 车三平四	卒7进1	
10. 马三进五 （图66）……		

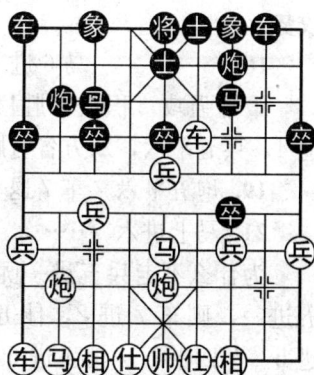

如图66形势，黑方有卒7进1与车8进8两种选择，演示如下：

图66

（一）卒7进1

（2006年7月26日谢靖VS谢岿之战）

10. …… 卒7进1	**11.** 马五进六 车8进8
12. 马八进七 象3进5	**13.** 仕四进五 ……

挑仕拦车是2006年常见的定式。其目的是防止出现因走马六进七，马7进8，车四平三，马8进6，而形成五步穿槽马的和棋定式。

13. …… 车8进1	**14.** 炮八平九 ……

平边炮是首次在大型比赛中亮相的新着，过去多走车九进一。

14. …… 马7进8	**15.** 车四平三 炮2退1
16. 车九平八 （图67）……	

如图 67 形势，7 月 29 日徐超 VS 洪智之战，这步棋改走兵五平四。

16. ……　　　车 8 平 7

黑如改走马 8 退 9，另有复杂变化。

17. 仕五退四　马 8 进 6

18. 车三平四　……

如改走车三退二，马 6 进 4，黑有攻势。

18. ……　　　马 6 进 4

策马强攻，积极求胜！如改走马 6 退 4，兵五平六，双方各有顾忌。

19. 炮五平六　车 7 退 2

21. 马七进六　……

为什么不走兵五进一呢？因如走兵五进一，则车 7 进 2，仕五退四，马 3 进 5，车四平五，马 4 进 6，帅五进一，卒 7 平 6，黑方大有攻势。

21. ……　　　车 7 进 2

22. 仕五退四　卒 7 平 8（图 68）

分卒亮车，意在保马。如图 68 形势，黑方如改走车 7 平 8，车八进三，卒 7 平 6，车四退三，炮 7 进 8，帅五进一，相互对攻，鹿死谁手尚难预料。

23. 兵五进一（红优）

小结：平边炮的新着，杀伤力不容小觑，谱写了急冲战术新的攻守篇章。

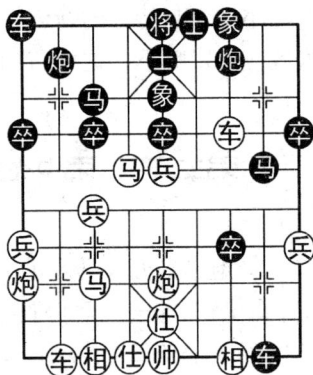

图 67

20. 仕四进五　车 1 进 2

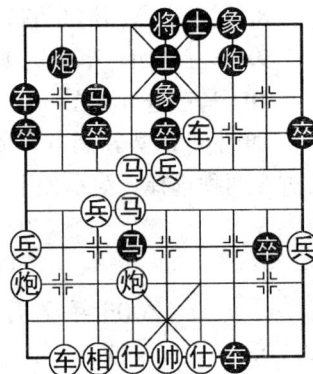

图 68

（二）车8进8

（2006年7月28日王斌VS潘振波之战）

10. ……　　　　车8进8

退炮挡车，意在求胜！因新赛制规定如和棋则执红方得1分，执黑方得2分。

11. ……　　　　马7进8

13. 车三平四　马7进8

14. 车四平三　马8退7

15. 车三平四　卒7进1

16. 马五进六　象3进5

17. 兵七进一（图69）……

如图69形势，弃七路兵是2000年初出现的新着，现在重新推上战场，说明王特大对此战术有了新的体会。

17. ……　　　　卒3进1

18. 马六进七　炮2进1

升炮打车是最新战术探索！过去多走马7进8或炮2进4。

19. 车四退二　车1进2

20. 炮八平七　卒5进1

21. 车四进四　象5退3

22. 车九进一　炮2退2

23. 车四退四（图70）……

如图70形势，倘若红方错走车九平六，车8平5，红方丢子。

23. ……　　　　车8退4

24. 车九平六　象7进5

25. 车四平六　炮2平3

26. 前车平八（红方优势）

11. 炮五退一　……

12. 车四平三　马8退7

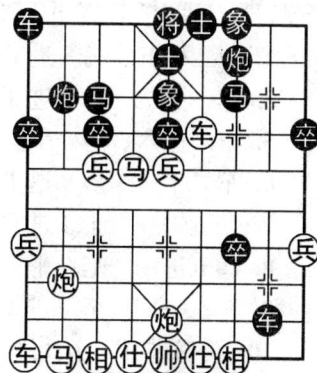

图69

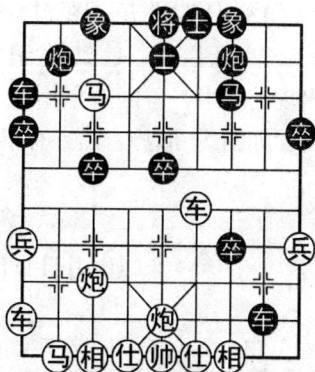

图70

小结：由此看来，黑方第 18 回合升炮打车的新着反击力较弱，倘若重演此局请谨慎。

第六节　2006 年等级赛新变例

本届比赛因为没有限制低等级分棋手参赛，也没有升降级的恐惧，所以赛场成为棋手们任意驰骋与发挥的广阔天地，攻杀高潮迭起，精彩纷呈，与"塔尖"比赛一片和棋的沉闷景象形成强烈反差而更觉精彩。

1. 炮二平五　马 8 进 7
2. 马二进三　车 9 平 8
3. 车一平二　马 2 进 3
4. 兵七进一　卒 7 进 1
5. 车二进六　炮 8 平 9
6. 车二平三　炮 9 退 1
7. 兵五进一　士 4 进 5
8. 兵五进一　炮 9 平 7
9. 车三平四　卒 7 进 1
10. 马三进五　车 8 进 8
11. 马八进七　卒 7 进 1
12. 马五进六　象 3 进 5
13. 仕四进五（图 71）……

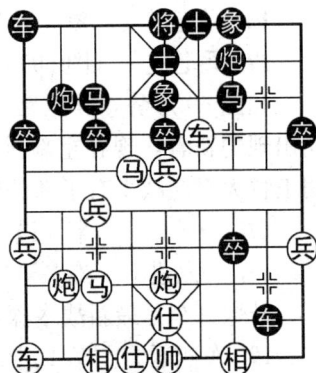

图 71

"上仕拦车"是 20 世纪 90 年代后期出现的战术，曾因效果不佳一度陷于低谷，近年来重现江湖，引人注目！如图 71 形势，黑方有卒 7 平 6 与卒 7 平 8 两种选择，演示如下：

（一）卒 7 平 6
（10 月 11 日孙浩宇 VS 才溢之战）

13. ……　　　　卒 7 平 6

"献卒轰相"首次出现在大型比赛的战场上，以下红方出现了两种应法：

甲、兵五进一

14. 兵五进一 ……

猛冲中兵，异常凶悍！笔者枰旁观战，犹如雾里看花，心中暗想：难道孙浩宇要创造"一马换双象，其势必英雄"的壮举吗？

14. …… 马 3 进 5 　　**15. 车四退三** ……

峰回路转。可能孙浩宇看到飞马踏象不行，而决定退车吃卒。但当初狂冲中兵图一时之快的举动却留下丢相的无穷后患。

15. …… 炮 7 进 8

炮轰底相，机不可失！

16. 马六进四 车 8 进 1

面对杀气腾腾的卧槽马攻势，黑方如何应对呢？最佳的防御是攻击！

17. 车九进一 车 1 平 4

18. 车四平三（图 72）……

对杀之下追求速度。如图 72 形势，红方如改走炮五平三，黑可炮 2 退 1 或马 7 进 8，也是黑优。

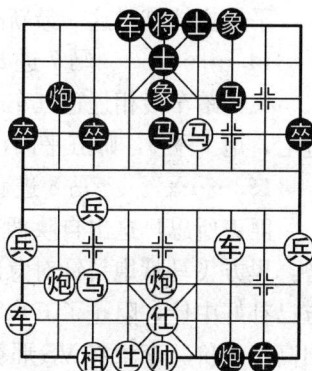

图 72

18. …… 炮 7 平 4

19. 仕五退四 炮 4 平 6

左右挡拆，恰到好处！

20. 车九平三 马 7 进 8

机警！减轻卧槽马的威胁。

21. 后车退一 ……

苦无退敌良策。如改走前车进二，炮 6 退 2，帅五进一，车 8 平 3，也是黑优。

21. …… 车 8 平 7 　　**22. 马四进三** 炮 6 退 8

23. 车三退三 马 5 进 6 　　**24. 炮五平三** ……

放手一搏，别无选择。

24. …… 象 7 进 9

25. 马三退一   象5进7（图73）

如图73形势，妙飞高象顿使黑方满枰生辉！

26. 马一退三   炮6进2

27. 炮三平四   炮6进4

28. 炮八平四   车4进7

黑方大优。

小结：狂冲中兵锋利有余而后续兵力不足，导致失势丢先，倘若重演此局宜谨慎为妙。

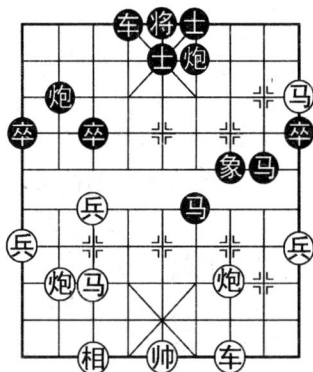

图73

乙、炮五平三

14. 炮五平三   ……

平炮拦挡是对这一最新战术的探索性对策。

14. ……   马7进8   **15.** 车四平三   ……

飞马踏车轰相逼迫红车表态。如改走车四退三，炮7进8，马六进七，炮7平9，帅五平四，卒5进1，黑弃子有攻势。

15. ……   马8进6（图74）

匪夷所思！这出自陕西李景霖 VS 湖北潘文亮之局。如图74形势，黑方飞马献炮是针对急冲中兵最有力的著名战术，但此时局面红方已补好中仕，阻止了五步穿槽马的计谋，现在继续飞马穿槽将要付出高昂代价。李景霖 VS 邢毅之战是走炮7进6。

16. 车三进二   马6进4   **17.** 车九进一   ……

边车轻提顿使黑马的攻击力大打折扣。

17. ……   卒5进1   **18.** 车九平六   马4进6

19. 炮八平四   卒6进1   **20.** 炮三进七   ……

飞炮轰象仍保持多子之优。

20. ……   象5退7   **21.** 马六进七   车8退6

22. 前马进五   士6进5   **23.** 车三进一   士5退6

24. 仕五进四（图75）

如图 75 形势，至此红方胜势。

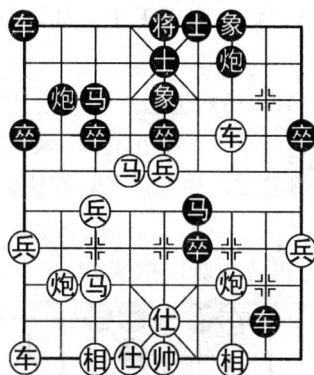

图 74

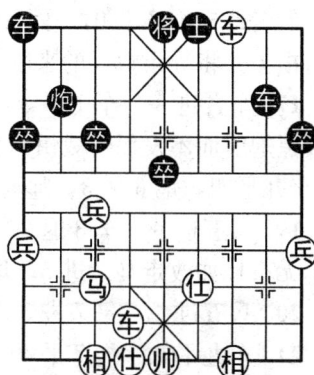

图 75

小结：飞马献炮后果严重，不得不敲响警钟：请君止步！

（二）卒7平8

（10月13日广东张学潮 VS 湖北黄勇之战）

13. ……   卒7平8

"分左卒"轰象亦是首次亮相的探索性新着。

14. 炮八平九   炮2进4

伸炮引车构思新颖！如改走炮 7 进 8，车九平八，炮 7 平 9，车八进七，车 8 进 1，仕五退四，卒 8 平 7，车四退四，双方各有顾忌。

15. 车四退三（图76）……

阻击右炮左移是正确决策！如图 76 形势，红方如改走车九平八，炮 2 平 9，炮五平一，炮 7 进 8，黑方于侧翼五子攻城之威不可小视。

15. ……   炮7进8

弃炮轰相，背水一战！

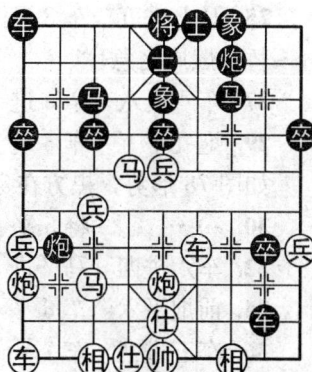

图 76

16. 车四平八　　车 8 进 1

倘若改走炮 7 平 9，马六进七，黑卒自拦车路而无子可抽，巨大兵力损失必将导致败局的来临。

17. 车九进一　车 1 平 3　　　**18.** 马六进七　车 3 进 2

黑炮引而不发保持威慑力。如改走炮 7 平 4，仕五退四，炮 4 平 6，车九平四，炮 6 平 3，帅五进一，车 3 进 2，兵五进一，红优。

19. 兵五进一　　车 3 退 2

无奈！如改走马 7 进 5，炮九进四，黑方也难以招架。

20. 兵五进一　　象 7 进 5

21. 车九平八　　炮 7 平 4

22. 仕五退四　　炮 4 平 6

23. 前车进六（图 77）……

如图 77 形势，明智之举！因缺仕怕双车。

23. ……　　　　炮 6 平 3

24. 帅五进一　　炮 3 退 4

虽然挥炮狂扫斩尽仕相，使红帅成孤家寡人，但因没有后续兵力支援而难建丰功伟业。

图 77

25. 马七进五　车 8 退 1　　　**26.** 帅五退一　车 8 平 2

暂解燃眉之急！

27. 车八退八　卒 3 进 1　　　**28.** 炮五进五　士 5 进 4

29. 炮九平五　车 3 进 3　　　**30.** 前炮退三（图 78）……

如图 78 形势，黑方在劣势下英勇抗战，红退炮奠定胜势。

30. ……　　　将 5 平 4　　　**31.** 车八平六　士 6 进 5

32. 车六进四　马 7 进 5　　　**33.** 车六平五　马 5 退 6

34. 前炮平六　车 3 平 4　　　**35.** 马五进六　车 4 平 7

36. 车五进三　车 7 平 4　　　**37.** 车五退三（图 79）

如图 79 形势，至此红胜。

小结："分外肋卒"轰相造成左翼黑车通道堵塞，使车炮联合作

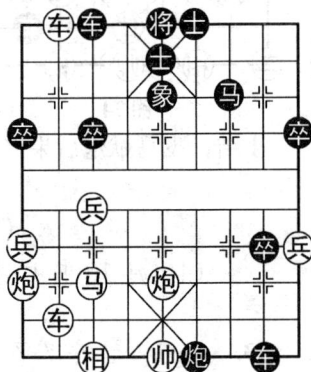

战的威力锐减，所以笔者认为"分外肋卒"似不如"分里肋卒"有杀伤力。

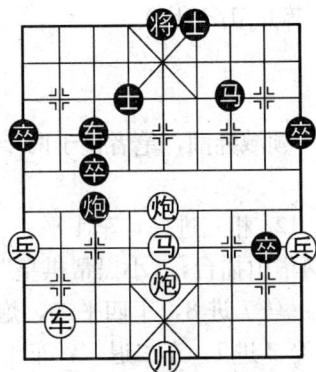

图78

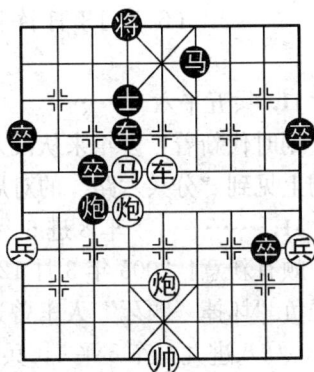

图79

第七节　2007 年象甲联赛新变例

1. 炮二平五	马8进7
2. 马二进三	车9平8
3. 车一平二	马2进3
4. 兵七进一	卒7进1
5. 车二进六	炮8平9
6. 车二平三	炮9退1
7. 兵五进一	士4进5
8. 兵五进一	炮9平7
9. 车三平四	卒7进1
10. 兵三进一	象3进5（图80）

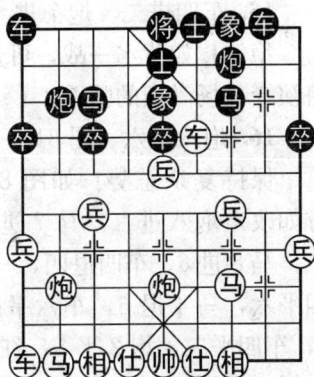

图80

如图80形势，红方有兵五平六与兵五平四两种选择，演示如下：

（一）兵五平六
（6月13日许银川 VS 蒋凤山之战）

11. 兵五平六 ……

划时代新着！多年来从没人敢在这一领域弄潮，笔者仅于两年前在网上见到"分兵六路"的对局。

11. ……　　　　车8进6　　　　**12. 相三进一　车1平4**

颇有新意！2005年3月12日弈天网华山擂台，"小黑帮棋皇"9段先负"坏掉一颗牙"人王曾这样下过：马7进8，车四平二，炮2进2，马八进九，车8平4，兵七进一，卒3进1，车二退一，车4进1，炮八退二，卒3进1，车二退三，车4退3，马三进五，车4进2，马五进四，炮2平5，仕四进五，车1平2，马四进二，炮7平6，兵三进一，象5进7，车二进二，车2进6，马二进三，车4退1，车二进三，将5平4，马九退七，车2进3，黑胜。

13. 马三进四　卒3进1

14. 兵七进一　象5进3

15. 车四进二　炮7进4

稳健！如背水一战，可走炮2进3，将演绎一场激烈的厮杀。

16. 炮八平六（图81） ……

保持复杂态势！如图81形势，红方如改走炮八进二，马7进8，炮八平三，马8进6，车四退四，马3进4，车四平六，马4退6，车六平四，马6进

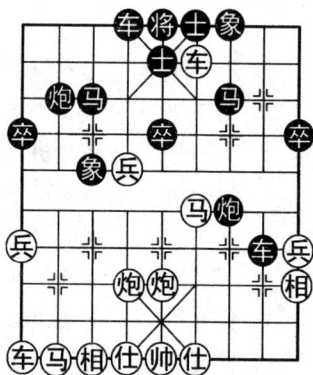

图81

7，车四平三，炮2平5，红方虽然多子小优，但黑方尚有一线和棋之望。可能许银川看到这种结果不太满意而刻意打车求变。

16. ……　　　　车4平2　　　　**17. 炮六进二　炮2进3**

前后接应，势在必然。

18. 炮六平三　炮2平7　　　　**19. 炮五平三** ……

红方煞费苦心营造一炮锁三子之势，由于左翼车马未动，后续兵力不足。如改走马八进七，马 7 进 8，兵六平七，车 2 进 6，兵七进一，车 2 平 6，兵七进一，车 6 退 1，车四退四，马 8 进 6，黑可抗衡。

19. ……　　　车 2 进 8　　　20. 仕六进五　……

为什么不走兵六平七吃象呢？因黑可接走卒 5 进 1，相互乱战，各有顾忌。

20. ……　　　马 3 进 4

弃马踏兵，精巧有力！

21. 炮三退一（图 82）……

如图 82 形势，红方为什么不走马四进六吃马呢？因黑可接走炮 7 平 5，以下红方有两种应法：①相七进五，马 7 进 8，炮三退一，车 8 平 1，红难招架。②炮三平五，卒 5 进 1，炮五进一，炮 5 平 2，黑有反先之势。

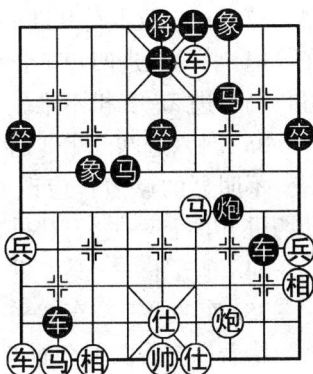

图 82

21. ……　　　车 8 进 2

跟踪追击，绝妙！

22. 相一进三　……

别无良策，只好交换。

22. ……　　　车 8 平 7

23. 马四进六　车 7 退 2

倘若顺手牵羊而走车 7 退 3，则马六退七，黑方反生枝节。

24. 车四退二　车 7 平 4

25. 马六退四　车 4 平 6

捉而复链，十分老练。

26. 相三退一　象 3 退 5

27. 兵一进一　车 6 平 2（图 83）

如图 83 形势，黑方夺回失子，和棋有望！

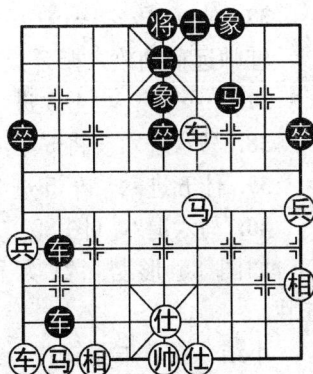

图 83

28. 车四平三   马7退8   29. 车三平五   前车进1

30. 车九平八   车2进3   31. 马四进六 ……

跃马奔槽尽力争胜！一名优秀的棋手，只要有百分之一的希望也要以百分之百的努力去争取！

31. ……   车2平3

32. 仕五退六   卒1进1（图84）

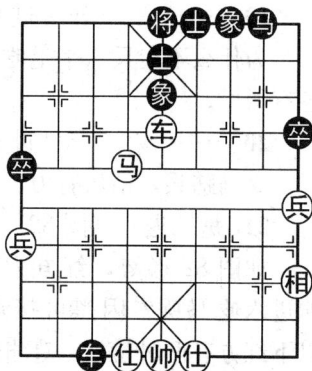

图 84

麻痹大意，随手一着！如图84形势，黑方似应改走马8进7，车五平三，车3退5，马六进四，车3平5，仕四进五，马7进5，和棋不难。

33. 马六进八   车3退5

不明显的软着！应改走车3退3，仕四进五，士5进6，和棋在望。

34. 车五平一   马8进7

35. 车一平三   车3平5

错着！应委曲求全而走马7退8，仍有和棋之望。

36. 仕六进五 ……

细腻深远！

36. ……   马7进5

37. 帅五平六 ……

红帅远程助攻，撕开黑方防线。

37. ……   士5进4

38. 马八进六   将5平4

39. 仕五进六   车5进2

40. 马六退八（图85）

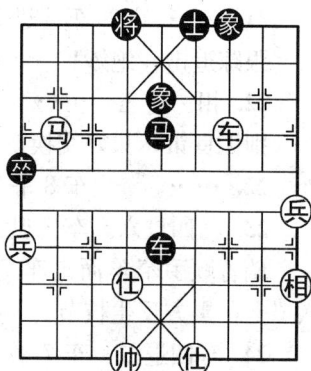

图 85

如图85形势，红方稍优，终局红胜。

小结：新着乍露锋芒，为这一战术增添了新的内容。其效果虽然可圈可点，但尚待总结完善，才能枝繁叶茂。

(二) 兵五平四

(8月8日王斌VS李家华之战)

11. 兵五平四 ……

分兵四路是盛行多年的主流定式。

11. ……　　　车8进6

13. 兵七进一　车8平3

先弃后取是经典选择！

14. 炮八平七　车3退2（图86）

如图86形势，黑方退车吃兵属于冷门战术，很少在大赛中出现。主流变化是走象5进3或炮2进1。

15. 炮七进五 ……

炮马交换十分必要，否则黑有马3进4跃马蹬车的反攻之势。

15. ……　　　车3退2

16. 马八进九　炮2进1

17. 车四退二（图87）……

改进新着！如图87形势，2001年10月19日姚宏新VS汪洋之战曾这样下过：车四进二，炮2退2，车四退二，车1平3，车九平八，前车进7，车八进三，炮2平4，车八平六，后车平4，马三退五，车3退7，车六进三，炮4平2，车六平八，车4进5，车八退六，车3平4，马五进七，前车进2，黑胜。

17. ……　　　车1平4

18. 车九平八　炮2退2

12. 兵四平三　卒3进1

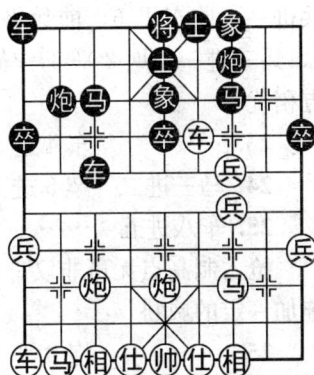

图86

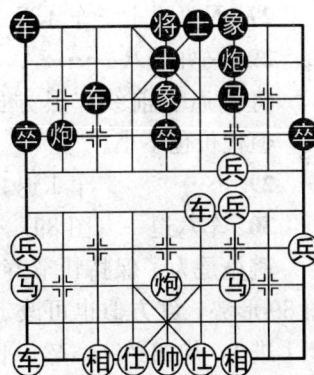

图87

19. 车四进二　卒5进1

挺进中卒放弃阻击三路兵，颇有魄力！大众化的变化是走炮2平

3，仕六进五，车3进3，前兵进一，车3平7，另有一番厮杀。

20. 前兵进一　马7退9

佯装攻士，实则调整阵型。

21. ……　　　车3平4

22. 相七进五　前车进1

23. 车四平六（图88）……

如图88形势，红方似也可改走后兵进一，前车平6，前兵平四，车4进5，兵三进一，炮2平3，马三退二，红方稍优。

23. ……　　　车4进3

24. 马三进二　卒5进1

25. 车八进五　……

21. 炮五平四　……

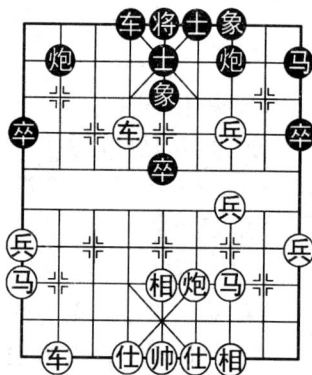

图88

抢占制高点无可非议，似乎也可走炮四平三，对黑方拥塞的子力施加一定的威胁。

25. ……　　　炮2平4

逼马出山，力争对攻。如改走卒5平6，车八退一，卒6平7，相五进三，车4进3，兵九进一，红方稍优。

27. 马九进七　车4退1

29. 马九进八　……

将马逼上前线，黑方虽然斩获一兵，但代价也不小。

29. ……　　　车1退2

30. 车八退一（图89）……

避兑是为了保持快节奏的攻击。如图89形势，红方似也可改走车八平九，卒1进1，炮四平一，卒5平6，炮一退二，红仍优势。

30. ……　　　车1平5

31. 炮四平九　……

26. 炮四进四　车4进4

28. 马七进九　车4平1

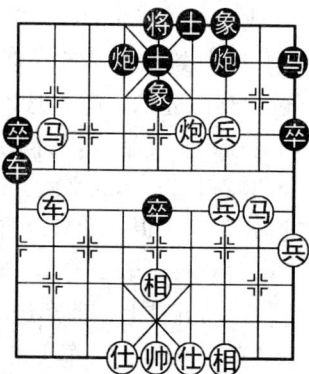

图89

顺手牵羊，无可非议，但也可走马八进七，更为含蓄有力。

31. ……	车5平1	**32.** 炮九进二	卒5进1
33. 马二进一	炮7平6	**34.** 炮九平八	车1平5
35. 马八退七	车5进1	**36.** 车八平九	卒5进1

37. 相三进五　……

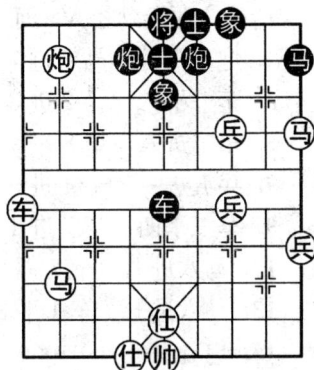

以相飞卒略有迟缓，宜走车九进五，炮4退1，炮八平四，车5平3，相三进五（亦可马一进二得子），车3平5，帅五进一，红优。

37. ……　　　车5进2

38. 仕四进五　车5退2

39. 马七退八（图90）……

如图90形势，红方退马错失良机！

图90

应改走车九进五，炮4退1，炮八平四，车5平3，马一进二，象5退3，车九退六，车3平7，炮四平一，炮4进1，车九平二，炮4平8，车二进五，红方胜势。

39. ……　　　车5进2

40. 马八进七　车5退2

41. 马七退八　车5进2

42. 马八退七　……

不变作和红棋判负，只好退马回家。

42. ……　　　炮4进2

43. 炮八平四　炮4平9（图91）

如图91形势，双方各有顾忌，终局黑胜。

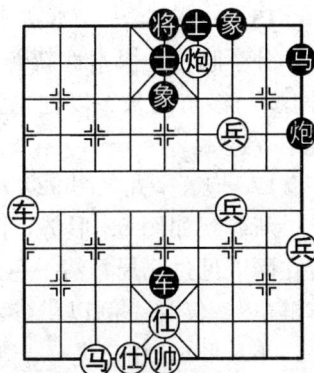

图91

小结：退车新着初试效果尚佳，虽然终局失利仍瑕不掩瑜。黑方左翼拥塞的子力如何疏通是需要解决的难题，重演此局请谨慎。

第八节　2008年团体赛新变例

请看广西秦劲松 VS 河南李林之战。

1. 炮二平五	马8进7	2. 马二进三	车9平8
3. 车一平二	马2进3	4. 兵七进一	卒7进1
5. 车二进六	炮8平9	6. 车二平三	炮9退1
7. 兵五进一	士4进5	8. 兵五进一	炮9平7
9. 车三平四	卒7进1	10. 马三进五	车8进8
11. 马八进七	卒7进1	12. 马五进六	象3进5
13. 马六进七	车1平3	14. 前马退五	卒3进1

15. 炮五退一　……

退炮窝心是宋国强大师于1998年全国团体赛所创！如改走兵七进一，马7进5，兵五进一，炮7进8，仕四进五，将引发相互激烈的攻杀。

15. ……　　　卒3进1

分卒瞄相是探索性新着！可能是由"网步"移植而来。以往主流战法都是走卒3进1。

17. 炮五平九（图92）……

新着！如图92形势，两三年前笔者在网上见过几局，清一色地都走"藏车链卒"。仅举一例以供参考：车四平二，车8平6，相三进一，炮7平6，马五进三，炮2平7，车二退三，炮7平6，车二退三，卒3进1，马七进五，卒3平4，马五进六，前炮进7，车九平七，终局红胜。

16. 相七进五　卒7平8

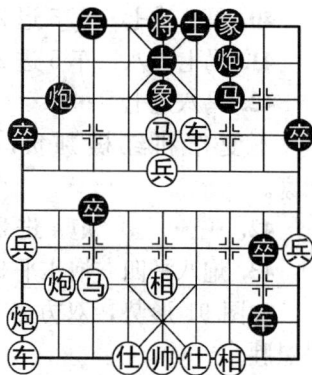

图92

17. ……　　　车8平2

跟踪追击，势在必行！如卒3进1，仕四进五，车8进1，马七进五，红优。

18. 炮八平九　　车 2 退 1　　　　　**19.** 前炮进四　……

轰卒弃马决策正确！如改走马七进五，车 2 平 1，后马进七，炮 7 进 8，黑优。

19. ……　　　　车 2 平 3　　　　**20.** 车九平八　炮 2 退 1

略有过低估计边炮威力之嫌！倘若炮 2 平 1 拦挡会怎样呢？红接走车四进二，马 7 进 5，兵五进一，炮 1 退 1，车八进八，士 5 退 4，车八退二，士 4 进 5，车四退四，前车进 1，虽然红方仍稍优，但黑尚可支撑。

21. 前炮进三　……

乘虚而入，打开攻击的突破口。

21. ……　　　　后车进 3　　　　**22.** 后炮平三　……

漂亮的临门一脚！

22. ……　　　　马 7 进 8

不如改走马 7 进 5，虽然红方稍优，但黑方尚可坚守。

23. 车四退一　马 8 进 9

踏上一条不归之路！为什么不走马 8 进 7 踩车呢？因红可借机弃车而走炮三进七，马 7 退 6，车八进八，红方胜势。

24. 炮三进五（图 93）……

如图 93 形势，红方伸炮轰车而一炮定乾坤！

24. ……　　　　卒 3 平 2

忍痛弃卒别无良策！如委屈一点而走后车退 2，车四进三，黑也要丢子。

25. 车八进四　后车进 3　　　　**26.** 马五进三　……

精妙！是切断黑军阵地防御链条的佳着。

26. ……　　　　后车平 1

无可奈何之下只好丢子。如炮 7 进 2，车八进四，黑方也十分

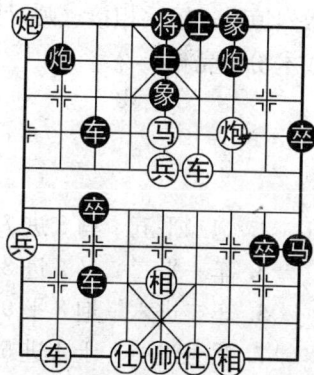

图 93

难下。

    27. 炮三进二　　车 1 退 6

    28. 炮三平八　　车 3 退 1

    29. 车八平四（图 94）……

    如图 94 形势，红方双车叫杀，胜势已定。

    29. ……　　　　将 5 平 4

    30. 前车进四　　士 5 退 6

    31. 车四进五（红胜）

    小结：黑方的新着虽然出师未捷而

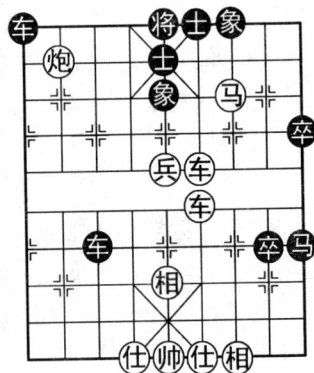

图 94

付出高昂代价，但也为这一战术增添了新的变化。

第九节　　2008 年个人赛新变例

    由于实施了"3210、和棋黑胜"等一系列新赛制，本次比赛更加激烈惊险、短兵相接、刺刀见红的近战、巷战此起彼伏，很多新布局战术纷纷亮相。

一

    1. 炮二平五　　马 8 进 7　　　　　　2. 马二进三　　车 9 平 8

    3. 车一平二　　马 2 进 3　　　　　　4. 兵七进一　　卒 7 进 1

    5. 车二进六　　炮 8 平 9　　　　　　6. 车二平三　　炮 9 退 1

    7. 兵五进一　　士 4 进 5　　　　　　8. 兵五进一　　炮 9 平 7

    9. 车三平四　　卒 7 进 1　　　　　 10. 马三进五　　车 8 进 8

    经典逼红马定型战法。如改走卒 7 进 1，马五进六，车 8 进 8，红有马六进七的选择。

    11. 马八进七（图 95）……

    如图 95 形势，黑有卒 7 进 1 与卒 7 平 6 两种选择，演示如下：

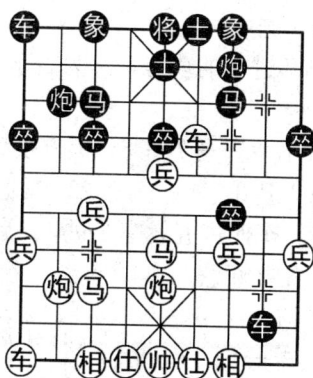

图 95

（一）卒 7 进 1

（11 月 10 日张学潮 VS 许银川之战）

11. ……　　卒 7 进 1　　　**12.** 马五进六　象 3 进 5

13. 马六进七　车 1 平 3　　　**14.** 前马退五　卒 7 平 8

同室操戈互知底细，现在"分卒轰相"是冷门战术，看来要把争斗的焦点导向陌生领域。

15. 仕四进五　炮 7 进 8

16. 炮八退一　车 8 进 1

17. 车九进二　炮 2 平 4（图 96）

如图 96 形势，平炮肋道是岭南大英雄许银川推出的前无古人鲜有来者的新着！2005 年 10 月 30 日全国个人赛许银川 VS 洪智曾这样下过：马 7 进 8，车四退五，炮 2 进 4，车四平二，车 8 平 9，车二平一，车 9 平 8，车一平二，车 8 平 9，双方不变作和。

18. 车九平八　马 7 进 8

飞蹄狂踢，借势踏入前阵。

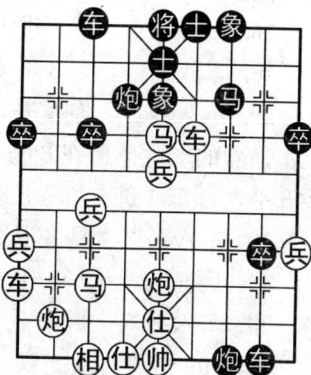

图 96

19. 车四退一　马 8 进 7

20. 车四退二   炮4进6

佳着！进炮暗伏马7进8的攻势，又为右车开辟通道。

21. 炮五平三   ……

机警！如改走兵五平六，马7进8，黑方攻势强大。

21. ……   马7退8   22. 马七进五   炮4退3

倘若改走卒8平7，车四进五，卒7进1，后马退六，车8退3，车八平三，炮7平9，各有顾忌。

23. 相七进五（图97）……

稳健选择。如图97形势，红方如改走车四退一，炮4平5，相七进五，炮7平4，仕五退四，车3平4，各有顾忌。

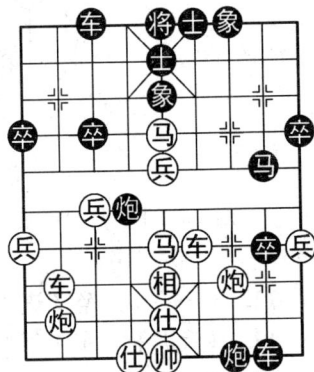

图97

23. ……   卒8平7

24. 车四进二   炮7退1

25. 车四退五   车8平6

26. 帅五平四   ……

为什么不走仕五退四避免兑炮呢？因黑炮4平5，红方反而不妙。

26. ……   卒7进1   27. 后马退三   炮7平2

28. 车八退一   车3平4

29. 车八进二   炮4进3（图98）

强烈的求胜欲望在升腾。如图98形势，黑方倘若改走炮4进1，兵五平六，车4进4，马五退四，速成和棋。

30. 车八平二   马8退9   31. 马三进四   车4进5

32. 兵五平六   车4平5   33. 车二平六   炮4平2

34. 车六平八   炮2平4   35. 帅四平五（图99）

如图99形势，至此双方各有顾忌，最后大战至133回合黑胜。

小结：飞刀小试乍露锋芒。倘若没有许银川那般神功，赢棋有点难！

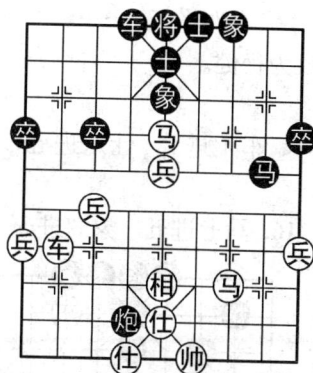

图 98

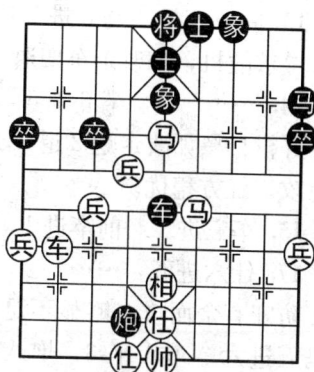

图 99

（二）卒7平6
（11月11日李群VS吕钦之战）

11. ……　　　卒7平6

"岭南双雄"针对中炮急冲中兵，各有各的打法。许银川是走卒7进1，而吕钦却喜欢走"拐弯卒"。

12. 兵五平四（图100） ……

"拐弯兵"颇为新颖，这是第一次出现在大型比赛的战场上。如图100形势，2005年11月5日谢业枧VS吕钦之战是走：车四退二，卒5进1，炮五进三，象3进5，相七进五，车8退4，车四平五，车1平4，炮八平九，炮2进4，车九平八，炮2平7，车八进七，马7进5，马五进三，车8平7，炮九进四，后炮进4，车五平三，车7平5，车三退一，车5平1，和棋。

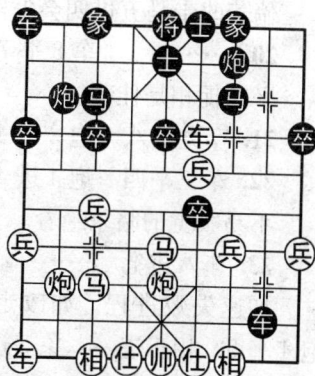

图 100

12. ……　　　马7进8

倘若错走车四平三捉炮，马8退9反捉红车，红有崩盘之虞。

13. 兵四平三 ……

13. ……   马8进7   **14.** 车四平三 ……

寻求战机，如改走车四退二吃卒则较为稳健。

14. ……   卒6平5

好棋！黑如改走炮2退1，马五进六，车1进2，仕六进五，相
互对攻，红方稍优。

15. 车三进二   前卒进1

16. 马七进五   象3进5

17. 仕六进五 ……

防守有余而攻击略显不足。似可改
走马五进六，车1平3，炮八平七，红
尚无大碍。

17. ……   车1平4

18. 炮八平九   炮2退1（图101）

平淡中见功夫的好棋！如图101形
势，黑方如直接走车4进6，车九平八，
红优。

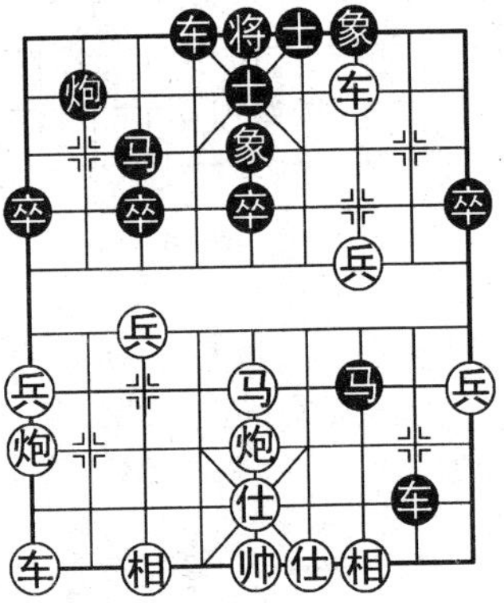

19. 车三退二   车4进6

图 101

20. 马五进三 ……

倘若改走马五进四会怎样呢？车8平7，也是黑优。

20. ……   车8平7

平车捉相是佳着！

21. 车九平八   炮2平4

22. 车三平四   炮4进4

不易察觉的暗杀绝着。

23. 车八进七 ……

加速失败进程。如改走车四退二，
炮4平5，相三进一，象5进7，黑优。

23. ……   马7退5

退马倒钩是一箭双雕的绝妙一击！

24. 马三退四（图102）……

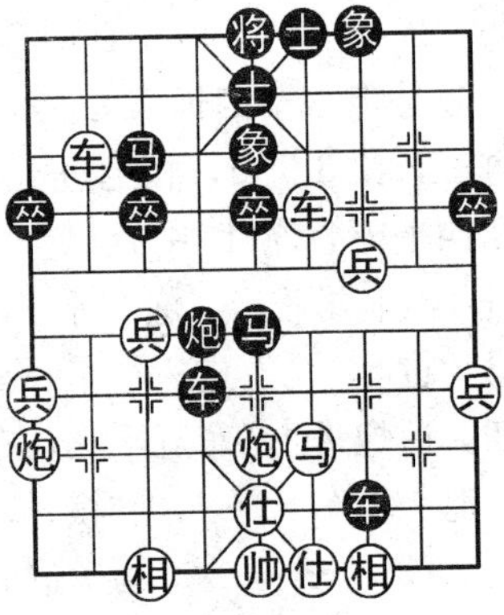

四处漏风难有退敌妙计，只好听天

图 102

由命了。如图 102 形势，此时网上直播，有人对退马这步棋颇有微词，认为应走车八退六解杀，其实黑可炮 4 平 7，相三进一，马 5 退 6，相一进三，车 7 退 3，黑亦多子胜势。

　　24.　……　　　　车 4 进 3（黑胜）

　　小结："拐弯兵"新着难敌"拐弯卒"，尚需完善改进。

二

1. 炮二平五	马 8 进 7	2. 马二进三	车 9 平 8
3. 车一平二	卒 7 进 1	4. 车二进六	马 2 进 3
5. 兵七进一	炮 8 平 9	6. 车二平三	炮 9 退 1
7. 兵五进一	士 4 进 5		
8. 兵五进一	炮 9 平 7		
9. 车三平四	卒 7 进 1		
10. 马三进五	卒 7 进 1		
11. 马五进六	车 8 进 8		
12. 马八进七	象 3 进 5		
13. 马六进七	车 1 平 3		
14. 前马退五	卒 3 进 1		
15. 马七退五	卒 3 进 1		
16. 炮八平六（图 103）	……		

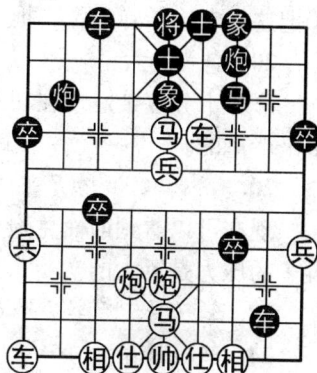

图 103

　　如图 103 形势，至此黑有马 7 进 8 与炮 2 进 4 两种选择，演示如下：

（一）马 7 进 8
（11 月 4 日李景林 VS 黄仕清之战）

16. ……	马 7 进 8	17. 车四平三	炮 2 退 1
18. 车九平八	卒 3 平 4		
19. 兵五平四	卒 4 平 5（图 104）		

最新探索性战术！如图 104 形势，黑方为什么不走卒 4 进 1 冲卒捉炮呢？请看 1999 年 1 月 21 日宋国强大师曾这样下过：炮五进五，象 7 进 5，后马进六，卒 7 平 6，马六进四，马 8 进 6，马五退四，车 8 退 3，马四退六，车 3 进 6，马六进五，卒 6 进 1，仕六进五，车 8 平 5，车三平九，炮 2 平 3，车九退二，车 5 平 1，兵九进一，卒 6 进 1，炮六平五，红优。也许在宋大师这盘棋的

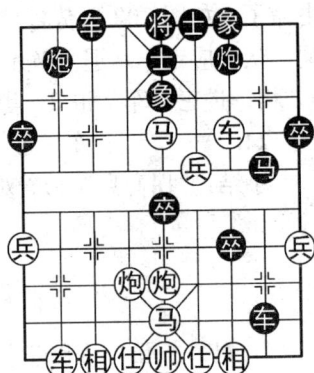

图 104

名人效应影响下，"冲卒捉炮"便被束之高阁的原因，现在黄大师敢于把这杆老枪子弹上膛，推上战场，果然有新着亮相。

20. 炮六进六 ……

形势十分复杂，现在切断黑军的防御链条看似无可非议，但其后果是严重的。

20. ……   炮 7 平 4   **21. 车八进八   炮 4 进 5**

现在可以看到前面兑炮交换造成的后果。虽然红多子，但黑炮镇五子的压力是巨大的。

22. 车三退二   卒 7 平 6   **23. 车三平五   炮 4 平 5**

24. 车八退五 ……

时刻准备弃车砍炮。

24. ……   车 8 平 6

25. 车五平二（图 105） ……

不肯轻易弃车砍炮而后果严重。如图 105 形势，红方稳健点似可走车五退一，卒 6 平 5，车八平五，虽然赢棋不易，但和棋不难。

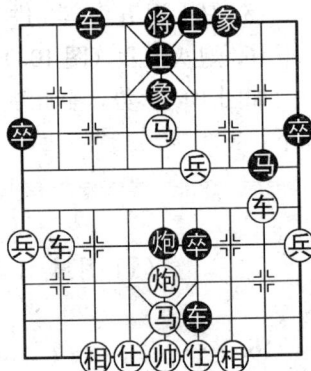

图 105

25. ……   车 3 进 9

精妙偷袭！

26. 车八平六 ……

为什么不走车二进一吃马呢？因黑可接走车 6 进 1，帅五平四，车 3 平 4，帅四进一，卒 6 进 1，帅四进一，车 4 平 6，绝杀黑胜。

26. ……　　　　车 3 退 6

27. 兵四平五　炮 5 平 9

炮轰边兵恰到好处，机不可失！

28. 车六进一　卒 6 进 1

29. 炮五进一　……

无可奈何花落去。如改走车二进一，炮 9 平 6，黑亦胜势。

29. ……　　　炮 9 进 3

30. 车二退四　马 8 进 9（图 106）

如图 106 形势，至此黑胜。

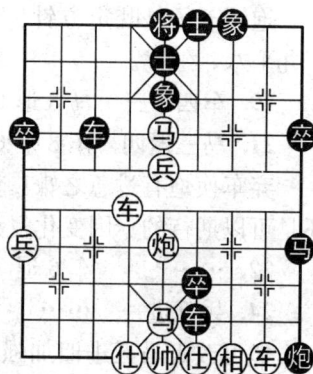

图 106

小结：飞刀小试初获成功！这一战例为屏风马方平添了新的内容。

（二）炮 2 进 4
（11 月 5 日阎文清 VS 潘振波之战）

16. ……　　　炮 2 进 4

伸炮过河是拼命＋不要命的攻法。一炮过河立即使两军前沿结合部的争斗之势一触即发。

17. 车四进二　……

针锋相对！如炮五进一，卒 7 平 6，双方各有顾忌。

17. ……　　　马 7 进 8

飞马献炮再弃一子，充分显示这一布局的复杂凶险。

18. 前马进三（图 107）……

如图 107 形势，红方不吃炮反弃马真乃石破天惊！这是阎文清大师最新

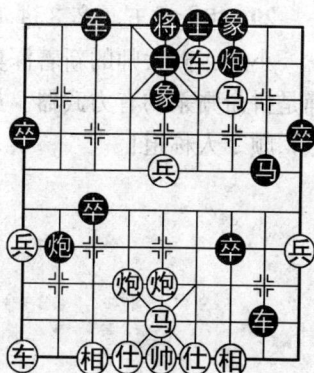

图 107

创举。

    18. ……   炮 2 平 5

    炮锁五子是既定方针！如改走马 8 退 7，炮五进五，士 5 进 4，车九平八，红优。

    19. 车四平三   马 8 退 6   **20.** 车三平四   马 6 进 8

    21. 马三退四   车 8 平 6   **22.** 马四退五   ……

    弃车换炮有过急之嫌！似可改走炮六进四或车九平八，光明前景还是可以期待的。因变化复杂有待专题研讨。

    22. ……   车 6 退 7   **23.** 车九平八   车 6 进 4

    24. 兵五进一   ……

    似可改走马五进四加强攻击与牵制为宜。

    24. ……   卒 7 平 6

    25. 后马进三   马 8 进 7

    26. 兵五进一（图 108）……

    如图 108 形势，红方似可改走马五进六，车 6 平 4，兵五进一，另有一场战斗，鹿死谁手尚难预料。

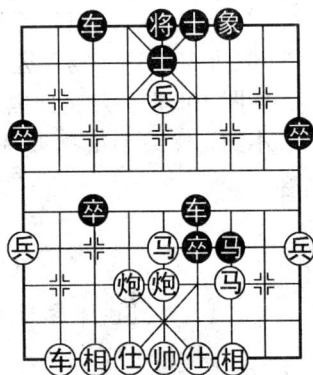

图 108

    26. ……   卒 6 平 5

    27. 马三进五   马 7 进 5   **28.** 兵五进一   士 6 进 5

    29. 相七进五   卒 3 进 1（黑方稍优）

    小结：阎大师的新着深奥惊险，悬念丛生，充满生机与活力，的确是拼命厮杀的有力武器。虽然出师未捷，但不乏艺术性构思与闪光点，颇令人称道！

第二章　中炮直横车对屏风马两头蛇

中炮直横车对屏风马两头蛇布局成型于20世纪70年代，后经棋手们不断努力探索，进一步充实完善了双方的攻防变化。这一阵法发展至21世纪，成为大赛中最热门、最流行的布局之一。开局阶段，红方双马正起，双车迅速出动，使两翼子力均衡发展，左右夹击之势对黑方构成了一定的威胁。黑方则运用"两头蛇"制约红马，而后高炮赶车，逼红车退离卒林线，减缓红方的进攻速度，巩固了自己的阵型。红方退车河口后，又从"三七线"上发动攻势，以后双方将在沿河一线形成剑拔弩张的对峙状态。截至目前为止，这个布局究竟孰优孰劣仍难下定论，车蛇之争还将继续下去，相信棋坛的能工巧匠们为攻守双方创造出的新手新型也将愈加精彩。

第一节　2005年个人赛新变例

本届比赛两头蛇布局是亮点之一，尤其是岭南精英李鸿嘉以此战胜新科状元洪智一局，使两头蛇威名大震。

1. 炮二平五	马8进7	2. 马二进三	车9平8
3. 车一平二	卒7进1	4. 车二进六	马2进3
5. 马八进七	卒3进1	6. 车九进一	炮2进1
7. 车二退二	象3进5	8. 兵三进一	卒7进1
9. 车二平三	马7进6	10. 车九平四	炮2进1
11. 车四平二	车1进1	12. 兵七进一	卒3进1
13. 车三平七	车8进1	14. 炮五平四	马3进4
15. 马三进四	车8平3	16. 车七进四	车1平3

17. 马四进六　　车3进6　　　　**18.** 相三进五　　车3退3
19. 马六进五　　象7进5
20. 车二进六　　车3平5（图109）

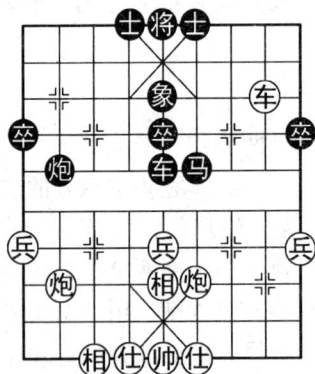

图 109

平中车捉兵是李鸿嘉大师在本届个人赛上创出的杰作。如图109
形势，红方以下有兵五进一与仕四进五两种选择，演示如下：

（一）兵五进一

（11月3日重庆洪智VS广东李鸿嘉之战）

21. 兵五进一　　……
弃兵抢先，意在下步平车捉马。

21. ……　　　　车5进1　　　　**22.** 车二平四　　炮2平5
弃士保象是正确的决策！如改走马6进4，车四平五，士6进5，仕
六进五，车5进1，车五平三，车5平9，车三退三，黑方缺象忌炮。

23. 车四进二　　将5进1　　　　**24.** 仕四进五　　……
红如改走仕六进五，马6进8，车四平六，车5进1，车六退三，
马8进6，炮八进四，双方各有顾忌。

24. ……　　　　马6进8
25. 车四平二（图110）……
如图110形势，红方平车吊住黑马，不让黑方车5进1抢占兵线。

25. ……　车5平7	26. 炮四退二　车7平2
27. 炮四进二　马8进6	28. 车二退六　马6退7

29. 车二平七　将5退1（图111）

如图111形势，至此黑方稍优。

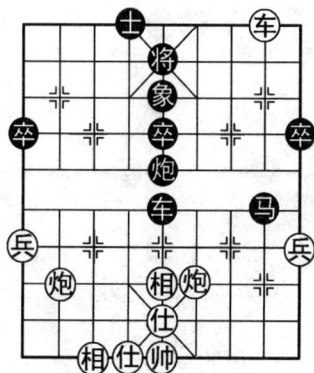
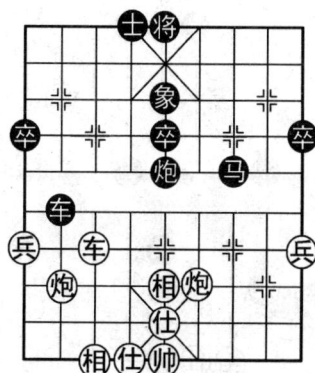

图110　　　　　　　　　图111

小结：布局飞刀取得初步成效，那么红方此变还能不能再弈了呢？请看下局。

（二）仕四进五
（11月5日江苏王斌VS重庆洪智之战）

21. 仕四进五　……

洪智在这盘棋中借他山之石攻玉，但是王斌没有重复冲中兵的旧辙而是上仕固防另辟蹊径。

21. ……　　车5进2（图112）

如图112形势，在之后的2006年五羊杯赛中，洪智VS许银川之战又有了新的改进：炮2退2，车二退二，马6进7，车二进一，车5进2，车二平一，炮2进2，兵九进一，炮2平5，车一平二，终局和棋。

22. 车二平四　卒5进1

冲卒保马必然。

23. 车四进二　将5进1	24. 车四退一　将5退1

25. 车四进一　将5进1　　　26. 车四退一　……

频频打将为缓解时间紧张，可见王斌在赛前对这一布局并没有充分准备。

26. ……　　　将5退1　　　27. 兵九进一（图113）

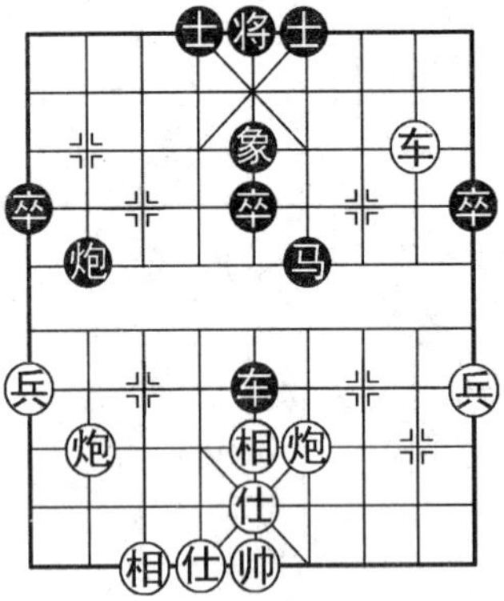

图 112

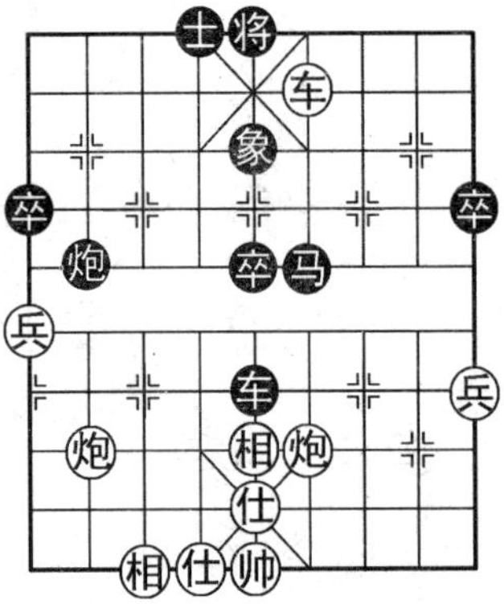

图 113

如图113形势，终局和棋。

小结：黑方虽然丢士缺象，但有中卒及兵种齐全作补偿，可以形成双方各有顾忌而均可接受的盘面。

第二节　2006年个人赛新变例

2006年全国个人赛实行重大赛制改革，胜3分，负0分，红和1分，黑和2分。从某种意义上讲，先手和三盘得3分与赢一盘得3分的分值是一样的。由于制度导向鼓励求胜，在布局领域新品层出不穷，而一些被尘封的"老枪"也东山再起重返战场。因此执先手"宁愿前进一步死，也不后退半步生"的英雄壮举在赛场随处可见！

直横车与两头蛇的争斗在20世纪80年代达到巅峰状态，其后于1991年岭南许银川找到打蛇"七寸"的绝技，曾一度使两头蛇沉寂无声。由于名家大腕在本届比赛中领衔主演，使"斗蛇"成为最亮丽的一道布局风景线！

一

1. 炮二平五	马8进7	2. 马二进三	卒7进1
3. 车一平二	车9平8	4. 车二进六	马2进3
5. 马八进七	卒3进1	6. 车九进一	炮2进1

7. 车二退二　象3进5

8. 兵三进一　卒7进1

9. 车二平三　马7进6（图114）

10. 兵七进一 ……

老谱重演！如图114形势，以岭南派为代表的传统走法是车九平四打一个顿挫，待炮2进1后再车四平二链拴。由于两头蛇的抗击打及反击性能的增强，迫使直横车战术寻求新的战场。

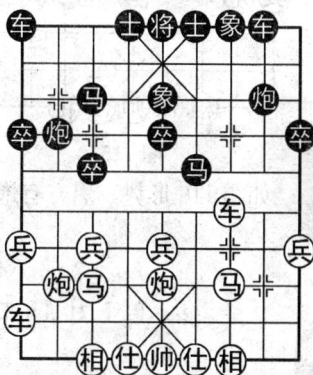

图114

10. …… 卒3进1

| 11. 车三平七 | 炮8平7 | 12. 车九平四 | 车8进4 |

不敢贸然炮7进7轰相，否则要有丢子丢先之虞。

| 13. 马三进四 | 车8平7 | 14. 马四退二 | 车7平8 |

15. 炮八进一　士4进5

16. 炮五平二　马6进7（图115）

如图115形势，献马救主是既定对策！

| 17. 炮二进三 | 马7进6 | 18. 帅五进一 | …… |

御驾亲征围剿来犯之敌！

| 18. …… | 车1平4 | 19. 帅五平四 | 车4进8 |

20. 仕四进五　炮2退2

退炮准备打车是出现于20世纪末具有较强反击力的战术。

21. 炮二进四（图116）……

挥炮沉底是廖大师最新推出的探索性战术。过去多走炮二平三、炮八进四或帅四退一。

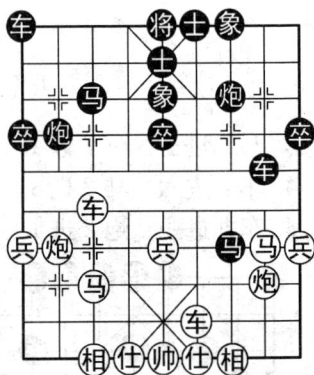

图 115

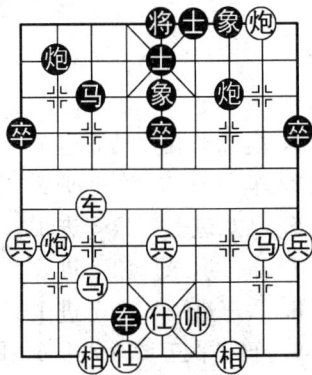

图 116

如图 116 形势，黑方有炮 7 平 6 与车 4 退 4 两种选择，演示如下：

（一）炮 7 平 6
（11 月 15 日廖二平 VS 尚威之战）

21. ······   炮 7 平 6

尚威大师的新变！高级控盘艺术。倘若炮 2 平 3 轰车，车七平三，炮 7 平 6，炮八进四，相互对杀各有顾忌。

22. 炮八进四   ······

因赛制改变，执先者求胜冒险犹如箭在弦上而不得不发！如改走马二进三，炮 2 平 3，车七平六（如马三进四，士 5 进 6，红要丢车），车 4 平 3，马三进四，士 5 进 6，车六进四，炮 3 进 6，车六退一，炮 3 进 2，车六平五，士 6 退 5，车五平三，车 3 退 4，车三进二，车 3 平 6，仕五进四，车 6 平 8，仕六进五，相互对杀胜负难料。

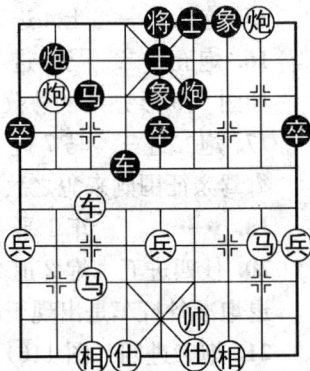

图 117

22. ······   车 4 退 4

23. 仕五退四（图 117）······

　　如图117形势，红方为什么不走炮八平五轰象呢？因黑可接走士5退4，帅四退一，车4平8，车七平三，车8退4，车三进三，象7进5，车三平四，士4进5，车四平五，马3退4，黑优。

23.……　　　　　车4平8

24. 炮八平五　士5退4

25. 帅四平五　车8进2

夺回失子反击成功。

26. 车七平四　车8退6

简明深远！

27. 车四进三　车8进8

28. 帅五退一　车8平3

明捉暗保，必得一子。

29. 马七进六　象7进5（图118）

如图118形势，至此黑优。

小结：老谱重演开新花，其含金量不可低估。

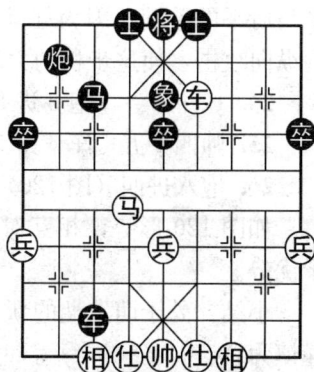

图 118

（二）车4退4

（11月23日王斌VS胡荣华之战）

21.……　　　　车4退4

退车河头阵地是胡司令在10分钟快棋中的即兴之作。

22. 车七平二　……

撤离七路线可避免黑炮打串的威胁，从而保持多子之势。

22.……　　　炮2平3（图119）

在快棋中皆是凭感觉来寻找易于直接打击的靶点。如图119形势，现在黑方似应先走炮7平6为宜。

23. 马七进六　炮7平6

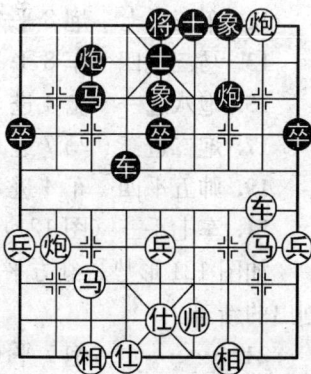

图 119

24. 仕五退四 ……

在陌生布局领域战斗只能凭经验与临场感觉来决策，至此就能看到角炮先平与后平的差别，因为红马阻挡黑肋车的纵向攻击，使这步棋的力度削弱了。

24. ……　　　　　炮 3 进 8

25. 帅四平五　　车 4 平 3

26. 炮八进四（图 120）

如图 120 形势，相互对攻，红方多子优势。

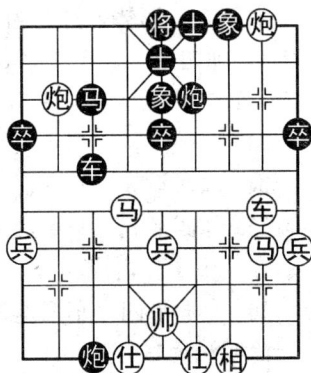

图 120

小结：处于萌发期的新着究竟孰优孰劣尚难定论，倘若重演还是谨慎为宜。

二

1. 炮二平五　马 8 进 7　　　　　**2. 马二进三**　车 9 平 8

3. 车一平二　卒 7 进 1　　　　　**4. 车二进六**　马 2 进 3

5. 马八进七　卒 3 进 1　　　　　**6. 车九进一**　炮 2 进 1

7. 车二退二　象 3 进 5　　　　　**8. 兵三进一**　卒 7 进 1

9. 车二平三　马 7 进 6　　　　　**10. 兵七进一**　卒 3 进 1

11. 车三平七　炮 8 平 7　　　　　**12. 车九平四**　车 8 进 4

13. 马三进四　车 8 平 7　　　　　**14. 马四退二**　车 7 平 8

15. 炮八进一　士 4 进 5　　　　　**16. 炮五平二**　马 6 进 7

17. 炮二进三　马 7 进 6　　　　　**18. 帅五进一**　车 1 平 4

19. 帅五平四　车 4 进 8　　　　　**20. 仕四进五**　炮 2 退 2

21. 车七平三（图 121）……

如图 121 形势，红方平车捉炮是本届比赛聂铁文 VS 许银川之战创出的新着。

21. ……　　　　　炮 7 平 6　　　　　**22. 帅四退一**　炮 2 平 3

23. 炮八进四 ……

伸炮瞄象气势汹汹，一触即发的战斗即将打响。

23.　……　　　炮 6 平 8

用兵谨慎！现在形势十分复杂，有多种变化需要评估推敲，这步棋使许银川临场足足长考了 20 多分钟。为什么许银川不敢炮 3 进 6 打马呢？笔者斗胆试演如下：红似可接走炮八平五，将 5 平 4，马二进三，炮 6 平 7，马三进二，象 7 进 5，车三进三，马 3 进 4，车三退一，双方各有顾忌。

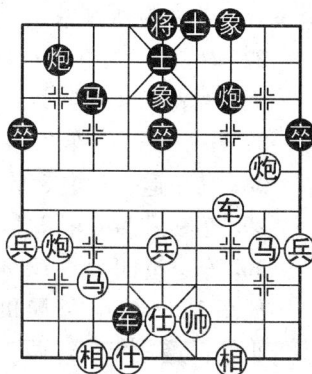

图 121

24.　马二进三　　……

跳马踩炮几乎可一眼瞧明，但临场时小聂却是沉思良久才走出这步棋。那么小聂在想什么呢？可能是对马二退四踏车的分析，黑可接走车 4 退 4，炮二退三，炮 8 平 6，帅四平五，马 3 进 2，车三平七，炮 3 进 6，红无便宜。

24.　……　　　炮 8 进 1

看名手下棋就是累！笔者枰旁默默心算，为什么要进炮而不走炮 8 退 1 呢？原来红可接走炮二退四，车 4 退 4，马三进一，红优。

25.　马三进二（图 122）……

如图 122 形势，红方跳马奔槽，明是攻击而实则是收兵的前奏，这出自 11 月 21 日聂铁文 VS 许银川之战。而在 11 月 23 日赵国荣 VS 卜凤波之战中，赵特大改为相三进五扬相弃马，真是算度深远匪夷所思的大手笔，也是聂许之战后的反思。

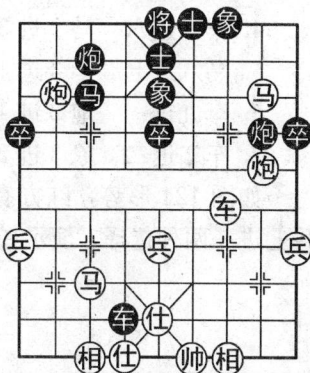

25.　……　　　车 4 退 4

26.　炮二退三　　车 4 平 2

图 122

黑如炮 3 进 6，车三平七，车 4 平 3，车七进一，象 5 进 3，马二进三，黑丢象有所顾忌。

　　27. 马二进一 ……

　　无心恋战，鸣金收兵！

　　27. ……　　　　车2退2

　　28. 马一退三　　炮3平7

　　29. 车三进四　　车2进2

　　30. 车三退四（图123）

　　如图123形势，终局和棋。

　　小结： 这些年来，两头蛇不断改进的防御性能与红方一浪高过一浪的攻击手段形成激烈的碰撞，好似矛与盾的交锋，真是恰逢敌手，难分伯仲。

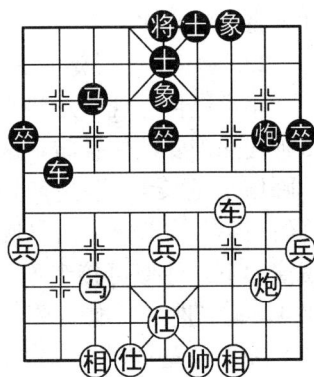

图 123

第三节　　2007年第6届"嘉周杯"新变例

　　1. 炮二平五　　马8进7

　　2. 马二进三　　卒7进1

　　3. 车一平二　　车9平8

　　4. 车二进六　　马2进3

　　5. 马八进七　　卒3进1

　　6. 车九进一　　炮2进1

　　7. 车二退二　　象3进5（图124）

　　如图124形势，红方有兵三进一与兵七进一两种选择，演示如下：

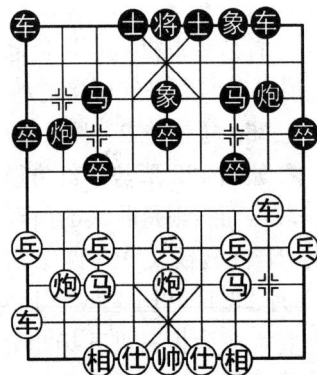

图 124

（一）兵三进一
（3月21日吕钦 VS 赵国荣之战）

8. 兵三进一　卒7进1　　　　**9.** 车二平三　马7进6

10. 兵七进一　卒3进1　　　**11.** 车三平七　炮8平7

12. 车九平四　车8进4　　　**13.** 马三进四　车8平7

14. 炮五平三　……

兑炮是冷门战术，颇有出其不意攻其不备的味道。

14. ……　　　　炮7平6

15. 马四退二　车7平8

16. 炮三平二　车8进2（图125）

如图125形势，黑方吃马是新着！朦胧记得在2001年王跃飞 VS 刘殿中两位大师曾走：炮6进6，炮二进三，车1平3，马二进三，炮2进1，炮二平四，炮2平7，马七进六，士4进5，炮八平七，炮6平3，炮七平五，红方稍优，终局和棋。

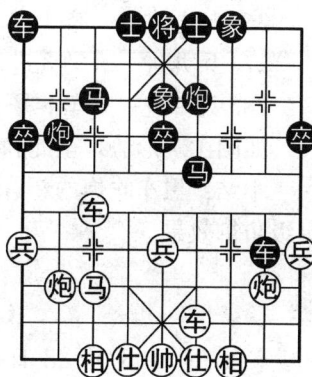

图 125

17. 车四进四　士4进5

稳健！如改走炮6平9，炮八进一，车8退3，炮八平七，红有攻势。

19. 炮八平四　车1平3

20. 炮四平五　炮2进1

似也可改走车8平9，车七进二，马3退1，车七进三，马1退3，炮五进四，车9退2，车四平一，卒9进1，局势平淡。

21. 炮五进四（图126）……

简明！如图126形势，红方如改走

18. 炮二平四　炮6进5

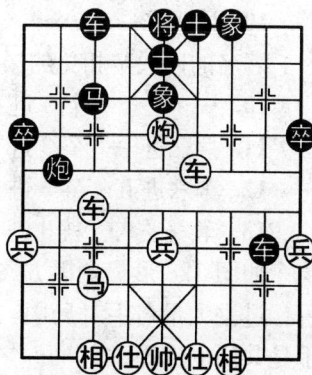

图 126

车七进二，炮 2 平 3，相七进九，车 8
平 7，黑方可战。

    21. ……　　　　　马 3 进 5

    22. 车七进五　　象 5 退 3

    23. 车四平八　　象 7 进 5

    24. 车八进一　　马 5 进 3

    25. 车八平一　　卒 1 进 1

    26. 相七进五　　卒 1 进 1

    27. 兵九进一　　马 3 进 1

    28. 兵一进一　　车 8 平 9（图 127）

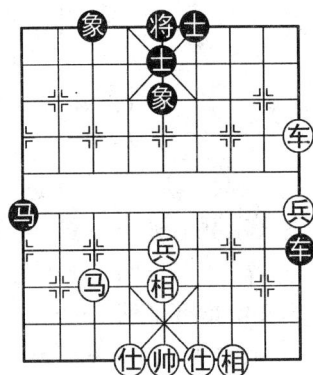

图 127

如图 127 形势，至此和棋。

小结：黑车吃炮的新着虽然赢棋难但和棋却不难，从而能达到四
星级防御效果。

（二）兵七进一

（3 月 23 日柳大华 VS 赵国荣之战）

    8. 兵七进一　……

兑七兵是 20 世纪 80 年代比较流行的战术。

    8. ……　　　　炮 8 进 2

    9. 车九平六　士 4 进 5

    10. 兵三进一　……

著名的四兵卒相兑的局面。

    10. ……　　　　卒 3 进 1

    11. 兵三进一　卒 3 进 1

    12. 车六进五　卒 3 进 1

    13. 车六平八　马 3 进 4（图 128）

如图 128 形势，黑方飞马蹬车是新
着！过去大量名手对局中，象 5 进 7 几
乎是共同的选择。

    14. 车八平六　……

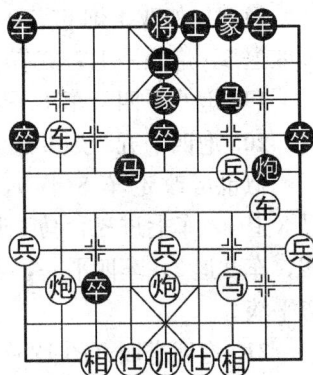

图 128

红如改走车八进一，卒3平2，兵三平二，车8进4，车二进一，马7进8，炮五进四，卒2平3，局势平稳。

14. ……　　　　　象5进7　　　　15. 炮八进三　卒3平4

最佳的防御是攻击！如改走象7进5，炮八进二，象5退7，车二平三，红有攻势。

16. 炮八平三　……

弃炮轰象，算度深远！如改走炮五进四，马7进5，车六平五，象7进5，炮八进一，车1平3，双方各有顾忌。

16. ……　　　　　卒4平5

17. 炮三进一　车1平4（图129）

佳着！如图129形势，黑方如改走炮8平5，车六退一，卒5平6，相七进五，卒6平7，兵五进一，红方稍优。

18. 车二进一　车4进3　　　19. 车二进四　马7退8

20. 炮三平六　前卒平6　　　21. 马三进二　马8进7

22. 仕六进五　马4进5（图130）

如图130形势，至此和棋。

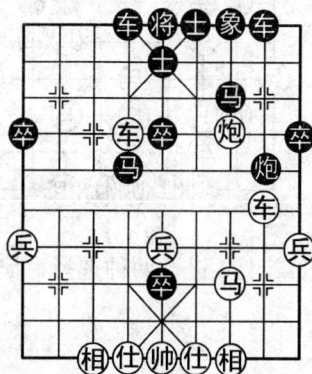

图129

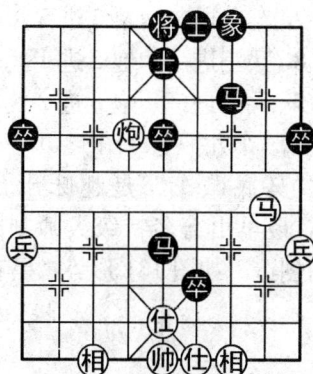

图130

小结：新颖趣味是这一布局的特点，黑方的防御也可达到四星级效果。

第四节　2007年大师赛新变例

2007年全国象棋大师冠军赛在浙江鄞州举行。经过11轮激战，浙江陈寒峰与火车头韩冰分获男女冠军。其中浙江大侠陈寒峰以76％的胜率获得特级大师等级资格，从而步入特级大师之列。本届比赛中炮直横车对屏风马两头蛇布局又有新型武器亮相。

一

1. 炮二平五　马8进7　　　　2. 马二进三　车9平8
3. 车一平二　卒7进1
4. 车二进六　马2进3
5. 马八进七　卒3进1
6. 车九进一　炮2进1
7. 车二退二　象3进5
8. 兵三进一　炮2进1
9. 兵七进一　炮8进2
10. 车九平七（图131）……

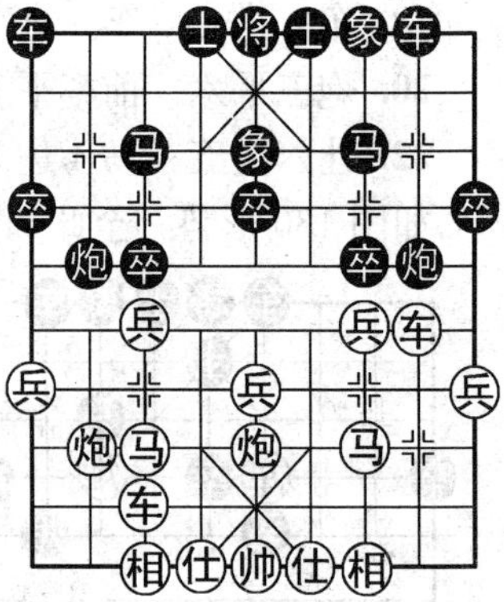

"马底藏车"是趣味十足的"奥步"，最早由著名特级大师刘殿中首先发明创造。如图131形势，黑有卒3进1与士4进5两种选择，演示如下：

图 131

（一）卒3进1

（12月22日陈富杰VS潘振波之战）

10. ……　　　　卒3进1
新着！过去比赛中多走士4进5或车1平3。

11. 兵三进一 卒 3 进 1

力争对攻！如改走象 5 进 7，马七退五，炮 2 平 3，车七进三，象 7 退 5，马三进四，红方稍优。

12. 马三进四 ······

飞马盘河勇猛有余而略显急功近利。笔者拙见似可走马七退五，象 5 进 7，车七进二，炮 2 平 3，马三进四，红方子力开扬可保先手。

12. ······ 炮 2 平 3

弃炮链马是佳着。

13. 马四进二 马 7 进 8

14. 兵三平二 车 1 平 2

15. 炮八进二 车 8 进 1

机灵！准备左车右移。

16. 炮五平一 车 8 平 4

17. 相三进五 车 4 进 5（图 132）

如图 132 形势，黑方死子不急吃，抢占兵林要道。

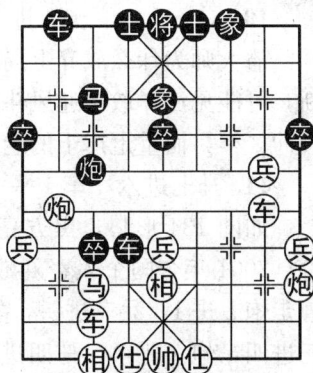

图 132

18. 炮一进四 ······

如改走炮八平七，卒 3 进 1，炮一平七，炮 3 进 3，车七进一，局势无大碍。

18. ······ 士 4 进 5

19. 炮一进三 炮 3 进 3

20. 车七平三 炮 3 平 2

21. 仕四进五 炮 2 进 2

22. 车三进七（图 133）······

如图 133 形势，红方为什么不改走炮八平五打中象呢？因黑可接走车 2 进 8，炮五进三，将 5 平 4，相五退三，卒 3 进 1，红势崩溃。

22. ······ 将 5 平 4

23. 车三平四 车 2 进 4（黑优）

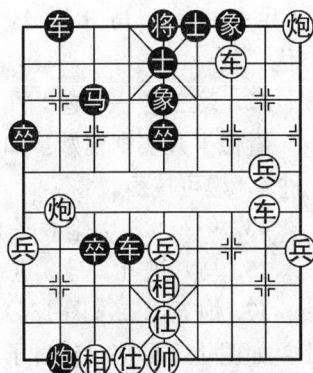

图 133

小结：冲3卒新着虽然初试成功，但仍有欠缺之处，尚待完善改进。

（二）士4进5
（12月24日汪洋VS潘振波之战）

10. ……   士4进5

潘大师为什么放弃上局冲3卒成功之变而重走老路呢？据笔者臆断，可能见汪洋敢于迎风斗浪其中必定有诈，所以没有如上局那样继续冲3卒，而重走撑士的老路。

11. 马七进六   车1平4（图134）

如图134形势，黑方亮车捉马是新着！2001年全国个人赛刘殿中VS尚威曾走炮2进1，兵三进一，象5进7，马三进四，炮2平4，马四进二，炮4退1，炮五平三，马7进8，兵七进一，炮4平5，相三进五，象7退5，兵五进一，炮5平6，车七平二，车1平2，前车进一，车8进4，车二进四，炮6退2，兵七进一，马3退1，车二进一，红优。

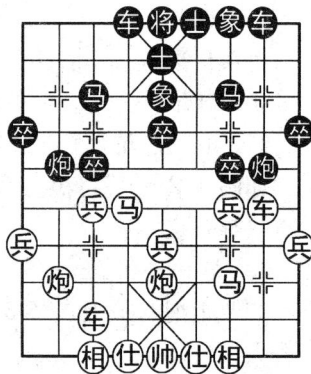

图134

12. 兵三进一   炮2平7   13. 仕四进五 ……

看似平凡实则精妙！如改走炮八平六，炮7平4，炮六进三，车4进4，黑可抗衡。

13. ……   炮8平9   14. 车二进五   马7退8
15. 马六进五   马3进5   16. 炮五进四   马8进7
17. 炮五退二（图135）……

如图135形势，经过子力交换，红多中兵而略占优势。

17. ……   马7进5   18. 炮八平五   ……

佳着！暗窥中象。

18. ……　　　炮 9 平 8

似可改走卒 3 进 1，车七进三，车 4 进 3，坚守为宜。

19. 车七平八　炮 7 进 5

争取对攻。如改走卒 3 进 1，前炮进三，象 7 进 5，炮五进四，红优。

20. 前炮进三　象 7 进 5　　　　　**21.** 炮五进四　卒 3 进 1

22. 相七进五　炮 7 平 9　　　　　**23.** 帅五平四　卒 3 进 1

24. 马三进二（图 136）……

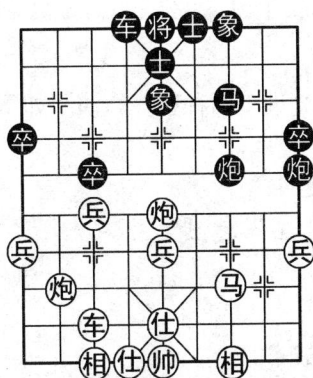

图 135

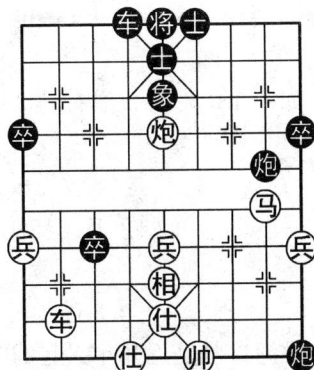

图 136

如图 136 形势，黑车与双炮左右分离，难以组成有效攻势，红方霸业渐成。

24. ……　　　车 4 进 3　　　　　**25.** 车八进八　车 4 退 3

26. 车八退四　车 4 进 3　　　　　**27.** 炮五退二（红优）

小结：因红方紧握小先手而使黑方在"输与和"的两条路周旋防御，所以倘若重演此局宜谨慎。

二

1. 炮二平五　马 8 进 7　　　　　**2.** 马二进三　车 9 平 8

3. 车一平二　卒 7 进 1　　　　　**4.** 车二进六　马 2 进 3

5. 马八进七　卒 3 进 1　　　　　**6.** 车九进一（图 137）……

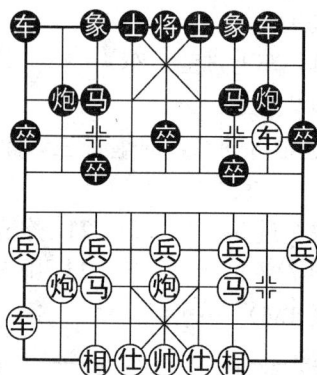

图 137

如图 137 形势，黑有马 3 进 4 与炮 2 进 1 两种选择，演示如下：

（一）马 3 进 4

（12 月 21 日党斐 VS 汪洋之战）

6. ……　　　　马 3 进 4

跳河口马是近几年兴起的两头蛇新战术。

7. 兵五进一　……

冲兵从中路突破！

7. ……　　　　炮 2 平 5

8. 车九平六　……

如车二平三，车 1 进 2，红亦有
顾忌。

8. ……　　　　马 4 进 6

9. 马三进五　　车 1 平 2（图 138）

10. 兵三进一　……

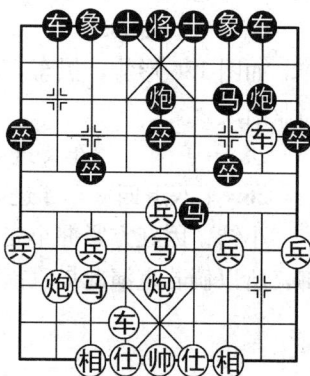

图 138

如图 138 形势，2005 年杨伊 VS 胡
明之战曾走车六平四，马 6 退 8，兵七进一，炮 8 平 9，车二进三，
马 7 退 8，兵七进一，车 2 进 6，炮八退一，炮 9 进 4，炮八平五，前
马进 7，车四进五，士 4 进 5，车四平一，炮 9 平 5，马七进五，马 7

退6，马五进七，马6进4，兵七平六，红优。

10.……　　炮8平9

平炮兑车稳健有余而略显刚性不足。似可改走卒5进1，车六进三，卒7进1，另有一场乱战。

11.车二进三　马7退8　　12.车六平四　……

红如车六平二，卒7进1，车二进八，卒7进1，各有顾忌。

12.……　　卒7进1　　13.马五进三　炮5进3

14.仕四进五　马6进5　　15.炮八平五　士4进5

16.车四进五　……

细腻！如改走马三进四，炮9平5，车四进三，前炮退1，马四进三，将5平4，帅五平四，马8进9，黑尚可防御。

16.……　　车2进3　　17.车四平二　马8进7

18.车二平三　……

频捉黑马颇有韵味！

18.……　　车2退1（图139）

新着！如图139形势，2007年9月13日赵国荣VS王跃飞之战是走马7退9，车三进二，卒3进1，兵七进一，炮9平3，车三平一，卒5进1，车一平四，车2平7，相三进一，炮3进5，帅五平四，车7平4，炮五进三，将5平4，车四退六，炮3退1，车四进一，炮3进2，兵七进一，红优。

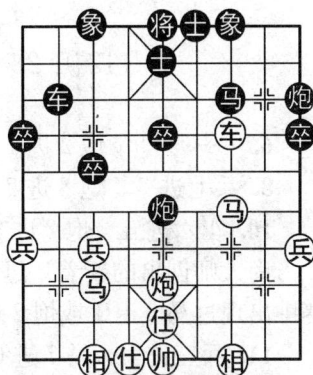

图 139

19.马七进五　炮5进2　　20.相三进五　车2平6

21.马三进二　炮9平8

正确的谋和决策！

22.马五进四　车6进2

23.车三进一　车6平8　　24.车三平二　将5平4

25.兵一进一　象7进5　　26.车二进一（图140）

如图140形势，至此和棋。因红以后如续走马二进四兑车，黑则车8平6反捉，红方永远无法脱链而成和棋。

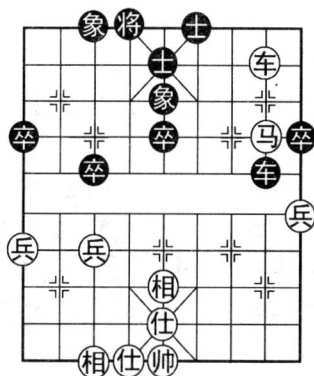

图 140

小结：一步小小的改进新着能轻松和棋也未尝不是高妙之计！

（二）炮 2 进 1
（12 月 23 日谢靖 VS 尚威之战）

6. …… 　　　炮 2 进 1　　　　**7. 车二退二** 　象 3 进 5

8. 兵七进一 　炮 8 进 2　　　　**9. 车九平六** 　车 1 平 3

10. 车六进五 　炮 2 进 3

尚大师创出的新着！过去在大型比赛中出现过马 3 退 1 或炮 2 退 2。

11. 兵三进一 　马 7 进 6

飞马蹬车乘势反击。如改走卒 3 进1，兵三进一，卒 3 进 1，马七退五，象5 进 7，车六平七，红方稍优。

12. 车六退三 　卒 7 进 1

13. 车二平三 　炮 2 退 2（图 141）

如图 141 形势，黑方退炮巡河加强防御，从而打退红方肋车过河的进攻。

图 141

14. 兵七进一 　炮 8 平 3　　　　**15. 马七进六** 　……

可能小将谢靖见尚大师飞刀出鞘而不宜久战，所以进马逼兑稳住

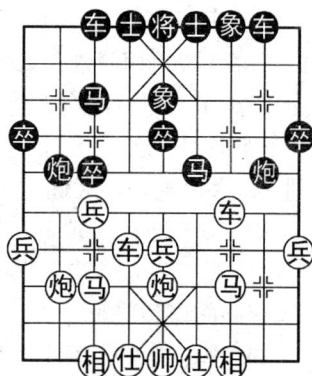

阵脚。

15. …… 马6进4

伸车点穴孤军奋战！

17. 仕六进五 炮3平7

18. 马三进四 车8平7

19. 相三进一 车7平8

20. 炮五平三 炮2平6（图142）

如图142形势，黑方运用一系列精准攻击而巧妙实施"调炮离中"之计，使中路压力减轻。

21. 前车平七 车3平2

22. 炮八平七 ……

稳健！如改走炮八平五，车2进2，车六进三，各有顾忌。

22. …… 马3进2

黑如士6进5，车七进二，红方亦优。

24. 炮三平四 ……

平炮关车暗流汹涌！

24. …… 炮6进3

浑水摸鱼！难道不怕打死车吗？此着不由得令人疑窦丛生。

25. 炮七平四（图143）……

如图143形势，红方如改走炮七退一打死车会怎样呢？黑可接走马2进1，车七平九，车2进9，车六退三，车2平4，帅五平六，马1进2，帅六平五，马2退3，车九平六，马3进4，车六退三，炮6进2，马四退三，炮6平9，车六进八，将5平4，炮七平四，无车棋红方稍好。

25. …… 卒5进1

16. 车三平六 车8进8

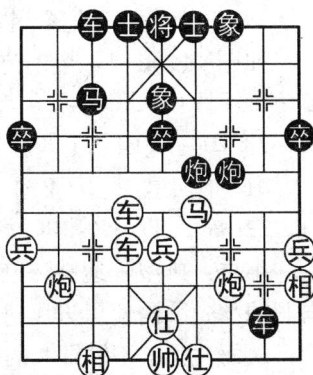

图 142

23. 相七进五 车8平6

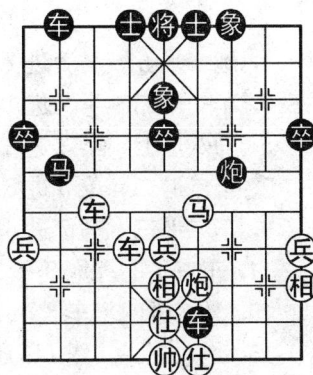

图 143

26. 马四进三 炮7进3

27. 炮四进二　炮 7 退 1

28. 兵五进一　卒 5 进 1

29. 车七平五　炮 7 退 2（图 144）

如图 144 形势，黑炮进而复退是一流防御手段！

30. 马三进四　士 6 进 5

31. 炮四退二　马 2 进 1

32. 车六平九（和棋）

小结：典型阵地战，红方以老虎不出洞的小先手诱使黑方跑进自己的包围

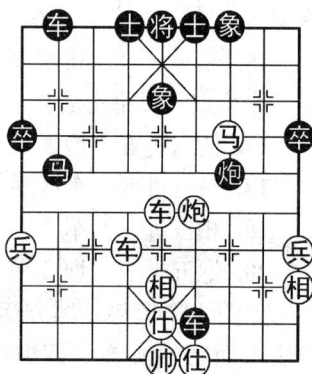

图 144

圈，从而达到了不胜即和的效果。由此可见，黑过河炮新着尚需改进与完善。

第五节　2008 年"威凯房地产杯"新变例

一

1. 炮二平五　马 8 进 7　　　　2. 马二进三　车 9 平 8

3. 车一平二　卒 7 进 1　　　　4. 车二进六　马 2 进 3

5. 马八进七　卒 3 进 1　　　　6. 车九进一　炮 2 进 1

7. 车二退二　象 3 进 5　　　　8. 兵三进一　卒 7 进 1

9. 车二平三　马 7 进 6　　　　10. 兵七进一　卒 3 进 1

11. 车三平七　炮 8 平 7　　　　12. 车九平四　车 8 进 4

13. 马三进四　车 8 平 7　　　　14. 马四退二　车 7 平 8

15. 炮八进一（图 145）……

如图 145 形势，黑有士 4 进 5 与炮 2 进 1 两种选择，演示如下：

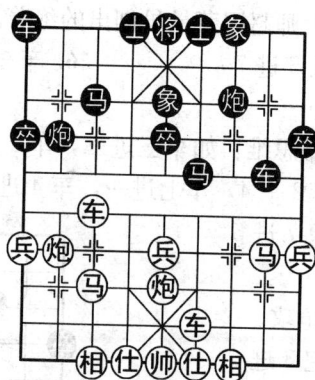

图 145

（一）士4进5
（3月7日张国凤 VS 万春林之战）

15. ……　　　士4进5

撑士是弃马战术的前奏，也是流行多年久经考验的主流战术。

16. 炮五平二　马6进7　　　**17. 炮二进三　马7进6**

18. 帅五进一　车1平4　　　**19. 帅五平四　车4进8**

20. 仕四进五　炮2退2

21. 车七平三　炮7平6

22. 帅四退一　炮2平3

23. 炮八进四　炮6平8

24. 马二进三（图146）……

如图146形势，红方象尖献马是这一布局的精华之作。

24. ……　　　炮8进1

为什么不走象5进7飞吃红马呢？因红可接走炮八平二，炮3进6，车三进一，车4退6，前炮平七，车4平3，车三进四，红优。

25. 相三进五　　……

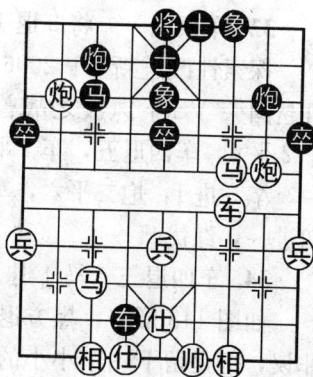

图 146

飞相弃马是特级大师赵国荣最早创出的绝着。

25. ……　　象5进7　　　　**26. 车三进一**　车4平2

27. 炮八退三　……

算度深远的大英雄思维！如车三进二，车2退6，马七进六，车2进3，车三平七，车2平4，车七进一，车4进1，黑有和棋之望。

27. ……　　象7进5

28. 车三进二　……

跟踪追击，弃子抢攻。

28. ……　　炮3进6

29. 炮八平三　士5进6（图147）

如图147形势，黑方另有两种选择，变化如下：①马3进4，车三平五，将5平4，车五退一，车2退5，炮三平六，将4平5，炮二平三，炮8平7，车五平八，马4退2，炮六平三，红优。

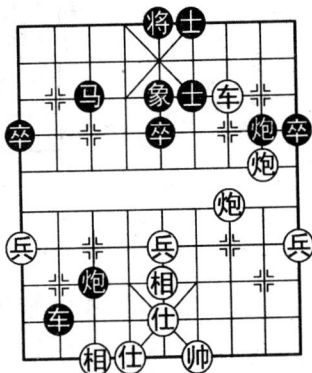

图147

②士5进4，车三平五，士6进5，车五退一，炮8退1，炮三平五，将5平4，车五平七，红方胜势。

30. 车三平四　马3进4　　　　**31. 车四进二**　将5进1

32. 车四退一　将5退1

探索性改进新着！2006年11月23日赵国荣 VS 卜凤波之战曾这样下过：车2平4，车四退五，车4平2，兵五进一，卒5进1，炮二平六，车2退5，车四进一，红优。

34. 车四退三　马4退3（图148）

如图148形势，黑方退马避捉无可非议，但是留下一个小小的疑问，倘若改走马4进2会怎样呢？笔者臆断演示如下，仅供参考：车四进一，车2平8，

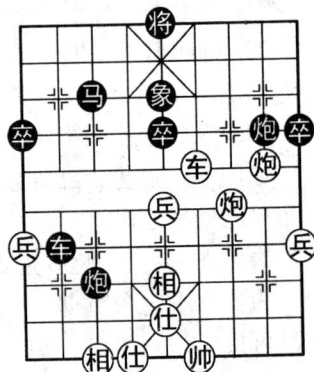

图148

车四平二，马2进4，车二进三，将5进1，炮三进四，车8平6，仕

五进四，车6进1，帅四平五，象5退7，对杀之下鹿死谁手尚难预料。

35. 炮三进三　　象5退7

似可改走炮8退1坚守为宜。

36. 炮三平二　　……

英明决策。如急于车四平七捉双，车2平6，帅四平五，马3退5，炮三平二，炮3退1，黑优。

36. ……　　　　车2平9

不甘苦守，弃子搏杀。如车2平3，车四进一，黑棋也要丢子。

37. 车四平七　　车9平6

38. 仕五进四　　……

精细。如改走帅四平五，炮3退1，车七进二，炮3平5，车七进二，将5进1，车七平三，将5平6，黑优。

38. ……　　　　炮3退1

39. 车七进二　　车6进1

40. 帅四平五　　炮3平5

41. 相五进三（图149）

如图149形势，至此红优。

小结：新着出师未捷而留下遗憾，尚需完善升华。

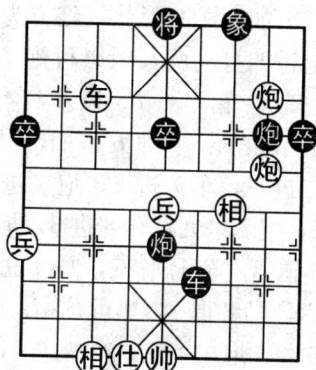

图149

（二）炮2进1
（3月10日赵国荣VS李雪松之战）

15. ……　　　　炮2进1

高炮巡河是尚威大师于2006年最早推出的新作。

16. 炮五平二　　……

2006年10月11日赵国荣VS尚威之战是走车四平三，炮2平5，炮五进三，卒5进1，车三进五，红方稍优。

16. ……　　　　马6进7　　　　**17.** 炮二进三　　炮2平5

18. 仕四进五　马7进6　　　　　**19.** 炮八平七　……

赵特大推出的新着！2007年5月23日黄海林VS金波之战是走马二退四，车1进1，兵五进一，炮5平3，马七进五，马6退8，炮二退二，车1平2，炮八平六，马8进9，炮二退三，车2平8，马四进二，车8平4，马二退四，车4平8，马四进二，炮3平8，相互对攻，终局黑胜。

19. ……　　　　车1进1

计算深远的佳着。

20. 兵五进一（图150）……

如图150形势，红方为什么不走炮七进四打马呢？因黑可炮7平3，车七进三，车1平7，以下红有三种选择，演示如下：①帅五平四，马6退7，炮二进一，车7进2，炮二进二，车7平8，炮二平九，车8进3，炮九进一，象5退3，车七平三，马7进8，车三退六，马8退7，黑可抗衡。②相三进一，车7进5，马二进三，车7退2，炮二平五，卒5进1，相七进五，和棋之势。③马二退一，车7进7，兵五进一，炮5平3，马七进六，车7平9，马六进五，车9进1，黑有攻势。

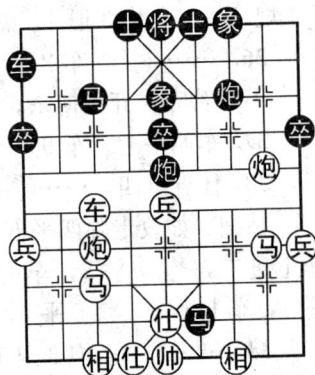

图 150

20. ……　　　　炮5平3　　　　**21.** 炮七进二　车1平8

22. 马二进四　马6退7

先弃后取，一流防御！

23. 炮七平三　……

煞费苦心难觅扩优良策，象尖献炮暗伏小小陷阱。

23. ……　　　　马7退8

踏炮丢象是当前明智决策。如误走象5进7，车七进三，象7进5，车七退四，马7退8，车七平二，黑方丢子凶多吉少。

24. 马四进二　车8进3　　　　　**25.** 炮三进四　象5退7

26. 车七进三　炮7平5　　　　　**27.** 相七进五　炮5进3

28. 车七退一　卒 5 进 1

29. 车七平三（图 151）……

如图 151 形势，红方为什么不走车七平一吃卒呢？因黑可车 8 平 7，帅五平四，车 7 进 2，车一退一，车 7 平 3，车一平五，士 4 进 5，亦是和棋之势。

29. ……　　　象 7 进 5

30. 马七进八（和棋）

小结：平炮打马新着取得小小优势，虽然赢棋难，但是输棋更难。

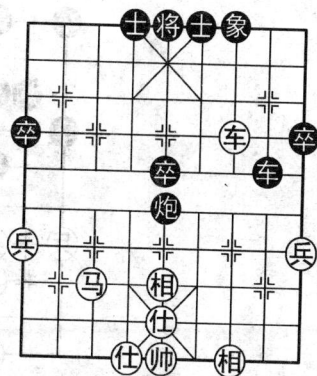

图 151

二

1. 炮二平五　马 8 进 7　　　2. 马二进三　车 9 平 8

3. 车一平二　卒 7 进 1　　　4. 车二进六　马 2 进 3

5. 马八进七　卒 3 进 1　　　6. 车九进一　士 4 进 5

当前主流变化是走炮 2 进 1 打车，撑士固防是 20 世纪 80 年代初兴起的经典战术。

7. 车九平六　马 7 进 6

飞马盘河是这一战术的主流变化，另有炮 2 平 1 的选择。

8. 兵五进一　卒 7 进 1

冲卒打响反击第一枪！

9. 车二平四　马 6 进 7　　　10. 马三进五　马 7 进 5

马踏中炮在大型比赛中是前无古人的首创！过去名家对局中，这步棋几乎一律走炮 8 平 7。

11. 炮八平五　炮 8 平 7　　　12. 马五进三　……

艺高胆大！笔者 2005 年在网上见到有走相三进一，车 8 进 6，其效果难与实战媲美。

12. ……　　　炮 7 进 7　　　13. 仕四进五　车 8 进 9

14. 兵五进一（图 152）……

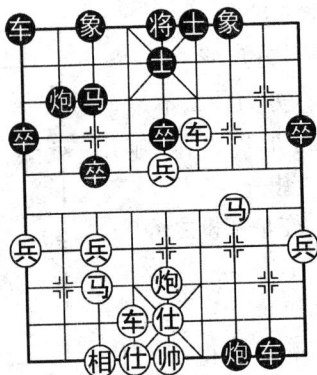

图 152

2007 年 12 月 27 日笔者看到网上有走车四平二，车 8 平 9，马三退二，车 9 平 8，马二进三，车 8 平 9，马三退二，车 9 平 8，因弈天网执行亚洲规则，双方不变判和。

如图 152 形势，黑有炮 2 进 3 与炮 2 进 7 两种选择，演示如下：

（一）炮 2 进 3

（3 月 6 日徐超 VS 孙浩宇之战）

14. ……   炮 2 进 3

黑左翼车炮有很大攻击力，但是单车孤炮难成大事，所以把右翼车马炮调到前沿助攻势在必行。

15. 兵五进一   炮 7 退 1

为什么不走炮 2 平 5 呢？因红可接走帅五平四，炮 7 平 4，帅四进一，炮 4 平 6，车四平三，车 1 平 2，车六进三，红大优。

16. 车四退六   ……

倘若误走仕五退四，炮 2 平 5，炮五平二，炮 7 进 1，帅五进一，车 8 退 1，车四退五，炮 7 进 1，帅五进一，车 8 退 1，马三退二，炮 7 平 4，车四平六，车 1 平 2，黑优。

16. ……   车 8 平 6   17. 仕五退四   炮 2 平 5

18. 炮五平二   ……

敞开大门，别无选择！

　18.…… 　　　炮7进1

　19.帅五进一 　马3进5

　20.马三进四 　车1进2（图153）

无奈。如图153形势，黑方如改走炮5平4逃炮，炮二进四，黑要丢子。

　21.车六进五 　……

谨慎用兵！如改走马四退五，马5进6，马五进六，车1平5，帅五平四，炮7退8，红方也有顾忌。

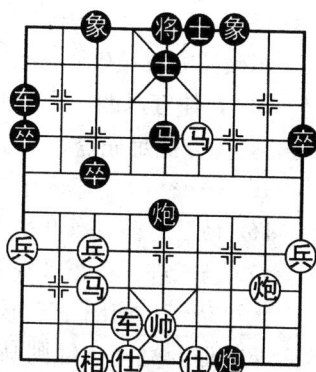

图153

　21.…… 　　　马5退6

铸成大错，导致失败！似应走炮5退1坚守为宜。

　23.炮二平五 　象3进5

　24.炮五平四 　……

先架中炮再平炮打马，运子次序井然。

　24.…… 　　　象5退3

　25.炮四进六 　炮7退6

　26.炮四平二 　车1平6

　27.炮二退二（图154）……

如图154形势，红多子胜势。

　27.…… 　　　士5进4

　22.帅五平六 　炮5退2

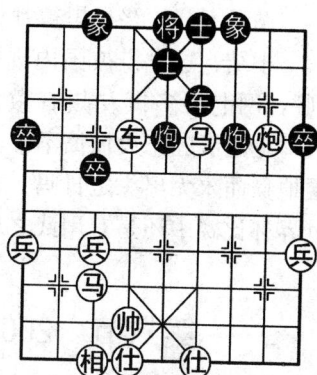

图154

　28.马七进五（红胜）

小结："马踏中炮"这把飞刀为改革付出高昂代价，尚需深入探讨完善，否则重演将凶多吉少。

（二）炮2进7
（3月7日谢靖VS孙浩宇之战）

　14.…… 　　　炮2进7

吃一堑长一智！孙大师重新推出暗伏杀机的新着。

15. 车四平二 ······

识破黑方攻城破阵之计。倘若误走马三进二抢先冒进作杀，黑则炮7平4，仕五退四，炮4平6，帅五进一，车8退1，车四退五，车8退5，黑方捷足先登，多子优势。

15. ······　　　**车8平9**

16. 马三退二　车9平8

17. 马二进三　车8平9（图155）

无可奈何！如图155形势，黑方如改走车8退6兑车，红则马三进二，黑势崩溃。

18. 马三退二　车9平8

循环不变，终局黑被判负。

小结：这盘棋被国内规则判处"极刑"，网上很多棋友颇有微词，孙浩宇

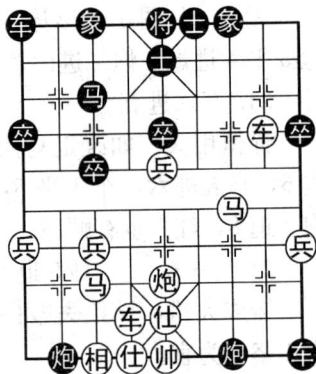

图155

大师更是满腔怒火愤愤不平。难道孙大师这把飞刀从此要被打入十八层地狱而永无出头之日吗？非也！因执行规则不同，倘若在亚洲杯与世界杯比赛中还是有用武之地的。

第六节　2008年"嘉周杯"新变例

2006年著名大师尚威创出"两头蛇巡河炮"的新式武器而炫目登场，并取得足可抗衡的效果，顿时引发棋界视觉震撼！随后"两头蛇"这一战术在高端比赛中遭到追击堵截，全面围剿，从而在2008年第七届"嘉周杯"象棋特级大师冠军赛掀起一场"斗蛇"大战。

1. 炮二平五	**马8进7**	**2. 马二进三**	**车9平8**
3. 车一平二	**卒7进1**	**4. 车二进六**	**马2进3**
5. 马八进七	**卒3进1**	**6. 车九进一**	**炮2进1**
7. 车二退二	**象3进5**	**8. 兵三进一**	**卒7进1**
9. 车二平三	**马7进6**	**10. 兵七进一**	**卒3进1**

11. 车三平七 炮8平7　　　　**12.** 车九平四 车8进4

13. 马三进四 车8平7　　　　**14.** 马四退二 车7平8

15. 炮八进一 炮2进1　　　　**16.** 车四平三 ……

2006年9月20日王斌 VS 尚威之战曾走：仕四进五，炮2平3，炮五平二，马6退4，炮二进三，马4进3，车四进三，车1平2，车四平七，车2进6，马二退四，炮3进3，车七退二，车2平5，车七进四，车5退2，炮二退三，车5平3，车七退一，象5进3，黑方稍优。

16. …… 车8退3（图156）

黑如炮2平5，炮五进三，卒5进

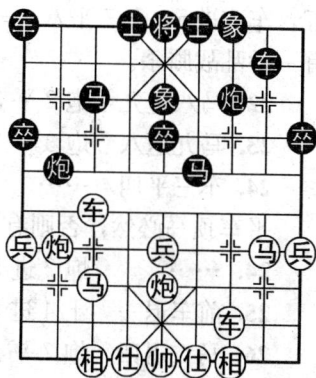

图156

1，车三进五，红方稍优。如图156形势，红方有车三进五与炮五平二两种选择，分述如下：

（一）车三进五
（6月14日赵鑫鑫 VS 许银川之战）

17. 车三进五 炮2退3　　　　**18.** 车三平四 ……

红方平车肋道捉马是最新改进战术！2008年5月28日郝继超VS李智屏之战曾走：炮五平二，车8平6，相三进五，炮2平3，车七平四，炮3进6，炮二平七，马3进4，车四退一，马4进5，车三进一，车6平4，车三平四，马5进3，仕四进五，马3退4，后车进一，士4进5，前车退一，马4进2，后车进一，车1平4，黑方稍优。

18. …… 炮2平3　　　　**19.** 车七平三 车1平2

富于挑战性高端思维！如改走炮3进6，车四退一，车1平2，炮八平六，车2进6，马二进四，炮7进2，各有顾忌。

20. 炮五平二 车8平7

21. 马七进八　　炮 3 平 2（图 157）

小许用兵历来谨慎！如图 157 形势，黑方如改走炮 3 进 8 轰相，仕六进五，车 2 进 5，车三平八，马 3 进 4，另有一番乱战厮杀。

22. 马八进九　　炮 2 平 3

23. 马九退八　　炮 3 平 2

24. 车三平四　　……

平车顶马必然，否则有丢子之虞。

24. ……　　　　炮 2 进 5

25. 前车退一　　士 4 进 5

26. 马二退四　　炮 7 平 6（图 158）

如图 158 形势，黑方平炮打串好棋！黑已获小优之势。

27. 后车平七　　炮 6 进 5

28. 车四退三　　马 3 进 4

29. 车四平八　　炮 2 平 9

在不知不觉移步换形之中，优势的天平在向黑方倾斜。

30. 车七平一　　车 7 进 5

31. 马八退七　　……

精巧！如改走相七进五，车 2 进 5，车一平八，马 4 进 2，车八进二，车 7 平 5，黑方稍优。

31. ……　　　　车 2 平 4

32. 相七进五　　马 4 进 5

33. 仕六进五　　马 5 进 7（图 159）

如图 159 形势，黑方稍优，终局和棋。

小结："平车捉马"新着尚属稳健，攻击力度略显软弱，但是高级棋手的顶级思维之作，其含金量还是很高的。

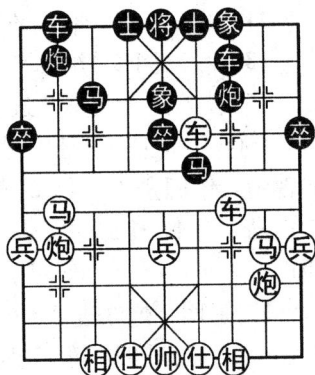

图 157

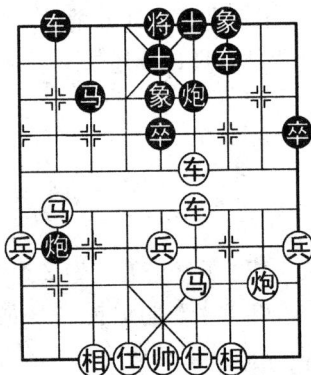

图 158

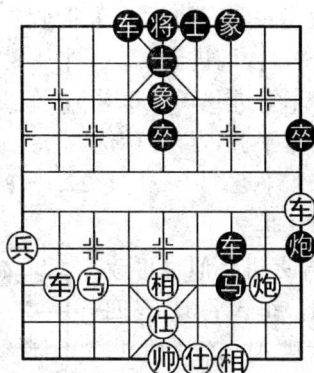

图 159

（二）炮五平二
（6 月 14 日谢岿 VS 陶汉明之战）

17. 炮五平二 ……

卸炮打车准备调整仕相是 2008 年春兴起的主流战术。

17. …… 车 8 平 4

2008 年 4 月 13 日徐超 VS 谢岿之战曾走：车 8 平 7，相七进五，车 1 进 1，炮二平四，炮 7 平 8，车三进七，车 1 平 7，马二进四，炮 2 退 4，炮八进三，炮 2 平 3，炮八平七，马 3 退 1，车七平八，炮 3 进 7，炮四进三，炮 8 平 6，炮四平八，车 7 平 2，炮七平一，炮 6 进 2，马四进二，炮 6 退 2，马二进四，红方稍优，终局和棋。

18. 相七进五 炮 7 平 6

19. 车三进五 士 4 进 5

20. 车三平四 车 4 进 5

21. 车七进二（图 160）……

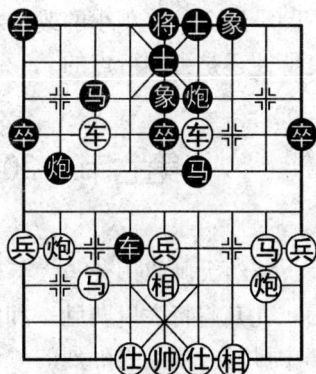

图 160

如图 160 形势，红方改变运子次序的新着！2008 年 4 月 19 日张国凤VS王琳娜之战曾走：马二进四，车4平2，车四退一，炮2平3，炮二进一，车2进2，仕四进五，车1平4，马七进六，炮6进3，马六进七，车4进3，车七进一，车2退5，车四退一，车2平3，车七平四，卒5进1，前车平五，红方稍优。

21. ……　　　车4平2

22. 车四退一　车1平4

23. 仕四进五　车4进2

看似呆板实则蕴含玄机！似也可改走车4进6，马二进四，车2平3，马四退六，车3退3，马六进八，车3进1，黑亦无大碍。

24. 车四进一　炮2退4

25. 马二进三　炮2平3

26. 车七平五　车4进2（图161）

快速兑子简化局势，鸣金收兵！如图161形势，黑方如改走炮6平7，马三进一，炮7进5，各有顾忌。

27. 车五平八　车2退3

28. 马三进四　士5进6

29. 车四平八

红方稍优，终局和棋。

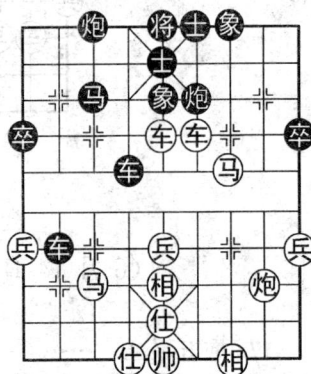
图161

小结：一步小小的改进新着，虽然赢棋有点难，但输棋更难的优良特性还是可圈可点的。

第七节　2008年象甲联赛新变例

特级大师赵国荣与大英雄金波，一直是"斗蛇"战役中的领衔主演，尤其赵特大以两胜一和的战绩成为"打蛇英雄"，从而在象甲联赛中掀起一场轰轰烈烈的"斗蛇大战"。

1. 炮二平五　马8进7

2. 马二进三　车9平8

3. 车一平二　卒7进1

4. 车二进六　马2进3

5. 马八进七　卒3进1
7. 车二退二　象3进5
9. 车二平三　马7进6
10. 兵七进一　卒3进1
11. 车三平七　炮8平7
12. 车九平四　车8进4
13. 马三进四　车8平7
14. 马四退二　车7平8
15. 炮八进一　炮2进1
16. 炮五平二　马6进7
17. 炮二进三　炮2平5
18. 仕四进五　马7进6（图162）

6. 车九进一　炮2进1
8. 兵三进一　卒7进1

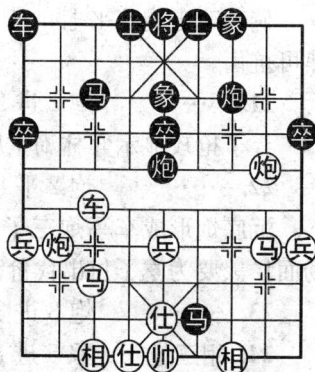

图162

如图162形势，红方有车七平三与马二退四两种选择，演示如下：

（一）车七平三
（6月25日赵国荣VS程鸣之战）

19. 车七平三　车1平2（图163）

如图163形势，江苏小将程鸣亮出新着！敢于在"东北虎"赵特大面前玩飞刀，显然必有准备。2008年6月14日第七届"嘉周杯"象棋特级大师冠军赛赵国荣VS洪智曾这样下过：炮7平8，马二退四，马6退8，炮二退二，车1平2，马七进八，炮5平2，马八进六，炮2平3，马六进五，象7进5，车三进三，马8进9，车三平五，士6进5，车五平三，各有顾忌。

20. 马七进八　……

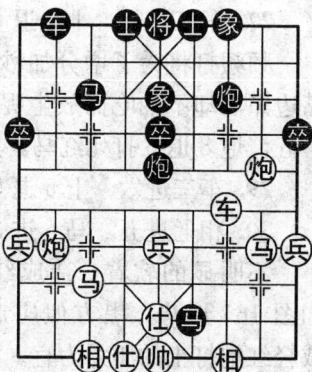

图163

算度深远，点燃激情与战火！

20. ……　　　炮5平2　　　　**21. 车三进三　……**

倘若改走炮八平七，马6退5，车三进三，炮2平5，先弃后取黑可抗衡。

21. ……　　　炮2进2　　　　**22. 马八进七　……**

弃子抢攻显示弈林霸主居高临下的风采！

22. ……　　　炮2平8　　　　**23. 炮二进四　……**

沉底炮形成车马炮三子归边的凶悍场面！黑要为吃子付出代价。

23. ……　　　炮8进3

24. 相三进一　象5进3

小将程鸣也非等闲之辈，此着飞象盖马也煞费苦心！

25. 车三进二（图164）……

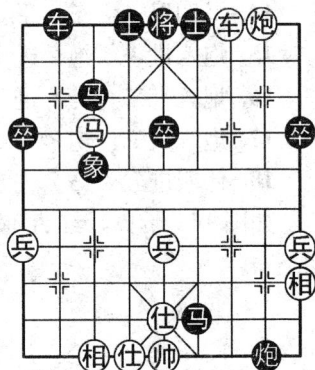

图 164

如图164形势，赵国荣为什么杀象而不"虎吃嘴边马"呢？因如车三平七，黑可炮8退6，车七进一，士4进5，红方攻势暗淡。

25. ……　　　马6退5　　　　**26. 车三退一　士6进5**

27. 车三进一　士5退6　　　　**28. 车三退六　士6进5**

频频打将为了增分加秒。那为什么嘴边黑马却不抽吃而放生呢？因如车三平五，炮8退6打死红马，黑优。

29. 车三进六　士5退6

30. 相七进五　马5进3（图165）

不明显的软着，造成红棋的追杀。如图165形势，黑方似应走车2进2，减轻红炮打士的压力为宜。

31. 车三退一　士6进5

32. 车三进一　士5退6

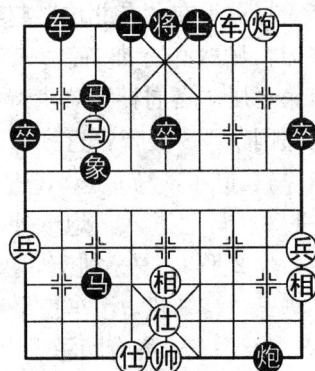

图 165

33. 车三退二　士6进5

34. 车三进二　士5退6

35. 炮二平四　……

机不可失，时不再来！挥炮轰士恰到好处。

35. ……　　　前马退2

36. 炮四退五（图166）……

如图166形势，红方打开缺口后由侧翼转向中路进攻，是杀王的佳着。

36. ……　　　将5进1

37. 车三退一　将5退1

39. 车三退一　将5退1

41. 车三进一　将6进1

42. 车三退一　将6退1

43. 车三进一　将6进1

44. 车三退四　……

精妙的战术组合！虽然黑军尚有庞大兵团，但远水难救近火，充分体现兵不在多而在于精的真谛。

44. ……　　　炮8退7（图167）

赵国荣抓住战机，把车马炮联合作战的能力发挥得淋漓尽致！如图167形势，黑方退炮实属无奈之策，因如改走士4进5，车三平四，士5进6，帅五平四，红亦胜势。

45. 车三进三　将6退1

47. 车三退一　将6退1

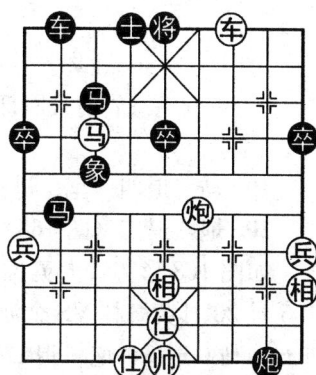

图166

38. 车三进一　将5进1

40. 炮四平五　将5平6

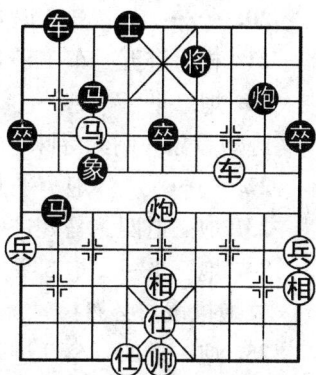

图167

46. 车三进一　将6进1

48. 车三退一　（红优）

小结：弃马抢攻的赵氏飞刀凶悍锋利，其神乎其技名满天下，吸引着棋界的目光。但也请读者朋友警惕，倘若没有赵特大那样至高的霸气与武功，重演此局宜谨慎。

（二）马二退四

（7月13日金波 VS 张申宏之战）

19. 马二退四　　车1进1

20. 炮八退二（图168）……

如图168形势，大英雄金波推出退炮轰马的新着！记得在2007年5月23日黄海林 VS 金波之战曾下过：兵五进一，炮5平3，马七进五，马6退8，炮二退二，车1平2，炮八平六，马8进9，炮二退三，车2平8，马四进二，车8平4，马二退四，车4平8，马四进二，炮3平8，黑可抗衡。

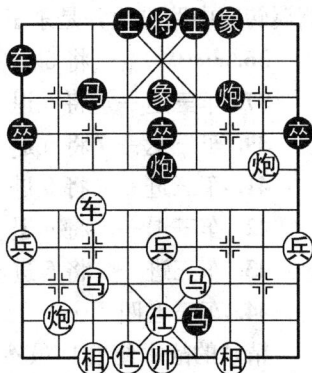

图 168

20. ……　　　　马6退8

21. 相七进五　　车1平8

22. 炮二平三　　……

逃炮轰象，耐人寻味！

22. ……　　　　炮7平6

23. 炮三退四　　马8进9

24. 炮三平一　　炮5平9

兑炮拦截，必然！

25. 炮一进四　　卒9进1

26. 马四进三　　马3进4（图169）

如图169形势，黑方开放底线颇有胆识，因红炮不敢贸然底线袭击。但似不如车8进3巡河坚守为宜。

27. 马七进六　　……

引而不发！

27. ……　　　　车8进3　　　**28.** 车七进二　　马4进6

29. 马六进五　　车8平2　　　**30.** 马三进二　　士6进5

31. 炮八平六（图170）

如图170形势，至此红方稍优。

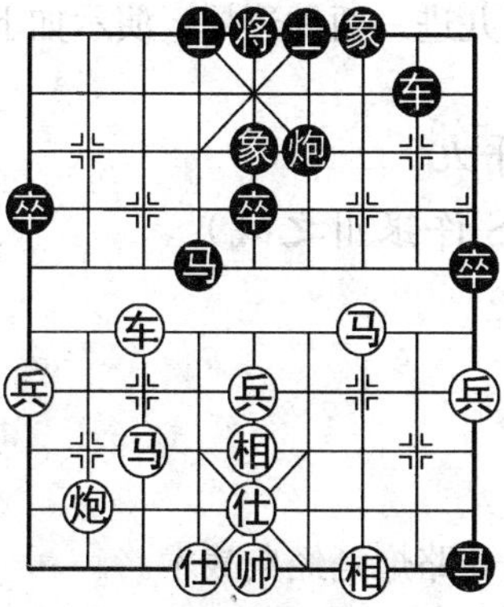

图 169

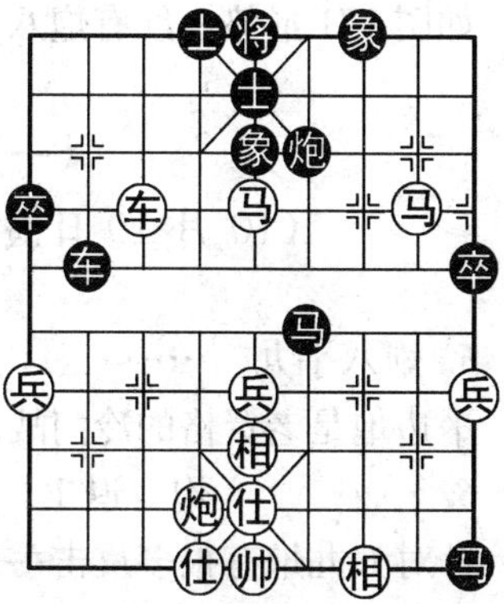

图 170

小结：金波的新创虽然没有一着致命的锋利，但小先手在握，不胜则和的性能也别具一格。

第八节　2008 年首届智运会新变例

1. 炮二平五　马 8 进 7　　**2.** 马二进三　车 9 平 8

3. 车一平二　卒 7 进 1　　**4.** 车二进六　马 2 进 3

5. 马八进七　卒 3 进 1（图 171）

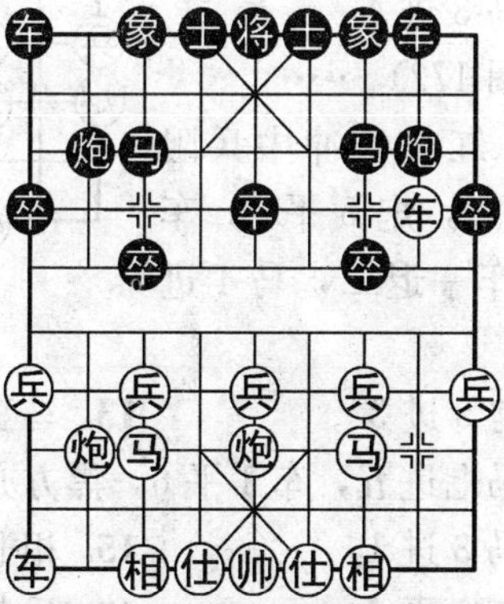

图 171

如图 171 形势，红有炮八平九与车九进一两种选择，演示如下：

（一）炮八平九
（10 月 10 日黄学谦 VS 许银川之战）

6. 炮八平九 ……
平边炮是老资格的冷门战术。

6. ……　　炮 8 退 1
针对五九炮有很多反击手段，而退 8 路炮是经典战术。

7. 兵五进一 ……
最新探索性攻击战术！过去皆走车九平八。

7. ……　　炮 8 平 5
平炮兑车是抑制红进中兵的佳着。

8. 车二平三　车 8 进 2

10. 车八进一 ……

红如车八进四，炮 5 平 2，车八平六，后炮平 7，车三平四，马 7 进 6，黑有反击之势。

10. ……　　车 1 进 1

11. 车八平六　马 3 进 4

12. 兵五进一（图 172）……

如图 172 形势，红方疾冲中兵阻击，正着。如马三进五，炮 5 平 7，车三平一，车 8 进 7，车一退二，马 4 进 3，黑方优势。

12. ……　　炮 5 进 3
黑如马 4 进 5，马七进五，车 1 平 6，黑方亦优。

14. 车六进二　马 3 进 1

16. 仕六进五　车 1 平 6
似不如改走兵三进一为宜。

9. 车九平八　炮 2 进 2

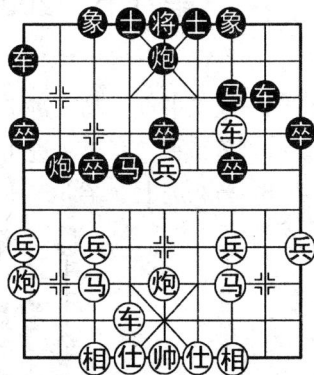
图 172

13. 马三进五　马 4 进 3

15. 相七进九　象 7 进 5

17. 兵九进一 ……

17. …… 炮5进3

18. 相三进五 炮2退1

19. 车六进三 炮2进3

20. 车六退三 炮2退3

21. 车六进三 炮2进3

22. 帅五平六（图173）……

如图173形势，红方似可改走马五进四，车6进3，马七进六，车6平5，马六退八，通过交换尚有一线和棋之望。

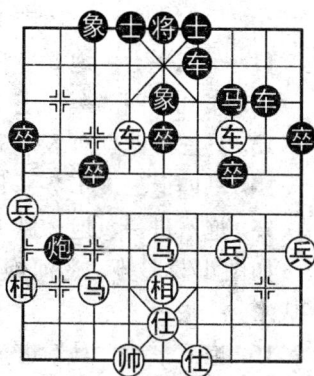

22. …… 士6进5

24. 兵三进一 象5进7

为什么不走车三退一吃象呢？因黑可车6进5，马五进六，炮9进3，车三退五，炮9平8，黑优。

25. …… 炮9进3

26. 帅六进一 卒5进1

27. 马五进四 ……

红如车三平一，车8进4，黑方亦优。

27. …… 车6进1（图174）

如图174形势，至此黑优，终局黑胜。

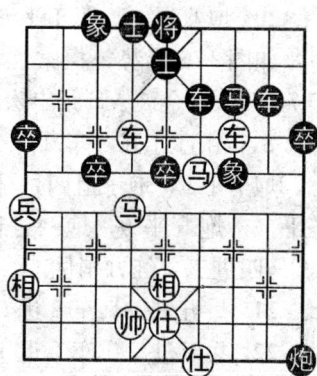

23. 兵三进一 炮2平9

25. 马七进六 ……

图173

图174

小结："冲中兵"新着的效果不佳，重演此局请谨慎！

（二）车九进一

（10月3日蒋川 VS 赵汝权之战）

6. 车九进一 炮2进1

7. 车二退二 象3进5

8. 兵三进一 卒7进1

9. 车二平三 马7进6

10. 兵七进一　　卒 3 进 1

11. 车三平七　　炮 8 平 7

12. 车九平四　　车 8 进 4

13. 马三进四　　车 8 平 7

14. 马四退二　　车 7 平 8

15. 炮八进一　　炮 2 进 1（图 175）

如图 175 形势，巡河炮是近年来新兴战术。

16. 炮五平二　　马 6 进 7

17. 炮二进三　　炮 2 平 5

18. 仕四进五　　马 7 进 6

19. 马二退四　　车 1 进 1

20. 炮八退二　　车 1 平 6（图 176）

如图 176 形势，探索性新着！2008 年 7 月 13 日金波 VS 张申宏之战是走马 6 退 8，相七进五，车 1 平 8，炮二平三，炮 7 平 6，炮三退四，马 8 进 9，炮三平一，炮 5 平 9，炮一进四，卒 9 进 1，马四进三，红方稍优。

21. 兵五进一！车 6 进 6

22. 兵五进一　　车 6 退 1

23. 兵五进一　　……

小兵乘势长驱直入！

23. ……　　马 6 退 7

25. 兵五进一（图 177）……

如图 177 形势，红方冲破第一道防线，使黑方陷于劣势。

25. ……　　象 7 进 5

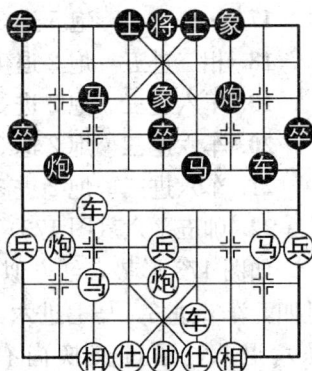

图 175

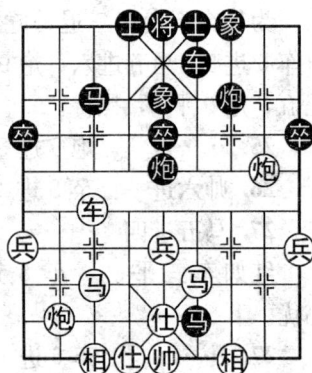

图 176

24. 炮二平五　　士 4 进 5

26. 车七平三（红优）

小结：新着付出高昂代价，今后尚需完善改进，否则这一战术将被打入冷宫。

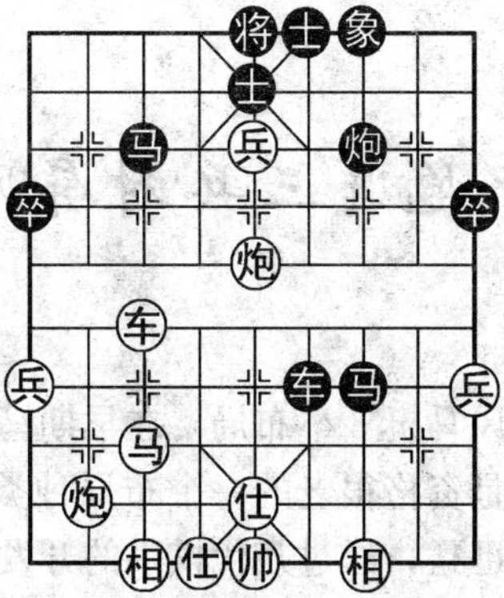

图 177

第三章 中炮进三兵对屏风马挺3卒

中炮进三兵对屏风马挺3卒布局，在早期马炮争雄的对抗中就占有重要的一席之地，是资格很老的一个布局种类。自20世纪80～90年代以来，发展速度迅猛，经过几代棋手的开发与创造，派生出了很多棋型局例。双方攻守紧凑，战术多变，发展前景十分广阔。先手方以五七路炮威胁后手方的3路马，迫使黑马跳外肋，从而有效削弱了对方的正面防守能力，为以后发动钳形攻势创造了有利条件。而后手方则利用红方边马的弱点，从1路线展开反击与突破，可以取得对抗的牵制局面。进入新世纪以来，中炮进三兵对屏风马挺3卒布局仍是棋坛布局领域的热门课题，并不断创造出许多攻守新构思、新战术，将这架久经战阵的"布局战车"不断向前推进。

第一节 2007年象甲联赛新变例

1. 炮二平五　马8进7　　　　　**2.** 兵三进一　卒3进1

这是郑一泓 VS 张申宏 2007年5月30日之战。原局是反盘，首着是走炮八平五，为研究方便改为正盘。

3. 马二进三　车9平8　　　　　**4.** 车一平二　马2进3

5. 马八进九　卒1进1　　　　　**6.** 炮八平七　马3进2

7. 车九进一　卒1进1　　　　　**8.** 兵九进一　车1进5

9. 车二进四　车1平4　　　　　**10.** 车九平四　象7进5

11. 车四进三　车4进1

久经考验的经典防御战术。如改走车4平6，马三进四，红优。

12. 仕六进五（图178）……

如图 178 形势，"迎车补仕"是近年来兴起的战术。主流变化是走仕四进五。

12. ……　　　　士 4 进 5

13. 车四平九　……

避重就轻！2006 年 10 月 3 日黎德志 VS 张申宏之战曾走：车二进二，炮 2 进 1，车四平九，卒 7 进 1，车二退二，卒 7 进 1，车二平三，炮 2 退 1，车九进二，马 2 进 3，车九平八，炮 2 平 3，车八进一，马 7 进 6，黑方反先。

13. ……　　　　炮 8 进 2

15. 炮四进一　　车 4 进 2

16. 炮七平四（图 179）……

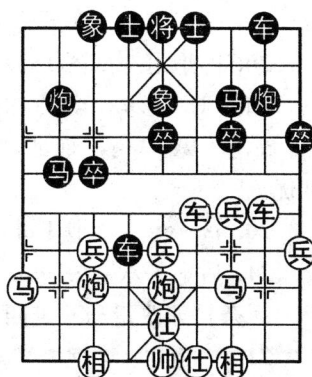

图 178

如图 179 形势，红左炮右移准备对黑肋车实施轰炸是最新改进之着！2006 年 7 月 25 日徐超 VS 卜凤波之战曾走：车九平八，炮 4 平 2，车八平五，车 4 退 4，相七进五，卒 7 进 1，马九进八，卒 3 进 1，车五平七，炮 2 进 3，车七平八，马 2 进 4，马三进四，车 4 退 1，炮四退一，马 4 进 6，车二退一，炮 8 进 1，车二平四，卒 7 进 1，炮四平二，炮 8 平 6，相三进一，车 8 进 4，炮二平三，马 7 退 9，局势平淡，终局和棋。

14. 炮五平四　　炮 2 平 4

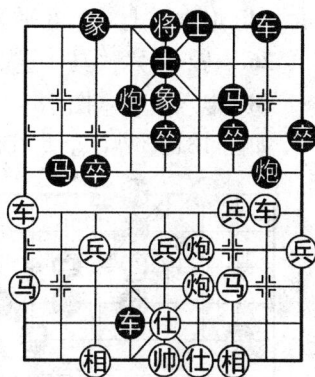

图 179

16. ……　　　　卒 3 进 1

17. 后炮退一　　……

红如车九平七，炮 8 平 5，车二进五，马 2 退 4，后炮平五，马 4 进 3，车二退三，炮 5 进 3，相三进五，马 3 退 5，黑可抗衡。

17. ……　　　　炮 4 进 3

炮打二鬼，新颖趣向！如改走车 4 退 3，车九平七，车 4 平 3，兵七进一，马 2 进 4，前炮退一，红稍优。

18. 车二进一　车 8 进 4　　　　**19.** 车九平七　炮 4 进 1

20. 前炮退一（图 180）……

如图 180 形势，红方如改走前炮进一，车 8 进 3，车七平八，车 8 平 7，车八进一，炮 4 平 9，后炮平六，炮 9 进 3，车八平二，红优。

20. ……　　　　炮 4 进 1

21. 后炮平六　……

无奈！如改走马三进四，炮 4 平 5，黑车逃脱。

21. ……　　　　炮 4 平 7　　　　**22.** 马九进八　炮 7 退 1

23. 炮四平八　马 2 退 1

防范过早！似可改走士 5 进 4，炮六平九，马 2 退 1，黑势尚无大碍。

24. 炮六进七　车 8 平 3　　　　**25.** 车七进一　象 5 进 3
26. 马八进六　马 1 进 2　　　　**27.** 兵七进一　象 3 退 1
28. 炮六平八（图 181）

如图 181 形势，至此红优。

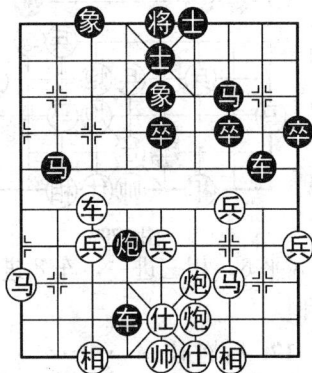

图 180

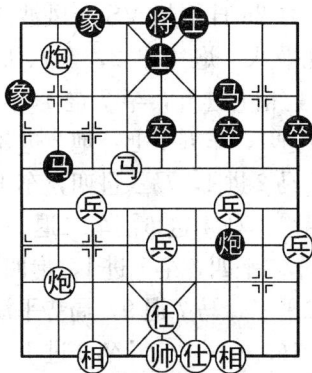

图 181

小结："左炮右移"的新着打破往日和棋的宁静，从而为这一布局增添了新的攻防内容。

第二节 2008年象甲联赛新变例

一

1. 兵三进一　卒3进1
2. 炮二平五　马8进7
3. 马二进三　马2进3
4. 马八进九　车9平8
5. 车一平二　卒1进1
6. 炮八平七　马3进2（图182）

如图182形势，红有马三进四与车九进一两种选择，演示如下：

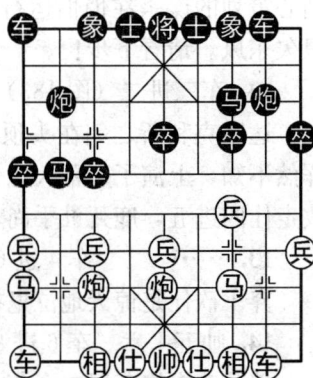

图 182

（一）马三进四
（4月16日黄海林VS王斌之战）

7. 马三进四　……

"飞马瞄卒"曾是盛行一时的主流战术，但在近几年却进入冬眠期，很少亮相。

7. ……　　　　车1进3

"边车护卒"是冷门战术。过去多走象3进5或象7进5。

8. 车九进一　车1平4　　　9. 车二进四　……

最新探索性战术！1995年庄玉庭曾走车二进五。

9. ……　　　　车8进1

发着怪异，意境深远的"短车之计"，意在调动红方左车右移，为下一步攻击做准备。

10. 车九平三　　马2进1

顺势一脚，铺路搭桥运子之计！

11. 炮七退一　　车8平6

挥车捉马抢占肋道之计！

12. 马四进三　　炮8退1

退炮是最后瞒天过海之计！一系列
精心策划的谋杀在悄悄运行，万事俱备
只欠东风。请看下步！

13. 车三进二（图183）……

达摩克利斯之剑在头顶上空高悬却

图183

浑然不知，上演了一幕大意失荆州的悲剧！如图183形势，红方似应
改走仕四进五，鹿死谁手尚难预料！

13. ……　　　　　车4进6

弃车砍仕是惊天地泣鬼神的杀王猛着！

14. 帅五平六　　车6进8　　　　　15. 帅六进一　……

倘若改走炮五退二会怎样呢？因黑有炮8平4，帅六进一，车6
平5绝杀之棋！

15. ……　　　　马1进3（黑胜）

精妙绝着！尽管红方仍有千军万马却无法护王救驾。以下红方有
两种下法但均难以解杀：①车二进四，炮2进6，帅六进一，车6平
4，炮七平六，炮2退1，黑胜。②马九进八，炮8平4，马八退七，
车6平5，黑胜。

小结：这场速败的悲剧是粗心大意惹的祸。这正是：半步错棋满
盘皆输！

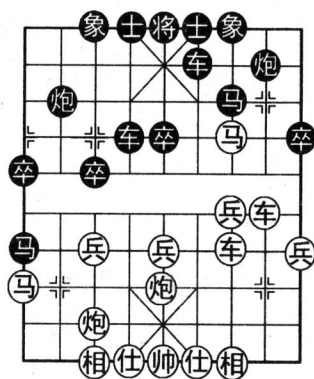

（二）车九进一
（4月17日许银川 VS 靳玉砚之战）

7. 车九进一　卒1进1　　　　　　**8. 兵九进一　车1进5**

9. 车二进四　象7进5　　10. 车九平四　车1平4

11. 车四进三　车4进1　　12. 仕四进五　马2进3

13. 车四平八　马3进1

14. 相七进九　炮2平4

15. 马三进四　车4平5（图184）

如图184形势，2004年11月7日傅光明 VS 卓赞烽之战曾走车4平3，炮七退二，士6进5，马四进六，车3进1，马六进四，车8平6，车八平四，红优。

16. 马四进三　士4进5

17. 兵三进一　车5平7

18. 相三进一　车7退2

19. 炮七进七　象5退3

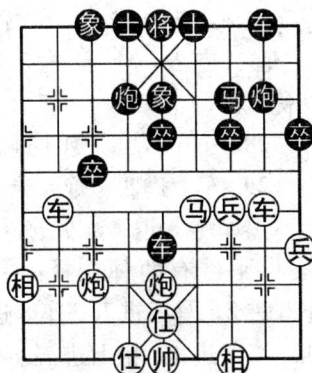

图 184

20. 车八进五　炮4退2

21. 车八平七　车7进2（图185）

探索性新着！如图185形势，2008年2月9日柳大华 VS 赵鑫鑫之战曾走车7平4，相一退三，车4退2，车七退四，车4平6，车七进四，车6平4，仕五退四，炮8进2，仕六进五，炮8平5，马三进一，车8平7，马一退三，车7平8，马三进一，车8平7，马一退三，车7平8，不变作和。

22. 兵一进一　车7平5　　23. 炮五平三　车5平7

24. 炮三平五　车7平5　　25. 炮五平八　车5平2

26. 炮八平五　车2平7　　27. 相九退七　车7平5

28. 车七退四（图186）……

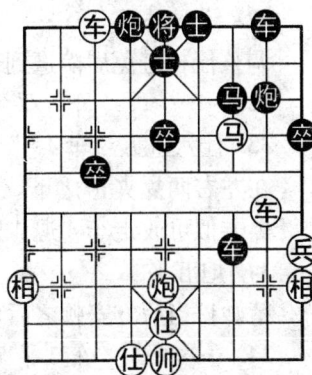

图 185

当前黑炮是阻挡卧槽马的拦路虎，所以如何破坏这道防线是重中之重。如图186形势，红方似可改走炮五平二献炮，以下黑有三种对策：①炮8进5，马三进五，士5进6，马五进六，将5进1，车七退

一，将 5 退 1，马六退七，红胜。②车 5
平 7，车二平三，车 7 退 1，炮二进七，
马 7 退 8，相一进三，红优。③士 5 进
4，炮二进五，士 6 进 5，车二退四，
红优。

图 186

　　28. ……　　　　炮 4 进 2

　　29. 车七进四　炮 4 退 2

　　黑如士 5 退 4，车七退六，炮 4 平
5，以下红有两种选择：①车二进三，
车 8 进 2，马三进五，车 8 进 7，仕五退
四，车 5 进 1，相七进五，车 8 退 8，黑有和棋之望。②车七平五，
炮 5 进 4，车二平五，炮 5 平 3，也许尚有一线和棋之望。

　　30. 相一退三　车 5 平 4　　　　**31.** 相三进一　车 4 平 5

　　32. 仕五退四　……

　　调整仕相避免后院遭到袭击，老练！

　　32. ……　　　　车 5 平 4

　　33. 仕六进五　车 4 平 5（图 187）

　　在左右两翼夹击之下，形成机械式横向呆板防御。如图 187 形
势，黑方似可改走车 4 退 4 坚守，然后再伺机而动。

　　34. 炮五平二　……

　　精妙！当后方安顿之后，吹响了攻击的冲锋号！

　　34. ……　　　　车 5 平 7　　　　**35.** 车二平六　……

　　绝妙！黑车不敢退吃红马。

　　35. ……　　　　车 8 平 7　　　　**36.** 炮二平五　……

　　架中炮调车细腻！

　　36. ……　　　　前车平 5　　　　**37.** 炮五平六（图 188）

　　如图 188 形势，至此红方大优。

　　小结：黑方防御新着疲于奔命，效果不佳，因红有中路及左右夹
击的凌厉攻势，黑方处于被动挨打毫无反抗的境地。总之因变化复杂
深奥，倘若重演，黑方风险较大。

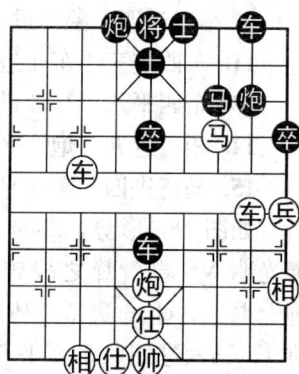

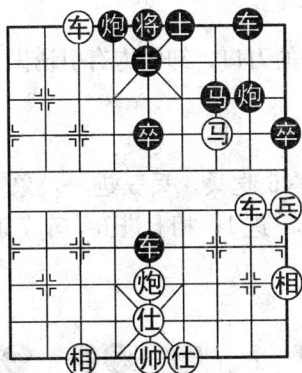

图187

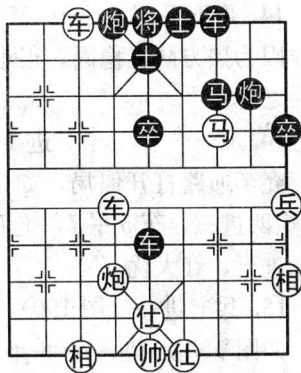

图188

二

1. 炮二平五　　马8进7

2. 马二进三　　车9平8

3. 兵三进一　　卒3进1

4. 车一平二　　马2进3

5. 马八进九　　卒1进1

6. 炮八平七　　马3进2

7. 车九进一　　卒1进1

8. 兵九进一　　车1进5

9. 车二进四　　象7进5

10. 车九平四　　车1平4（图189）

如图189形势，黑方边车护肋是久经考验的经典防御手段！

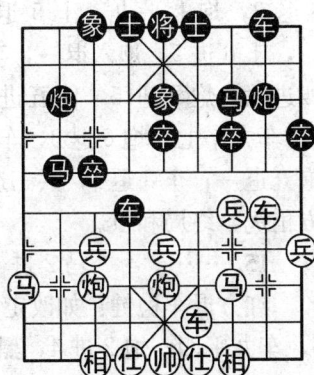

图189

11. 车四进三　　车4进1

12. 仕六进五　……

补左仕是近几年来兴起的新战术，过去多走右仕。

12. ……　　　士4进5

黑补右士也是新潮流，过去多补左士。

13. 车四平九　　炮8进2

巡河炮攻守兼备。

14. 炮五平四　……

因为黑方防线稳固，很难找到突破的刀口，卸中炮有引诱黑车杀中兵之意。

14. ……　　　卒 3 进 1

弃卒通路打开僵局，如误走车 4 平 5 吃兵，兵三进一，象 5 进 7，炮四进三，车 5 平 7，炮四平八，车 7 进 1，相七进五，车 7 退 1，车九进五，红大优。

15. 兵七进一（图 190）……

如图 190 形势，2008 年 3 月 20 日全国冠军混双赛张国凤 & 于幼华 VS 党国蕾 & 柳大华之战曾走：炮七进二，炮 2 平 4，炮四进一，车 4 进 2，炮七进四，炮 8 平 5，炮四退二，车 8 进 5，炮四平六，车 8 进 1，炮六进二，车 8 进 1，马三进四，炮 5 平 6，相七进五，车 8 退 3，炮七平九，士 5 退 4，炮九进一，士 6 进 5，炮六退一，卒 7 进 1，马四进六，炮 4 进 5，仕五进六，马 2 退

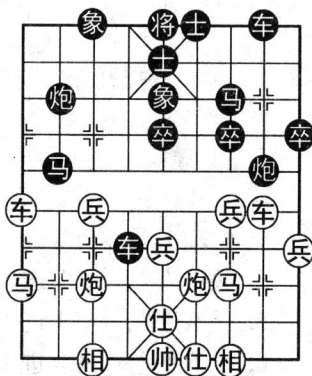

图 190

4，车九平七，炮 6 退 3，车七进二，马 4 退 3，炮九退四，车 8 进 1，炮九退一，车 8 退 1，兵三进一，车 8 平 7，马九进八，车 7 平 6，红方稍优，终局和棋。

15. ……　　　马 2 进 4　　16. 车二退一　……

红方退车稳健！如改走兵七进一，马 4 进 6，车二退一，车 4 平 5，车九平四，炮 2 进 4，黑有反击之势。另外在 2008 年 5 月 8 日广州康王杯公开赛中，朱少钧 VS 李鸿嘉之战曾走：相七进五，马 4 进 6，车二退一，车 4 平 5，马三进四，车 5 平 2，车九平八，马 6 进 4，炮四平六，车 2 平 8，车八进三，炮 8 平 5，兵七进一，炮 5 进 1，车八退三，卒 5 进 1，车八平六，前车平 6，马四进三，车 8 进 4，兵七平六，车 6 退 3，马三进一，车 8 退 2，兵六平五，炮 5 进 1，车六退一，炮 5 退 1，马九进八，车 8 平 9，炮七进四，车 9 退 1，帅五平

六，士5退4，炮六平八，士6进5，兵
三进一，各有顾忌，终局红胜。

　　16.……　　　　卒5进1

　　挺进中卒是特级大师赵国荣的独门
秘籍。

　　17. 炮七平六（图191）……

　　阻击中卒渡河。黑如强渡，红有炮
四进一打死车的手段。如图191形势，
黑有炮8平6与马4退5两种选择，演
示如下：

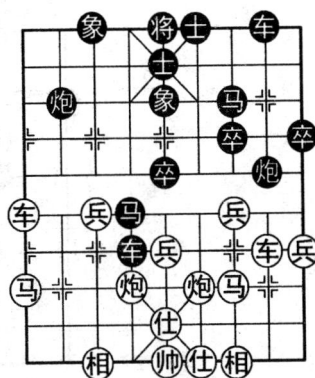

图191

（一）炮8平6

（4月12日柳大华VS赵国荣之战）

　　17.……　　　　炮8平6
　　19. 车九平八　　炮2平1
　　及时兑换消除后患，乃明智之策！
　　20.……　　　　车4退1
　　21. 兵七进一（图192）……
　　如图192形势，红方弃兵兑车确保
小优而立于不败之地。
　　21.……　　　　车4平2
　　22. 马九进八　　炮6平3
　　23. 马八进七　　卒7进1
　　24. 兵三进一　　象5进7
　　25. 相七进五（图193）

　　18. 车二进六　　马7退8
　　20. 炮六进二　　……

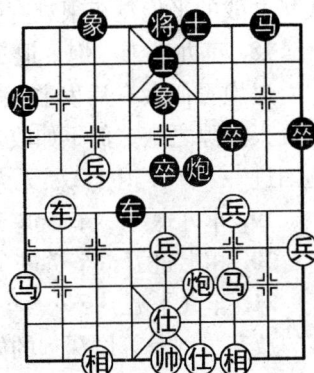

图192

　　如图193形势，至此红方小优，终局和棋。

　　小结：红方的小先手虽然赢棋难但输棋更难。从安全角度来看，
这是抵抗强大对手保险系数较高的布局战术。

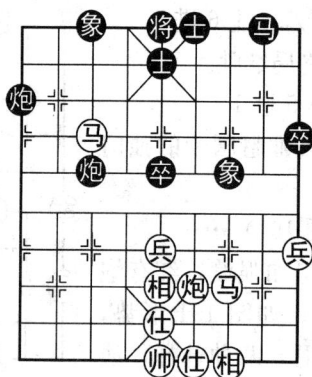

图193

（二）马4退5

（5月14日吕钦VS赵国荣之战）

17. ……   马4退5（图194）

如图194形势，倒退中马是最新改进战术！也许小赵总结上局与大华之战的平炮兑车很难有赢棋之望而萌发新的创意。

18. 车九进二   炮8退1

退炮看似大有后发制人之意，实则有授人以隙之嫌。似不如改走卒5进1，炮四进一，车4退1，黑无大碍。

19. 车九退一   车4退1

20. 相七进五   卒7进1

21. 车九平五   ……

放卒过河是算度深远的好棋！

21. ……   卒7进1

22. 炮六平八（图195） ……

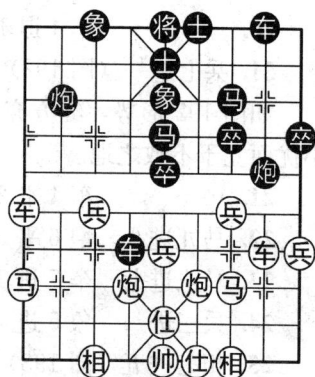

图194

如图195形势，佳着！使黑骑河车卒处于尴尬境地。

22. ……   马5进7

至此黑方进退两难。如改走炮2进4狙击，红则接走兵五进一，炮8进1，炮四进四，红方亦优。

23. 炮四进四 ......

伸炮点穴顿使黑反击之势崩溃。

23.	前马退6	**24.** 车五平三	车4退2
25. 车三进二	车4平6	**26.** 车三退三（图196）	

如图196形势，至此红多兵优势。

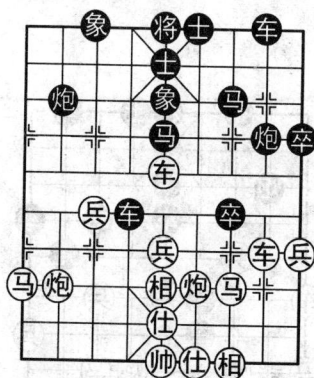

图195

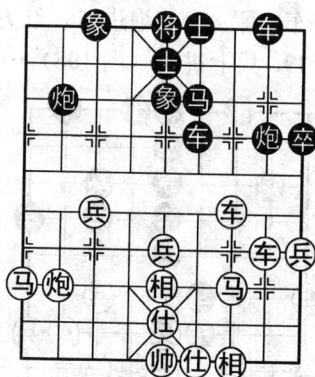

图196

小结："倒退中马"新着的实战效果不很理想，虽然局中也蕴有可圈可点之处，但重演此局还请谨慎。

三

1. 炮二平五	马8进7	**2.** 马二进三	车9平8
3. 车一平二	马2进3	**4.** 兵三进一	卒3进1
5. 马八进九	卒1进1	**6.** 炮八平七	马3进2
7. 车九进一	卒1进1	**8.** 兵九进一	车1进5
9. 车二进四	象7进5	**10.** 车九平四	车1平4
11. 车四进三	车4进1	**12.** 仕六进五	士4进5
13. 车四平九	炮8进2	**14.** 炮五平四	卒3进1
15. 兵七进一	马2进4		
16. 车二退一	炮8平5（图197）		

如图197形势，平炮兑车是2008年初春出现的最新防御战术，进而又在联赛中亮相。

17. 车二进六　马7退8　　　　18. 兵五进一　炮5平8

新着！2008年3月19日全国冠军混双赛党国蕾 & 柳大华 VS 赵冠芳 & 陶汉明之战曾走：车4平7，炮七平六，炮5平8，车九进二，车7退1，炮四进二，车7进2，相七进五，车7退1，炮四平六，车7平4，前炮进二，红方稍优。

19. 兵七进一（图198）……

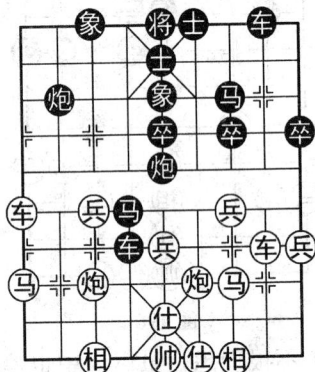

图197

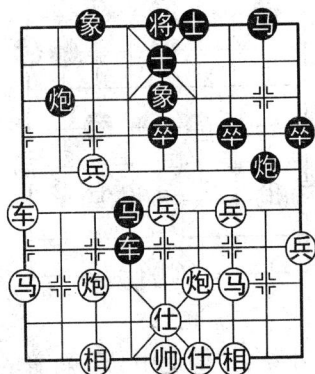

图198

如图198形势，黑有卒7进1与卒5进1两种选择，演示如下：

（一）卒7进1

（4月23日聂铁文 VS 郑一泓之战）

19. ……　　　　卒7进1

冲卒打兵是既定方针！

20. 兵三进一　炮8平3

飞马奔槽显现威力！

22. 马三进四　炮2平1

亦可改走车九平七。

23. ……　　　　炮3平1

21. 相七进五　马4进2

23. 车九平八　　……

24. 炮七进一　　……

只好挺炮交换！

24. ……　　　后炮进5

25. 车八退一　前炮平6

26. 仕五进四　马8进6

27. 兵五进一（图199）……

如图199形势，红方冲兵逐车巧渡为和棋打下基础。

27. ……　　　车4平6

28. 马四进五　车6平4

29. 车八进二　炮1平5

和棋佳着！

30. 车八平五　马6进5（和棋）

小结：冲7卒新着别具一格，其优良的防御性能可圈可点。

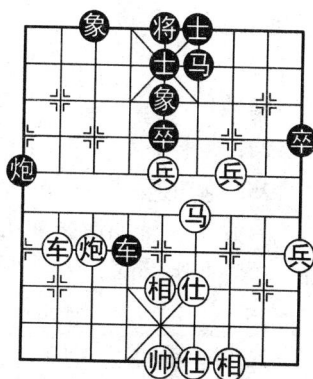

图 199

（二）卒5进1

（5月7日于幼华 VS 苗利明之战）

19. ……　　　卒5进1

新颖趣向的新着！

20. 兵五进一　卒7进1

再弃一卒是这一战术的重要后续手段。

21. 兵三进一　炮8平5

22. 相七进五　炮5进1

23. 马三进四（图200）……

如图200形势，红方进马四路是不很明显的软着！似应改走炮七进二，马4退5，炮七退四，以下黑有两种走法：①马5进3，马九退七，马3进1，马七进六，象5进7，和棋之势。②马5进7，炮四进三，炮5退2，马三

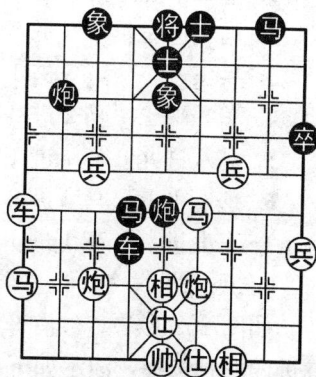

图 200

进四，红尚可一战。

　　23. ……　　　炮2平4

精妙！

　　24. 兵七平六　　车4进2

　　25. 炮四退一　　……

只好丢子。如改走车九进二，马4
进5，黑速胜。

　　25. ……　　　炮5平1

　　26. 炮四平六　　炮1平6

　　27. 炮七平六　　象5进7（图201）

如图201形势，至此黑方多子优势。

　　小结：弃双卒与前一局弃单卒是姊妹篇，后者的效果更上一层
楼。"平炮兑车"的新战术给中炮进三兵出了一道难题，其优异防御
性能不容小视。

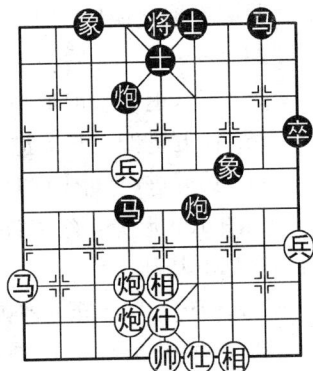

图201

第三节　2008年明星赛新变例

　　1. 炮二平五　　马8进7

　　2. 马二进三　　车9平8

　　3. 兵三进一　　卒3进1

　　4. 车一平二　　马2进3

　　5. 马八进九　　卒1进1

　　6. 炮八平七　　马3进2

　　7. 车九进一　　卒1进1

　　8. 兵九进一　　车1进5（图202）

　　如图202形势，红有车九平四与车
二进四两种选择，演示如下：

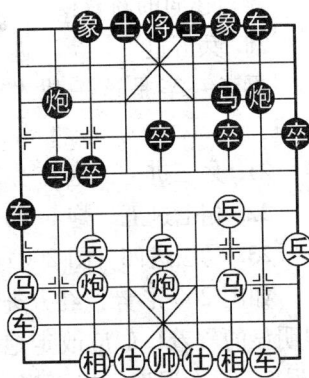

图202

（一）车九平四
（7月23日张申宏 VS 党斐之战）

9. 车九平四　象7进5

11. 马四进五　……

从20世纪60年代风行走马四进六，到现在马踢中卒是凤毛麟角的冷门战术。笔者朦胧记得1995年岭南大英雄吕钦下过两盘，后来踪影皆无。

11. ……　　　马7进5

12. 炮五进四　车1平7

13. 车二进三（图203）……

如图203形势，高车弃相保兵是新着！张申宏大师站在巨人肩膀上继续向

10. 马三进四　士6进5

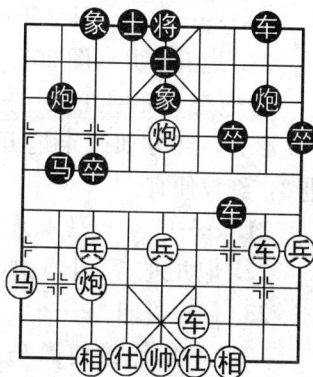

图203

新的高峰攀登，1995年吕钦下过的两盘棋都是走车四进四。

13. ……　　　车8平6

稳健！如改走车7进4吃相，红方大约有两种走法：①炮七平二，车7平8，黑可抗御。②兵七进一，车7退5，兵七进一，车7平3，炮七平二，各有顾忌。

14. 车四进八　将5平6

15. 相三进五　车7平6

16. 仕四进五　卒9进1

似可改走卒7进1。红如仍走炮七进三，卒7进1，各有顾忌。

17. 炮七进三（图204）……

如图204形势，红方趁机炮轰小卒，好棋！

17. ……　　　象5进3

倘若走车6退1，炮七退一，马2

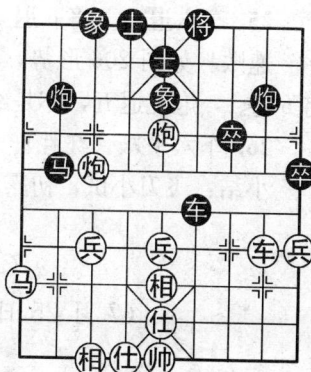

图204

进4，炮五退二，红方略优。

18. 车二进四　　象3退5

20. 兵七进一　……

冲兵拦车，优势的天平在向红方倾斜。

20. ……　　　马2进4

21. 炮五平九（图205）……

边炮袭击的主攻方向正确。如图205形势，红方如改走炮五退二，马4进3，红没便宜。

21. ……　　　马4进6

22. 炮九进二　　士5进4

23. 仕五进四　……

一步羊角仕顿使黑马的攻势大减光彩！

23. ……　　　车6平8

24. 车二平六　……

倘若车二退五，马6退8，虽然红优但黑有和棋之望。

24. ……　　　炮2进5

25. 车六退一　将6退1（图206）

速败！如图206形势，黑方如改走将6进1，炮九退五，亦是红优。

26. 车六平八（红胜）

小结：飞刀小试，初露锋芒！

19. 车二进二　将6进1

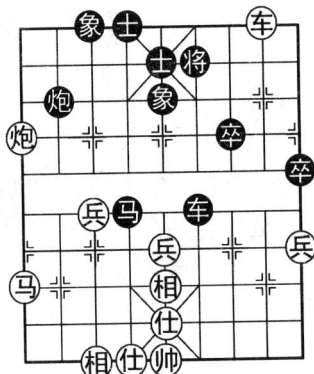

图205

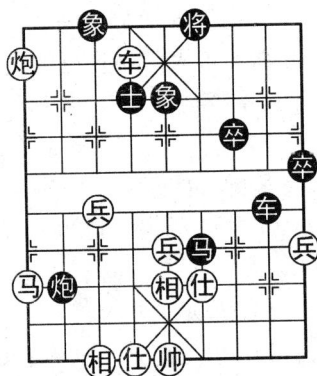

图206

（二）车二进四

（7月25日徐超 VS 赵鑫鑫之战）

9. 车二进四　象7进5　　　　**10.** 车九平四　车1平4

11. 车四进三 车4进1

主流战术是走仕六进五或仕四进五，现在退炮是2004年出现的战术。

12. …… 炮8进2（图207）

如图207形势，高炮巡河是全国冠军赵鑫鑫推出的最新飞刀！过去多走车4进2、马2进3、士6进5等。

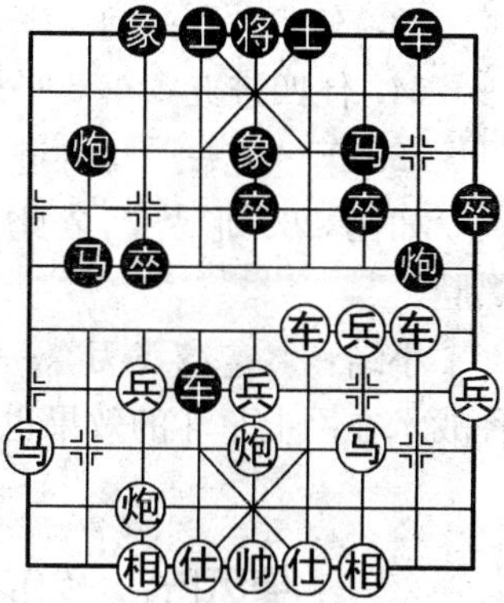

图207

13. 炮七平三 ……

平炮对黑7路施加压力无可非议，似也可改走炮七平四。

13. …… 士4进5

14. 兵七进一 ……

兑兵避捉看似第一感觉，但遭到黑弃卒反攻。似可改走车四进二，马2进3，马九进七，车4平3，车四平三，车3进3，兵三进一，炮8退3，车三平四，相互对攻各有顾忌。

14. …… 马2进1

算度深远的佳着！

15. 兵七进一 炮2进5

先跳马攐兵，后伸炮打马，再杀通兵林要道，运子轻灵，一气呵成！

17. 兵七平六 炮8平9（图208）

如图208形势，黑方打马兑车精巧，也可改走车5平9杀兵捉马。

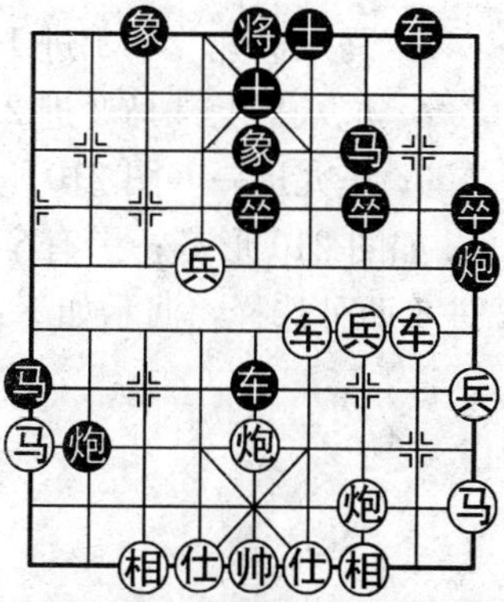

18. 车二进五 马7退8

19. 车四平八 炮2平4

20. 炮三进一 ……

红如改走仕六进五，炮4平3，炮五平一，炮9进3，相三进一，车5平7，黑优。

16. 马三退一 车4平5

图208

20. ……　　　炮 4 进 1

21. 车八退三　炮 4 退 3

22. 车八平二　炮 9 进 4

好棋！由此渐入佳境。

23. 车二平一　炮 4 平 5

24. 仕四进五　车 5 平 7

25. 车一进一　马 8 进 6（图 209）

如图 209 形势，至此黑优，终局黑胜。

小结："鑫鑫飞刀"一鸣惊人！这种战术在网上争斗的效果也较佳。

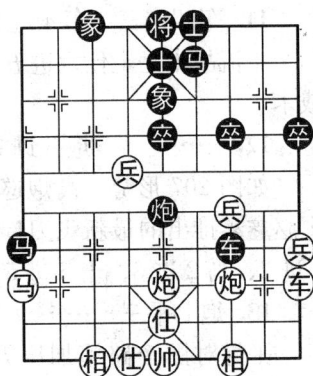

图 209

第四节　2008 年山东棋王赛新变例

1. 炮二平五　马 8 进 7

2. 马二进三　车 9 平 8

3. 车一平二　马 2 进 3

4. 兵三进一　卒 3 进 1

5. 马八进九　卒 1 进 1

6. 炮八平七　马 3 进 2

7. 车九进一（图 210）……

如图 210 形势，黑有卒 1 进 1 与马 2 进 1 两种选择，演示如下：

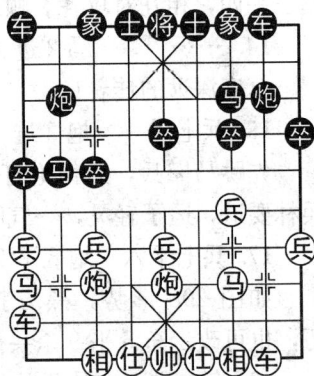

图 210

（一）卒1进1
（10月28日赵勇霖VS张荣之战）

7. ……	卒1进1	**8.** 兵九进一	车1进5
9. 车二进四	象7进5	**10.** 车九平四	车1平4
11. 车四进三	车4进1	**12.** 仕六进五	……

撑左仕是近几年兴起的主流战术，过去多走仕四进五。

12. ……	士4进5	**13.** 车四平九	炮8进2
14. 车二退一	卒3进1	**15.** 兵七进一	马2进4
16. 炮五平四	炮8平5（图211）		

如图211形势，黑方中路架炮是2008年出现的新兴战术。

17. 车二进六　马7退8

18. 兵五进一　炮5平8

2008年3月19日混合双打赛，党国蕾 & 柳大华 VS 赵冠芳 & 陶汉明之战曾走车4平7，炮七平六，炮5平8，车九进二，车7退1，炮四进二，车7进2，相七进五，车7退1，炮四平六，车7平4，前炮进二，马8进6，黑可抗衡。

19. 兵七进一　卒5进1

弃卒最早是特级大师于幼华创出的新着。

20. 兵五进一　卒7进1

再弃一卒，把局势导向攻杀高潮！

21. 相七进五（图212）……

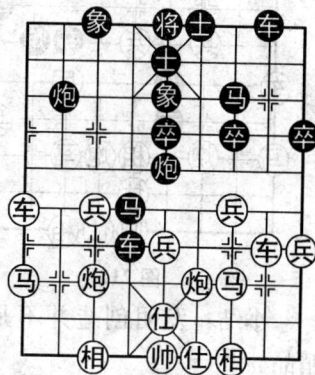

如图212形势，红方三路兵止步而飞相是山东版新着！2008年5月17日苗利明VS于幼华之战曾走兵三进一，炮8平5，相七进五，炮5进1，马三进四，炮2平4，兵七平六，车4进2，炮四退一，炮5平1，炮四平六，炮1平6，黑方大优。

图 211

21. ……　　　炮 8 平 5 　　　　**22.** 兵七平六　炮 5 进 1

23. 炮七进二　炮 5 平 3 　　　　**24.** 车九平七　马 4 进 6

25. 马三进四　……

紧凑有力的佳着!

25. ……　　　车 4 退 1 　　　　**26.** 车七平六　马 6 退 4

27. 兵三进一　象 5 进 7 　　　　**28.** 马四进五(图 213)

如图 213 形势,至此红优。

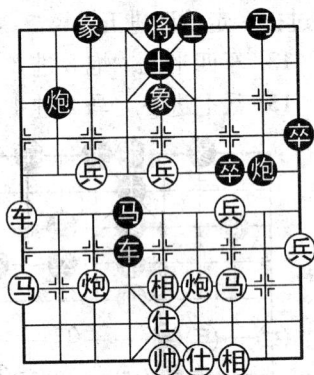

图 212

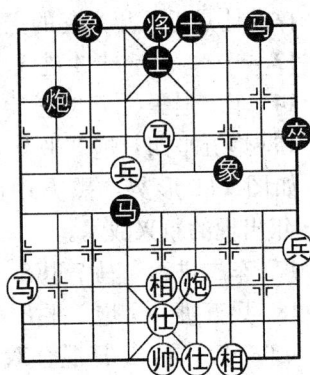

图 213

小结:发明创造并不是名家大腕的专利,绿林业余也会创出精品。

(二) 马 2 进 1

(10 月 30 日李翰林 VS 王新光之战)

7. ……　　　马 2 进 1 　　　　**8.** 炮七退一　马 1 退 2

9. 马三进四　象 3 进 5

似改走象 7 进 5 为宜。

10. 马四进五(图 214)……

如图 214 形势,这是 14 岁小将李翰林创出的新着! 2000 年 4 月 14 日景学义 VS 苗永鹏之战曾走炮七平三,士 4 进 5,车九平六,卒 1 进 1,车六进五,卒 1 进 1,车六平八,卒 1 进 1,车八进一,马 2

进3，兵三进一，车1进5，车二进四，马3进5，相七进五，炮8平9，兵三平二，马7退9，车八进二，士5退4，炮三平六，和棋。

10. ……　　　炮8进6

似乎是"欺幼"的感觉决策，从而加速局势恶化！似应改走炮8平9兑车坚守为宜。

11. 马五进三　……

破门的好棋，由此渐入佳境！

11. ……　　　炮8平1

无奈！如改走炮2平7，炮七进四，黑方亦难招架。

12. 车二进九　士4进5

忍痛丢子以图大计！倘若改走炮2平7，车二平三吃象，黑也在劫难逃。

13. 马三进五（图215）……

起脚踏士破门，凶悍精彩！如图215形势，红方如马三退五逃逸，反而有拖泥带水之感。

13. ……　　　士6进5

14. 炮五进五　士5退6

15. 车二平三　车1进3

黑如车1平4，仕四进五，炮2平1，车三退三，红方大优。

16. 炮五退二　马2退3

侧翼袭击，畅通无阻！

17. ……　　　将5平4

19. 车三退一　马3退5

黑如士6进5，炮二退一，车1平5，车三平五，将4退1，车五退二，马3进5，马九进八，红亦大优。

20. 炮二退一　车1平4

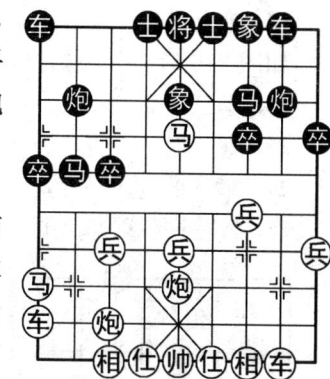

图214

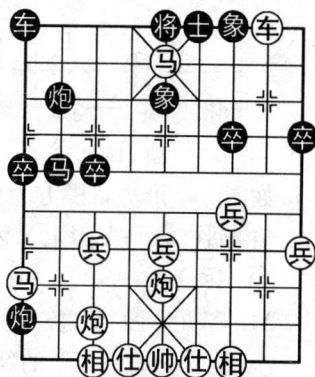

图215

17. 炮七平二　……

18. 炮二进八　将4进1

21. 仕四进五　卒1进1

22. 炮五进二　车4退1（图216）

如图216形势，黑如将4退1，车三平四，红方胜势。

23. 车三退二　将4退1　　　　**24.** 炮二进一　将4进1

25. 炮二退一　将4退1　　　　**26.** 炮五平八　车4平2

27. 车三平九　马5进7

28. 兵三进一　车2平5（图217）

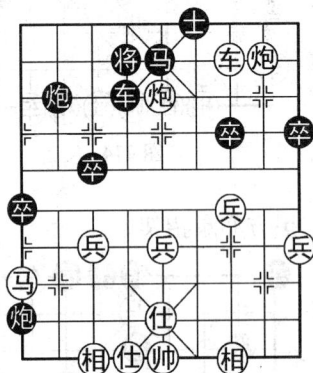

图216

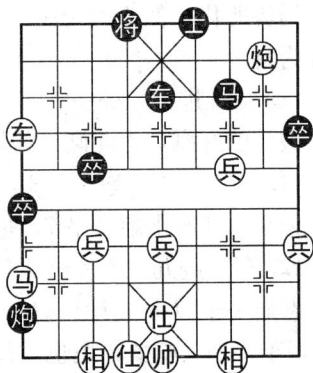

图217

如图217形势，黑方为什么不走卒1进1呢? 因红可接走车九平六，将4平5，马九退七，黑仍难抗御。

29. 兵三进一　马7进5　　　　**30.** 炮二退六　马5进6

31. 车九平四（红方胜势）

小结:"马踢中卒"的新着是针对黑飞右象简明有效的攻击战术。

第五节　其他比赛新变例

"平炮兑车"是针对中炮进三兵过河车的绝对主流战术。当过河车面对"兑与不兑"的选择时，兑车也是绝对主流。想不到曾被束之高阁的"不兑车"战术在近期悄然兴起，从而引出左右肋车点穴大战。

一

1. 炮二平五　马8进7	**2.** 马二进三　车9平8
3. 车一平二　马2进3	**4.** 兵三进一　卒3进1
5. 马八进九　卒1进1	**6.** 炮八平七　马3进2
7. 车九进一　象3进5	**8.** 车二进六　车1进3
9. 车九平六　炮8平9	**10.** 车二平三　……

冷门战术！朦胧记得"不兑车"而平车杀卒压马最早出现于 1987 年。

10. ……　　　炮9退1

11. 兵三进一　……

精巧！送弃三兵引炮出击，从而减轻牵制压力。

11. ……　　　炮9平7

12. 车三平四　炮7进3

13. 马三进四　士4进5

14. 车四进二（图 218）……

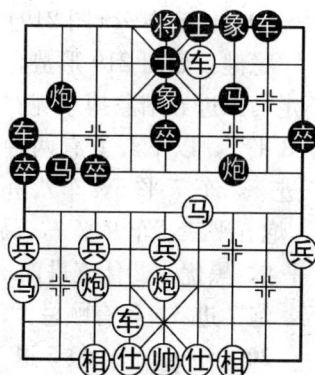

图 218

进车塞象眼有左右之分，笔者现称之为"右车点穴"。如图 218 形势，黑有炮 2 平 4 与马 2 进 1 两种选择，演示如下：

（一）炮2平4
（2008 年 10 月 6 日黄学谦 VS 蒋川之战）

14. ……　　　炮2平4

平炮拦车乃"京派"独门防御武器。

15. 兵五进一　卒3进1 　　　**16.** 炮七进二　……

探索性新着！2008 年 7 月 9 日许银川 VS 张强之战曾走车六平八，炮 4 退 1，车四退二，马 2 退 4，兵五进一，马 4 进 5，车八平六，炮 4 进 2，车四进二，卒 3 进 1，马九进七，马 5 进 3，车六进二，马3退4，车六平四，炮4退2，前车退二，车1平3，兵五平六，车3进4，兵六平五，炮4平3，相七进九，车8进8，黑大有攻势，终局和棋。

16. ……   马2退4   **17.** 车六平八   马4进5

18. 仕六进五   车1平3

19. 马四进三   车8进7

弃象进车颇有胆识，一触即发的对杀犹如箭在弦上。

20. 炮五进一（图219）……

稳健！如图219形势，红方为什么不走马三进五踏象博杀呢？因黑可接走车8平7，以下红有两种选择：①相三进一，车7平9，车八进八，炮4退2，炮五平三，车9平7，马五退七，车

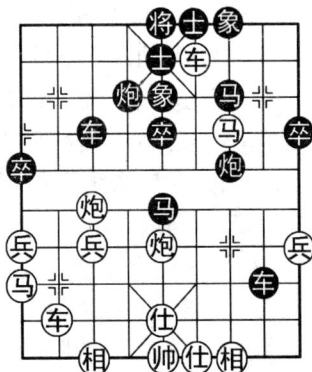

图 219

7平2，黑优。②仕五进四，车3平2，炮五平三，车2进5，仕四进五，炮7进5，各有顾忌。

20. ……   象5退3   **21.** 车四退四   炮4进1

精巧的交换！集中优势兵力攻击红方右翼阵地。

22. 车四平五   炮4平7   **23.** 相三进五   车8退1

24. 车八进八   象7进5

25. 车五平六（图220）……

过高估计车双炮的杀伤力。如图220形势，红方似可改走炮七平八，车8平6，炮八退一，车6进2，仕五进四，车6退1，车八平九，黑也有所顾忌。

25. ……   车8平5

挥车砍炮有惊无险！

26. 车六进四   前炮平5（黑胜）

小结：第16回合"炮轰3卒"新着效果不很理想，如改走兵七进一吃卒有棋可下。

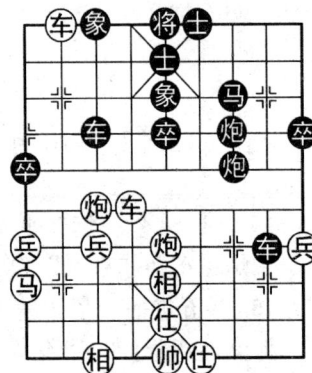

图 220

（二）马2进1

（2008年11月18日王跃飞VS卜凤波之战）

14. …… 马2进1

探索性新着！为什么卜凤波没有重走上局蒋川之路呢？据笔者臆断，可能见王跃飞大师敢于逆势而行，恐怕其中有诈而改弦易辙。

15. 炮七退一 炮7平6

17. 兵五进一 车8进5（图221）

如图221形势，黑方进骑河车似佳实劣！还是应改走车8进8虚晃一枪，红如接走炮五平三，象7进9，黑可抗衡。

18. 炮七平三 ……

绝妙一击！

18. …… 象7进9

19. 马四退三 ……

一石二鸟连消带打，逼车退守！

19. …… 车8退3

双炮镇顶，威力强大！

20. …… 马7进8

21. 马三进二 炮6平7（图222）

如图222形势，黑方似可改走炮6退1，前炮进四，车1平4，车六退二，炮6平4，黑方尚可坚守。

22. 前炮进四 炮7退4

23. 相三进一 ……

未雨绸缪，细腻老练！

23. …… 象9进7

24. 前炮进二 ……

16. 车六进七 炮2进2

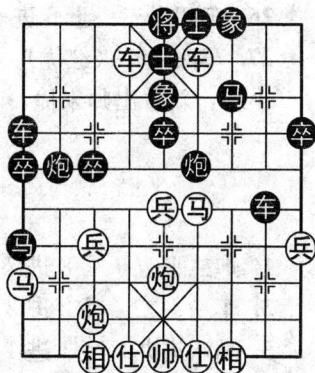

图 221

20. 炮三平五 ……

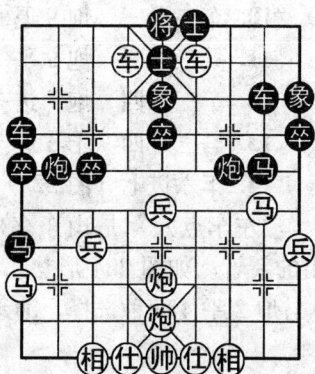

图 222

起脚射门，黑难招架。

24.……　　　马8退7

似应改走车8进1联防为宜。

25. 马二进一……

弃马引车，绝妙！

25.……　　　车1平9（图223）

如图223形势，黑如马7退5，炮
五平四，黑也难以招架。

26. 车四退二　士6进5

27. 车四平一（红优）

小结：新着出师未捷，其优劣尚难定论。

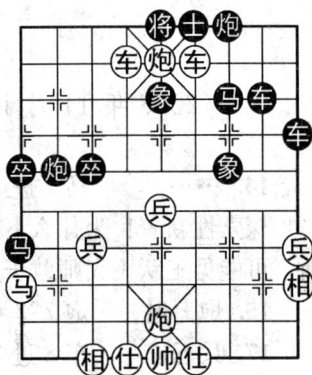

图 223

二

1. 炮二平五　马8进7	**2. 马二进三　车9平8**
3. 车一平二　马2进3	**4. 兵三进一　卒3进1**
5. 马八进九　卒1进1	**6. 炮八平七　马3进2**
7. 车九进一　象3进5	
8. 车二进六　车1进3	
9. 车九平六　炮8平9	
10. 车二平三　炮9退1	
11. 兵三进一　炮9平7	
12. 车三平四　炮7进3	
13. 马三进四　士4进5	
14. 车六进七（图224）……	

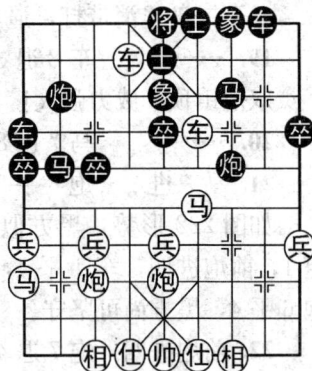

"左车点穴"是山东名将王新光推
出的新着。如图224形势，黑有车8进
8与炮2平4两种选择，演示如下：

图 224

（一）车8进8

（2008年12月1日王新光 VS 张强之战）

14. ······ 车8进8

伸车骚扰，虚晃一枪，等待红方表态。

15. 车四进二 ······

双车点穴形成"二鬼拍门"之势，但是在这雄壮背后也有软肋出现。似可先走仕六进五避开黑车的牵链。

15. ······ 车8平6

牵马链车，攻守两利。

16. 仕四进五 炮2平4

平炮盖车接受挑战。如改走车6退2，车六平八，炮2平4，兵七进一，马2进1，炮七进一，车6进2，兵七进一，红优。

17. 炮五平四 车1平4

强硬！

18. 马四进三 炮7平5

红如炮七平五，马2进1，炮五进三，卒5进1，马三进五，马7进5，车六平九，红方亦优。

19. 马三退五 ······

19. ······ 卒5进1

20. 炮七退一 车4进5

21. 炮四平三 马7进6

22. 车四退二（图225）······

如图225形势，一场博杀风暴即将从天而降！

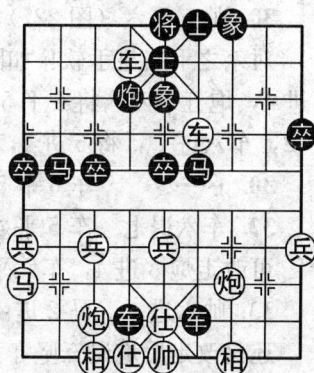

图225

22. ······ 车6平7

为什么不马6进5蹬兵呢？因红可接走车四平八，士5退4，车六退一，车4退6，炮七平四，红方多子占优。

23. 车四平八 车7进1 **24. 仕五退四 士5退4**

25. 炮三进四   炮 4 进 3（图 226）

如图 226 形势，双方相互攻杀，令人眼花缭乱。此着黑如改走马 2 进 1，炮三平五，象 5 进 7，炮七进四（如车八进二，车 7 平 6，帅五平四，车 4 进 1，帅四进一，马 6 进 7，黑胜），车 7 平 6，帅五平四，炮 4 平 6，帅四平五，车 4 退 7，另有一场乱战。

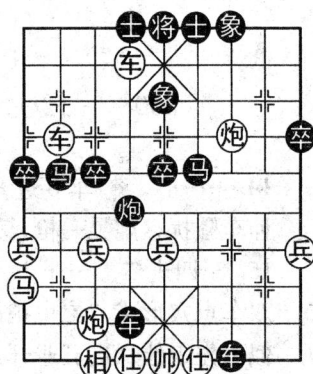

图 226

26. 炮三平五   士 6 进 5

27. 炮七进四   将 5 平 6

28. 炮七平四   车 4 平 6

怪! 为什么不走炮 4 平 5 抽车呢? 因红可接走炮五退二，车 4 退 7，炮五平四，将 6 平 5，前炮平八，车 7 退 3，炮八退二，红方多子占优。

29. 仕六进五   炮 4 平 8

盘面上局势错综复杂，胜负仅在一线之间，真是惊心动魄，悬念丛生!

30. 帅五平六（图 227）……

对杀之下略显手软! 如图 227 形势，红方似可改走炮五进二，炮 8 进 4，炮五平四，将 6 平 5，帅五平六，车 7 退 6，帅六进一，车 7 平 2，车六进一，将 5 进 1，前炮退七，红方足可一战。

30. ……   车 6 平 5   **31. 炮五平四   将 6 平 5**

32. 车六退七   车 5 平 4

可改走炮 8 进 4，车六平五，车 7 退 4，黑可速胜。

33. 帅六进一   马 2 进 4   **34. 后炮平九   ……**

还是改走后炮退三坚守为佳。

34. ……   车 7 平 6

35. 炮四平七   马 4 进 5（图 228）

如图 228 形势，至此黑胜。

小结:"左车点穴"虽然终局沉沙折戟，但其亮点仍不可小觑!

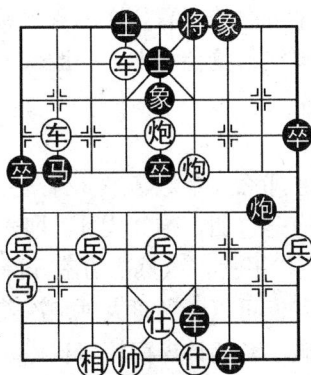

图 227

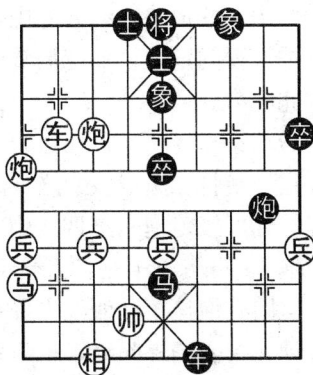

图 228

（二）炮 2 平 4

（2008 年 12 月 14 日蒋川 VS 黄仕清之战）

14. ……　　炮 2 平 4

黄大师亮出平炮盖车的新着！

15. 兵五进一　……

2008 年 11 月 23 日赵汝权 VS 许国义之战是走车六平八，炮 7 平 6，兵五进一，车 8 进 5，兵五进一，马 2 进 1，马四退三，车 8 平 4，炮七退一，车 1 平 4，仕四进五，卒 5 进 1，车四进二，前车平 5，黑优。

15. ……　　卒 3 进 1

点燃对杀的导火索！也可走炮 7 进 2，然后再视情应对。

16. 炮七进二　　马 2 进 4

17. 车四进二　　马 4 退 3

急于解除双车点穴的压力而退马蹬车，似不如炮 7 进 1 灵活而富于变化。

18. 车六平七　　车 8 进 3

19. 炮五平六（图 229）……

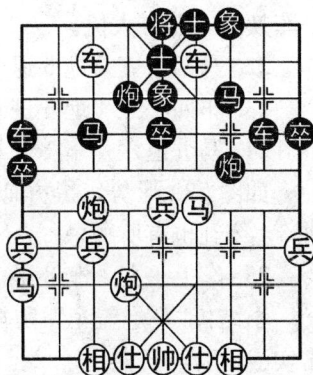

图 229

如图 229 形势，红方卸中炮是安居平五路的高着！面临双车随时都有被打死的危险，而把局势引向高深莫测的复杂境地，一般棋手难有如此魄力。

19. ……　　　车1退3

在"鞭打二鬼"威力之下选择收兵。那么改走炮7平3打车会怎样呢？红可接走炮六进四，炮3退3，炮七进四，炮4退1，炮六平二，炮4平6，炮七平四，士5进6，炮二平三，虽然黑方有车杀无车，但因炮拴车马而红方好下。由此我们可以看到蒋大师幽深美妙的设计，令人拍桌叫绝，也为黄大师识破小蒋的计谋而惊叹！

20. 炮六平四　　……

一计不成又生一计！

20. ……　　　炮7平6

误中其计！似应改走炮4退1，车四退二，炮4进2，车四平二，炮4平8，马四进三，车1进3，尚可支撑。

21. 车七退二　　……

将计就计，鲸吞黑马！

21. ……　　　炮6进3

悔之晚矣！只好兑炮，如改走炮4退1，车四退三，马7进6，炮四进三，一车换三，红方大优。

22. 马四进五　炮6退5

23. 车四平三　炮6进4

24. 马五退六　车1进3（图230）

如图230形势，黑方似可改走车8进3，令红也有所顾忌。

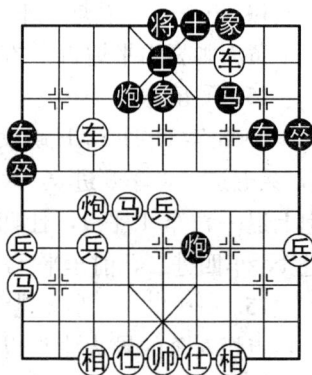

图 230

25. 车七平九　车8平1　　　**26. 兵五进一**（红优）

小结："平炮盖车"防御新着有比较复杂的变化，其优劣尚待更多实战检验与研究。

第四章　中炮对屏风马进7卒

中炮对屏风马进7卒是一个庞大的布局体系，于20世纪50年代开始流行，至今仍是当代棋战的主流布局。虽然经半个世纪的不断挖掘，仍具有丰富的战术资源。

这一战术的主要特点是中炮方两翼均衡布子，阵型坚固稳健，而且各子力之间紧密联系，从而形成一道利于攻守的链条；而屏风马方的特点则是各子力相互联保，形成以河界为阵地的强大防御网，以后发制人、伺机反击为作战宗旨。

第一节　2005年全国区县级赛新变例

2005年6月全国区县级象棋赛在广州举行。笔者率深圳队刚在宾馆下榻，广东河源队吴亚利便来到笔者房间说："梁老师，我特地来谢谢你。"当时笔者感到惊疑，小吴是精于博弈的深圳第一业余高手，但仅有一面之识，何谈"谢"字呢？

原来小吴春天曾受邀参加山东举办的一个比赛，上车前在深圳火车站花5元钱买了一本《棋艺》，并阅读了笔者写的一篇关于中炮VS屏风马布局的专题研究。结果他运用于比赛中大获成功，高兴之余他又把这一战术介绍给同队棋手，结果队友用此战术又把一位象棋大师赢了。最后小吴表示还要在这次比赛中再用这把飞刀！那么结果如何呢……

1. 炮二平五　马8进7　　　2. 马二进三　车9平8
3. 车一平二　马2进3　　　4. 马八进九　卒7进1
5. 炮八平七　车1平2　　　6. 车九平八　炮8进4

7. 车八进六　炮 2 平 1　　　　**8.** 车八平七　车 2 进 2

9. 车七退二　象 3 进 5　　　　**10.** 兵三进一　马 3 进 4

跳里马是近年来出现的新潮布局。

11. 兵三进一　象 5 进 7（图 231）

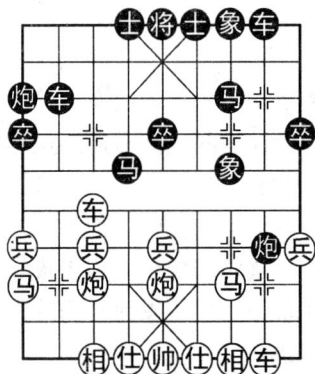

图 231

如图 231 形势，红方有马三进二和炮七退一两种选择，演示如下：

（一）马三进二
（6 月 9 日湖南范思远 VS 河源吴亚利）

12. 马三进二　……

范思远是棋友杯冠军，又是网络名将。现在仍敢于飞马捉炮，显示出他可能有新的对策。

12. ……　　　炮 8 平 6

13. 炮五平二　炮 6 平 8

14. 炮二平一　马 4 进 5

15. 炮七平五　炮 1 进 4

16. 车二进三　士 6 进 5

17. 车七平五　马 5 退 7

18. 车五平三（图 232）……

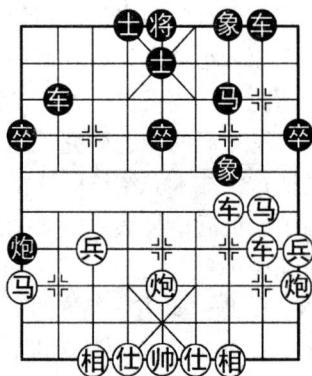

图 232

如图 232 形势，红方弃车吃马，胸有成竹！

18. ……　　　　炮 1 平 8　　　　**19. 马九进八　……**

"边马腾空"是新着！

19. ……　　　　象 7 进 5　　　　**20. 炮五平八　车 2 平 4**

21. 马八进九　……

图穷匕首见！红方的飞刀初显威力。

21. ……　　　　炮 8 进 1

进炮拦挡，防止红右炮左移。赛后吴亚利认为这步棋虽然丢象，但还是很"刁钻"的。

22. 车三进一　车 8 进 5

23. 车三进二　士 5 进 6

24. 炮一进四（图 233）……

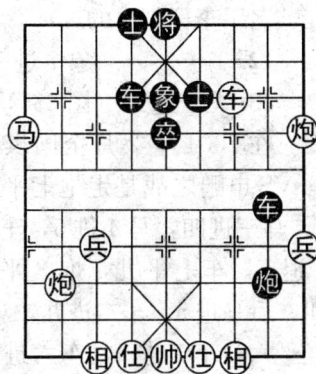

图 233

机警，加速攻击的步伐。如图 233 形势，红方如改走车三平四，炮 8 进 2，黑有攻势。

24. ……　　　　车 8 平 4　　　　**25. 仕四进五　炮 8 退 3**

进攻是最好的防御。黑方退炮组杀，逼红方放慢攻击的脚步。

26. 车三退一　炮 8 平 5

27. 帅五平四　前车平 6

28. 炮八平四　炮 5 平 6

鸣金收兵。如改走士 6 退 5，炮一平五，也是红方优势。

29. 炮一平五　象 5 退 3

30. 帅四平五　炮 6 进 3

31. 仕五进四　车 6 进 2

32. 炮五退四（图 234）

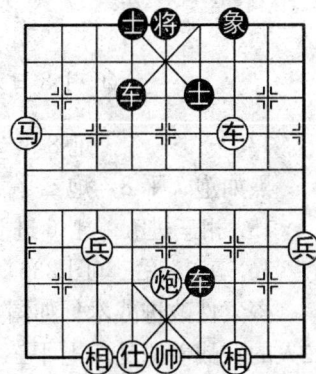

图 234

如图 234 形势，至此红优，余着从略，终局和棋。

小结：牛刀小试效果尚可。以上看到的是业余棋手的新作，那么专业棋手的谋篇又是怎样的呢？请看下局：

（二）炮七退一

12. 炮七退一 ……

江苏队是对中炮 VS 屏风马很有研究的专业大户。退炮最早是由江苏名手李群创出的。

12. ……　　象7进5

13. 马三进二（图235）……

在 2004 年 2 月全国棋士赛中，李群 VS 申鹏之战是走炮七平三，车 2 进 2，马三进四，马 4 进 5，车七进三，马 5 退 7，车七平九，炮 8 平 5，炮五进四，后马进 5，车二进九，马 5 进 6，车九平六，车 2 进 4，车六进二，将 5 平 4，车二平四，将 4 进 1，车四退五，车 2 平 7，黑大优。

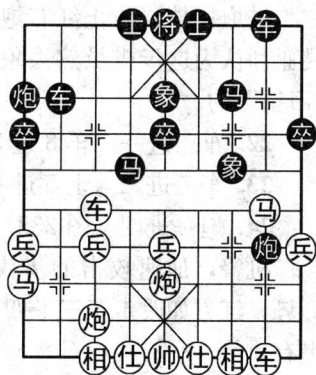

图 235

如图 235 形势，黑方有炮 8 平 7 和炮 8 平 6 两种选择，演示如下：

甲、炮8平7

（6 月 8 日江苏李群 VS 河北申鹏）

13. ……　　炮8平7　　14. 炮五平二　车8平9

黑如炮 7 平 8，炮二平六，炮 8 平 7，车七平六，红优。

15. 相三进五　士6进5

16. 车二平三（图236）……

探索性改进战术！如图 236 形势，在 2004 年 6 月的象甲联赛中，二人的实战着法是车七平三，车 2 进 3，车三平八，马 4 进 2，车二平三，马 2 进 1，炮二平九，车 9 平 8，车三进三，车 8 进 5，炮九进四，马 7 进 6，车三进一，车 8 平 7，相五进三，马 6 进 5，相三退五，终局和棋。

16. ……	炮7平8
17. 炮七平五	车9平6
18. 车三进三	车2进6

围魏救赵的佳着！

19. 车七平六	马7进6
20. 马二进四	车6进4
21. 车三平二	炮1平4
22. 车二进六	士5退6
23. 炮二退一（图237）……	

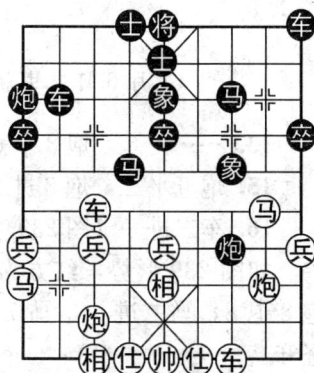

图 236

重要的次序。如图237形势，红方如改走车六平五，车2平4，红阵崩溃。

23. ……	车2退1	24. 炮二进一	车2进1
25. 炮二退一	车2退1	26. 车六平七	车2平4
27. 炮五平六	车4进1		
28. 仕六进五	车6进4（图238）		

如图238形势，至此黑优。

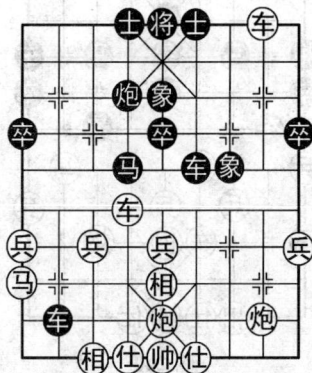

图 237

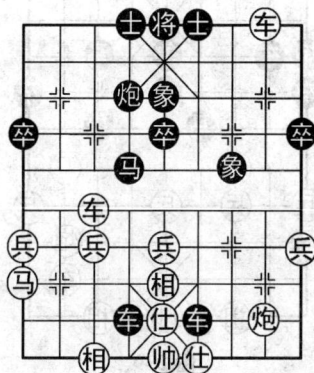

图 238

小结：新着的效果不很理想，尚需完善改进。

乙、炮8平6

（7月6日象甲联赛江苏王斌VS湖南谢业枧）

13. ……　　　　炮8平6　　　　**14.** 炮七平二　　炮6平8

15. 炮五平二　　炮8进2

16. 车二进一（图239）……

如图239形势，红方为什么不走炮二进七打车呢？因黑可接走炮8退8，马二进一，马7进9，车二进九，马9退7，黑方尚可坚守。

16. ……　　　　车8平9　　　　**17.** 车七平六　　马4退3

18. 炮二平三　　车9进2　　　　**19.** 兵九进一　　车2进5

进车侵扰，构思奇特。如先走车2进2，则炮三平七，红优。

20. 相三进五　　车2退3　　　　**21.** 车二平六　　士6进5

22. 后车进一（图240）

如图240形势，至此红方稍优，终局和棋。

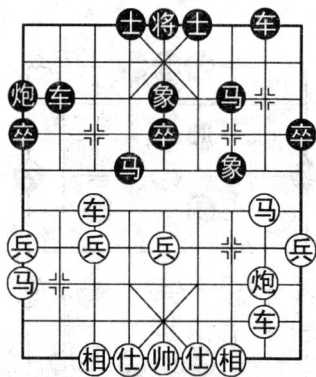

图239

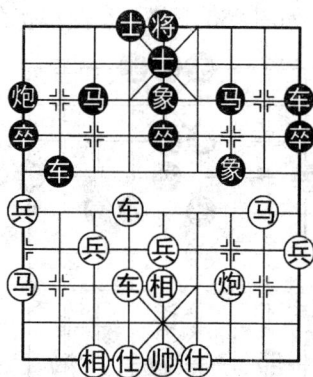

图240

小结："红退七路炮"新着具有稳健的特性。虽然赢棋难，但输棋也难。

第二节 2005年浙江"三环杯"赛新变例

1. 炮二平五 马8进7   **2.** 马二进三 马2进3

3. 车一平二 车9平8   **4.** 马八进九 卒7进1

5. 炮八平七 车1平2   **6.** 车九平八 炮2进4

7. 车二进四 炮8平9

8. 车二平四 车8进1

9. 兵九进一 车8平2

10. 兵三进一 卒7进1

11. 车四平三 马7进8 (图241)

如图241形势,跳外肋马是特级大师于幼华于1999年全国象棋个人赛上的首创,从而引发了一场波澜壮阔的炮马争雄大战。

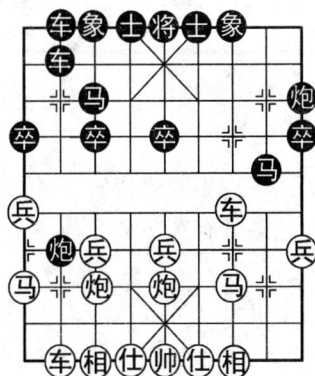

图 241

12. 车三进五 ……

孤车单刀赴会,是急攻型棋手喜爱的选择。

12. …… 炮9平7

平炮"盖帽",切断孤车退路。

13. 车三平二 ……

君子不立危墙之下,逃车弃相诱敌深入。

13. …… 前车进3

白吃为何不吃?因如走炮7进7,仕四进五,马8进7,车二退九,炮7退1,车八进二,红方稍优。

14. 车八进三 ……

一车换双打破黑方的两翼封锁。

14. …… 前车进2   **15.** 车二退四 后车进4

正确,用哪只车吃颇有讲究。

16. 车二进二 后车平7

17. 相三进一（图242）……

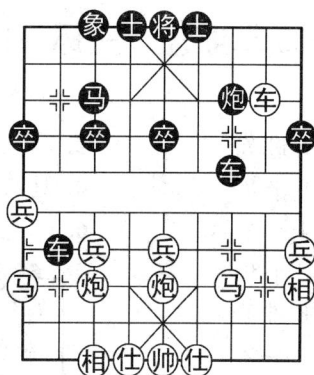

图 242

飞边相蓄势待发，如改走炮五平六，则追求稳健。如图242形势，黑方有车7进2与卒3进1两种选择，演示如下：

（一）车7进2

（9月3日浙江于幼华 VS 沈阳苗永鹏之战）

17. ……　　　　车7进2

新着！进车压马不但在大型比赛中凤毛麟角，即便在网战中也很少出现，可能是苗特大的即兴之作。

18. 马三退二　　炮7平5

摆脱牵制，亦是明智之策。

19. 马二进四　　车7进2

如改走车7平6，马四进六，车2退3，兵七进一，车6退2，仕六进五，双方各有顾忌。

20. 马四进六　　车2退3

只好后撤，否则红有炮七进四连消带打的手段。

21. 兵七进一　　马3退5（图243）

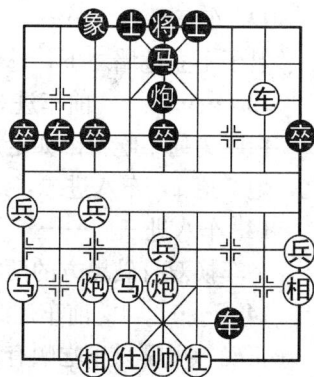

图 243

如图 243 形势，马跳窝心，不死也昏，从而带来无穷后患。黑似可走炮 5 进 4，仕六进五，马 3 退 5，还有棋可下。

22. 炮五进四 ……

炮镇五子，气势汹汹！

22. …… 车 2 进 4

无奈。如改走卒 3 进 1，车二退一，红优。

23. 车二平五 车 2 平 3

无可奈何花落去。如改走象 3 进 5，炮七进四，车 2 退 7，马六进五，黑方虽有双车也难以防范。

24. 车五平六 马 5 进 6

错失良机，似可走马六进五能速胜。

25. …… 马 6 退 5

26. 车五平六 马 5 进 7

黑方可能已发现马 5 进 6 不行，所以调转马头。

27. 马九进八 车 3 平 4（图 244）

如图 244 形势，黑方如误走车 3 退 1，马六进五，车 3 平 2，车六平五，马 7 退 5，马五进六绝杀，红胜。

28. 车六退五 马 7 进 5

25. 车六平五 ……

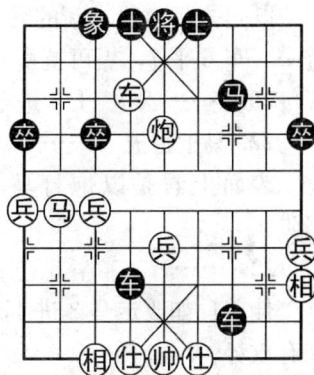

图 244

29. 马八进七（红方优势）

小结：黑方进车压马的新战术最后付出了高昂的"改革成本"，其教训为后来者敲响了警钟。

（二）卒 3 进 1
（9 月 5 日广东黄海林 VS 北京张申宏之战）

17. …… 卒 3 进 1

挺 3 路卒是近年来的主流战术。

18. 马三进四 炮 7 平 5

19. 仕四进五（图245）……

补仕是改进之着。如图245形势，2003年9月3日上海谢靖VS黑龙江聂铁文之战是走炮七退一，车2退5，兵七进一，车2平6，马四进五，车7平6，仕六进五，马3进5，炮五进四，炮5进4，师五平六，后车平4，炮七平六，车4进2，车二退一，卒3进1，黑优。

19. ……   车7平6

20. 马四退六 ……

既定方针，追求新的突破口。如改走马四退三，士4进5，兵七进一，车6平7，黑可抗衡。

图245

20. ……   士4进5

21. 马六进七   车2退3

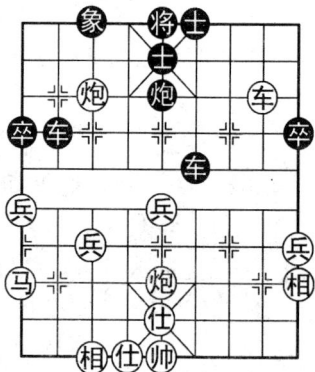

22. 马七退五 ……

表面上看是以炮打马，实则暗藏陷阱。

22. ……   卒5进1

佳着！如改走马3进4，炮五平三，红有攻势。

23. 炮七进五   卒5进1

24. 兵五进一（图246）……

如图246形势，红方如改走炮五进二，将5平4，炮五平六，车6进2，黑优。

图246

24. ……   炮5进5

25. 相七进五   车2进4

26. 相五退七 ……

退相保马是脑海中第一感的反应。似可委屈一点走相一退三，车2平1，车二退一，车1退2，车二平一，尚有一线和棋之望。

26. ……   车2平9（黑方稍优）

小结：改进的效果不很理想，留下一丝遗憾，也许这就是五七炮暂时处于低潮的原因之一。

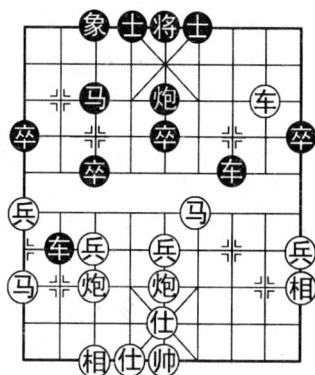

第三节 2005年个人赛新变例

一

1. 炮二平五	马8进7

2. 马二进三 车9平8

图 247

1. 炮二平五 马8进7
3. 车一平二 马2进3
4. 马八进九 卒7进1
5. 炮八平七 车1平2
6. 车九平八 炮2进4
7. 车二进四 炮8平9
8. 车二平四 车8进1
9. 兵九进一 车8平2
10. 兵三进一 卒7进1
11. 车四平三 马7进8
12. 兵五进一 象3进5（图247）

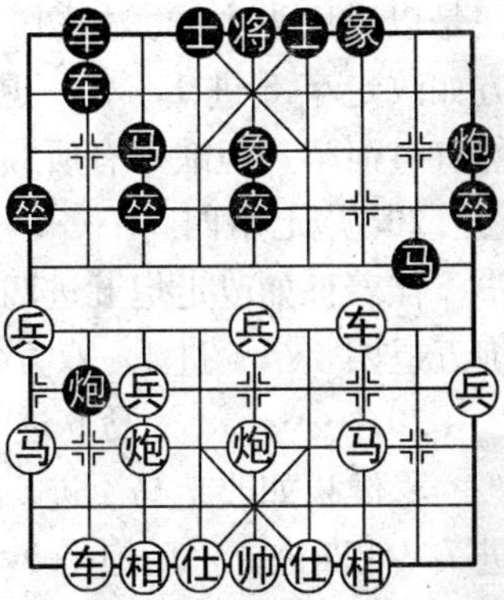

如图247形势，至此红有兵五进一与车三平二两种选择，演示如下：

（一）兵五进一
（10月28日四川王跃飞 VS 湖北汪洋）

13. 兵五进一 卒5进1　　14. 车三进五 炮9平7

15. 马三进四 ……

刺刀见红，最激烈的对杀选择。

15. …… 炮2平9　　16. 车八进八 车2进1

17. 炮五进一 ……

升一步中炮的构思颇为新奇诡异，打破了一般棋手的思维习惯，很有象棋软件的味道。笔者曾于2004年6月见过这一战术，但在大型比赛中这还是首次亮相。

17. ……　　　炮9平7

冲卒逼红炮表态。如误走马8进6，马三进五，黑要丢子。

18. 马四进三　　卒5进1

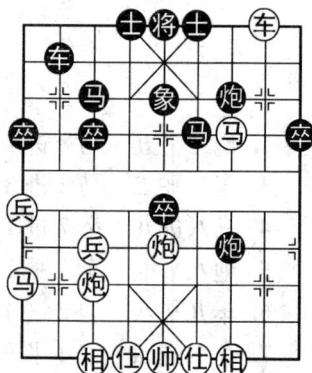

19. 车三平二　　……

另辟蹊径，车离险地以稳为上。

19. ……　　　马8退6（图248）

道高一尺，魔高一丈！象棋思维往往是以逆反为主线。如图248形势，黑方如改走卒5进1，车二退四，黑方虽然有过河卒，但缺象有所顾忌。

20. 炮七平四　　……

佳着！如改走炮五进四，前炮平5，炮五退四，卒5进1，双方各有顾忌。

20. ……　　　马6进4

稳健！如改走马4进5，车二平四，将5进1，马五退四，后炮进7，仕四进五，后炮平9，鹿死谁手尚难预料。

21. 马三进五　　马4退5

22. 炮五进四　　后炮进7

稳住阵脚，不急于平边炮，高手风范。

23. 仕四进五　　车2平7

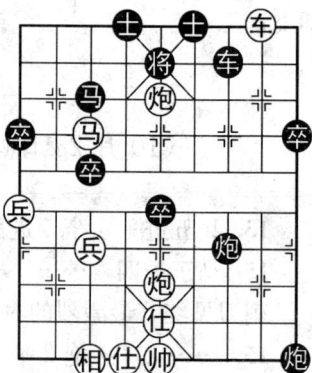

图248

24. 马九进八　　……

边马腾空而起，势在必行。

24. ……　　　卒3进1

25. 马八进七　　前炮平9

26. 炮四平五　　将5进1（图249）

如图249形势，黑方为什么不走卒5进1捉炮呢？因红可接走前炮退三，以下黑有两种选择：①车7进3，后炮平三，炮7平8，车二退六，车7进3，帅五平四，红有攻势。②炮7进3，车二退九，炮7平4，车二平一，炮4平9，马七进五，士4进5，马五

图249

进三，红方多子大优。

27. 车二退五 ……

赛后复盘，汪洋对笔者说："临场很顾忌红走前炮平六，我真的不知道怎样应对才好。"笔者研究后认为，局势没有汪洋形容得那么糟糕，鹿死谁手尚难预料。

27. ……	将5平4	**28. 前炮退二**	车7进4
29. 车二进三	车7退3	**30. 车二退三**	车7进3

31. 车二进三 卒5进1（图250）

如图250形势，冲卒是必然的选择。对杀局面，速度往往是决定胜负的主要因素。

32. 后炮平三 ……

红如改走后炮平二，炮7平3，亦是黑优。

32. …… 炮7平3

简化局势的佳着。

33. 车二平七	炮3退3	**34. 车七进一**	将4进1

35. 车七退二 车7进2（图251）

如图251形势，至此黑多卒大优。

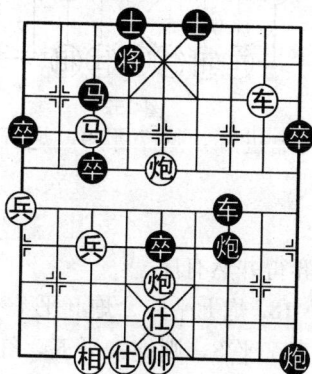

图250

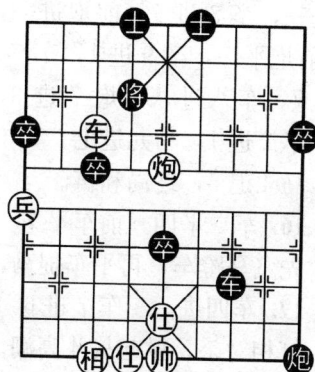

图251

小结：升中炮新着稀奇古怪，耐人寻味。乍露锋芒后虽然沉沙折戟，但还是颇有几分杀伤力而令人畏惧。

（二）车三平二
（10 月 31 日河北苗利明 VS 黑龙江聂铁文）

13. 车三平二   马 8 退 7   14. 兵五进一 ……

弃中兵是小苗在本届比赛中再度推出的新着！2004 年 6 月 14 日
赵鑫鑫 VS 李鸿嘉曾走车八进一，炮 2 进 1，兵七进一，马 7 进 6，
车二平四，马 6 进 4，炮五平八，前车进 6，车八进一，车 2 进 7，炮
七平四，卒 3 进 1，兵七进一，马 4 进 2，兵七进一，马 2 进 4，帅五
进一，车 2 进 1，帅五进一，马 4 退 2，黑有攻势。

14. ……   卒 5 进 1

15. 炮七退一   马 7 进 6（图 252）

改进之着！如图 252 形势，2005 年
10 月 29 日苗利明 VS 孙勇征曾走炮 9
进 4，兵七进一，炮 9 退 2，炮七平三，
马 3 进 5，车二平三，士 4 进 5，兵七进
一，卒 3 进 1，炮三平五，卒 5 进 1，后
炮进三，卒 3 进 1，前炮进一，马 7 进
6，前炮平一，卒 9 进 1，车三平七，炮
2 平 7，车八进八，炮 7 进 3，仕四进
五，车 2 进 1，马九进七，马 6 进 4，马七进五，炮 7 平 9，炮五进
四，马 4 退 5，终局和棋。

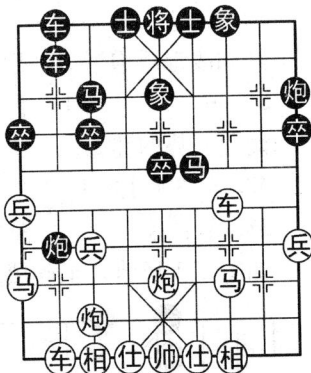

图 252

16. 车二平四   前车平 7

先飞马蹬车，再平车捉马，两步棋弈得井然有序。

17. 车四进一   车 7 进 6   18. 炮七平二   炮 9 平 7

打相对杀，掀起战斗高潮。如改走车 7 平 8，则炮二平五，红有
攻势。

19. 炮二进八   炮 2 平 9

为什么不走炮 7 进 7 打相呢？因红可接走仕四进五，以下黑有两
种选择：①士 4 进 5，车八进二，车 7 退 5，炮五进五，车 7 平 5，车

八平三，红方弃子后有攻势。②炮7平8，车四进四，将5进1，帅五平四，激烈搏杀各有顾忌。

20. 相三进一　　车2进9

21. 马九退八　　卒5进1（图253）

如图253形势，黑方弃士冲卒，算度精深！如贪相而走车7平9，车四平五，士4进5，车五进二，将5平4，车五退四，红优。

22. 车四进四　　将5进1

23. 车四退六　　炮9退2

稳健！也可改走车7平9，车四平三，车9平8，黑优。

24. 车四平二　　象7进9

26. 车二进一　　……

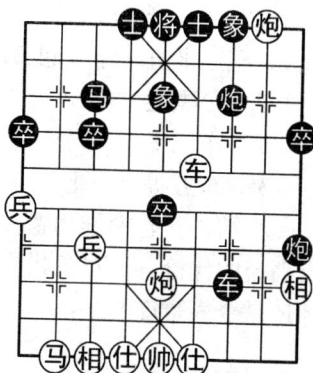

图 253

25. 马八进七　　车7平9

可先走车二进五，待黑将5退1后再车二退四捉卒，其效果与实战会有很大的差别。

26. ……　　　　车9退1

28. 炮五进五　　炮9平5

29. 马七退五（图254）**……**

背水一战！如图254形势，红方如改走车三平五，车9退2，马七进五，车9平8，黑优。

29. ……　　　　炮7平8

似可先走卒5平4，相七进五，将5进1，车三进三，将5退1，车三平七，将5平6，黑方胜势。

30. 炮五平一　　卒5平4

31. 相七进五　　炮8进7

弃炮解杀为调动后续兵力赢得时间。

33. 炮二退九　　马3进5

27. 车二平三　　卒5进1

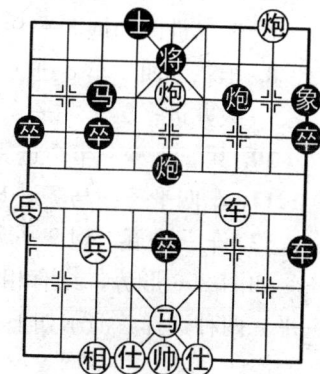

图 254

32. 车三退四　　车9平8

34. 车三进八　　将5退1

35. 车三退二　马5进3

36. 车三退一　炮5退2（图255）

如图255形势，黑方也可径走马3进2，车三平五，士4进5，炮一平五，士5进6，黑胜。

37. 车三平五　马3进2

38. 车五进二　士4进5（黑胜）

小结：新着的推出遭受挫折，并付出高昂的代价，但对象棋布局的探索精神还是令人赞许的。

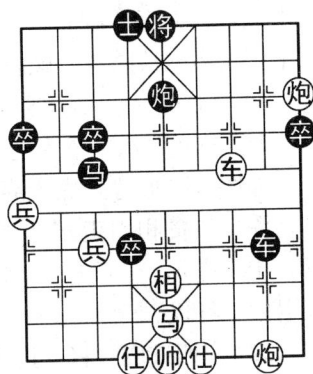

图 255

二

1. 炮二平五　马8进7

2. 马二进三　车9平8

3. 车一平二　马2进3

4. 马八进九　卒7进1

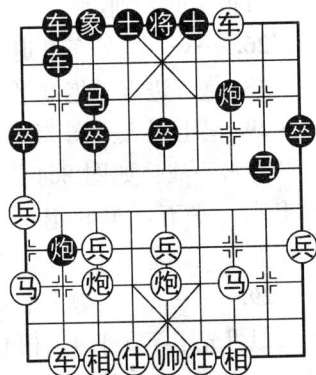

5. 炮八平七　车1平2

6. 车九平八　炮2进4

7. 车二进四　炮8平9

8. 车二平四　车8进1

9. 兵九进一　车8平2

10. 兵三进一　卒7进1

11. 车四平三　马7进8

12. 车三进五　炮9平7（图256）

如图256形势，红有相三进一与车三平二两种选择，演示如下：

图 256

（一）相三进一
（10月30日广东黄海林VS江苏徐天红之战）

13. 相三进一　……

飞边相是广东传统战术！吕钦曾以此战术多次把一些名将斩于马下。

13. ……　　前车进3　　　　**14. 炮七进四　……**

飞炮轰卒是首次在大型比赛中亮相的新着！笔者于2003年3月曾见过这种战术，以往的主流选择是走兵七进一。

14. ……　　卒9进1　　　　**15. 兵七进一　……**

先以炮打卒再进兵与先进兵再以炮打卒，从表面上看似乎是殊途同归，实则内藏玄机。

15. ……　　士4进5

补士为7路炮横向移动保留机会。

16. 车三退一　炮2进1（图257）

寻求新的突破。如图257形势，黑方为什么不走象3进5，然后再前车平7暗伏打死红车的闪击手段呢？因红可接走马三进四，马8进6，车三退一，马6进4，车八进三，前车进2，车三平五，红优。

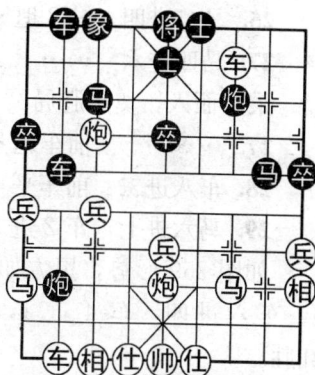

图257

17. 马三进二　炮7平5

积极寻求反击。如改走象3进5，仕四进五，前车平4，车三平二，炮7平6，相互对攻，各有顾忌。

18. 车三退五　……

红车被困于低位倍感压抑，现在虽然猛虎下山如释重负，但也存在负面影响。

18. ……　　炮2退1

黑如改走炮2平9，车八进五，车2进4，炮七进三，炮5平8，双方各有顾忌。

19. 兵五进一　　炮5进3

似可改走象3进1坚守为宜。

21. 车三进一　　炮5进1

22. 炮七退一　……

精巧！是抢先夺势的佳着。

22. ……　　　卒9进1（图258）

忍痛弃卒。如图258形势，黑方如改走象3进5，炮七平一，马8退9，马二进三，红有攻势。

23. 兵一进一　　象3进5

24. 车三平五　　炮5平1

黑如改走前车进2，兵一进一，马8退7，炮七平四，红方优势。

25. 马二进四　　马8退6

27. 马四进六　……

乘虚而入，奠定胜局。

27. ……　　　前车退3

28. 车八进二　　前车平4

29. 马六进七　　车2进7（图259）

如图259形势，黑方如改走车2平4，车六进四，车4进1，车八进七，红胜。

30. 车六进四　　（红方胜势）

小结：飞炮轰卒的新着把特级大师拉下马来，令棋界震惊。因飞刀初试，其性能优劣与否尚待更多的研究与实战检验。

20. 仕四进五　　炮2进1

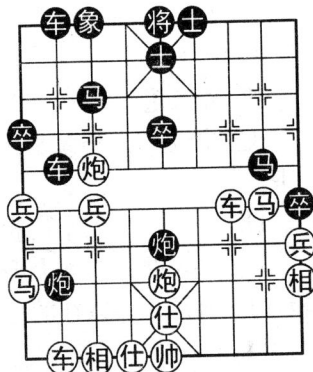

图 258

26. 车五平六　　象5进3

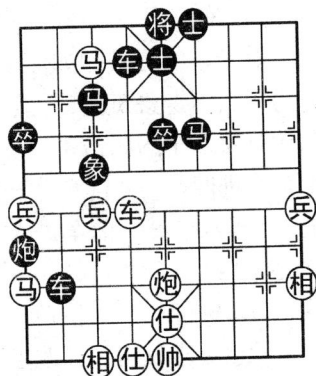

图 259

（二）车三平二

（10月29日广东朱琮思VS北京龚晓民之战）

13. 车三平二	前车进3		14. 车八进三	前车进2
15. 车二退四	后车进4		16. 车二进二	后车平7
17. 相三进一	卒3进1			
18. 马三进四	炮7平5			
19. 仕四进五	车7平6			
20. 马四退六	士4进5			

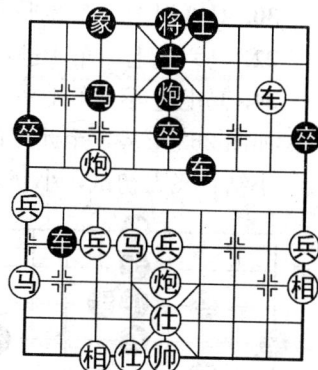

21. 炮七进三（图260）……

最新改进之着！如图260形势，2005年9月5日广东黄海林VS北京张申宏曾走马六进七，车2退3，马七退五，卒5进1，炮七进五，卒5进1，兵五进一，炮5进5，相七进五，车2进4，相五退七，车2平9，黑方稍优。

图260

21. …… 士5进6　　22. 车二退四 车2退2

黑如改走象3进1，炮七退一，车2退2，炮七平五，红优。

23. 兵七进一 ……

为什么不走炮七进四轰象呢？因黑可接走车6平8，车二平四，车8平6，车四平三，车6平7，相一进三（如长兑不变作和），车2退4，炮七退一，车7退3，炮五平二，车7平8，黑优。

23. …… 象3进1　　24. 马九进八 ……

红炮阻击的任务还没完成，是不能移动的。如改走炮七进一，车6平8，黑有长兑车的手段。

24. …… 象1进3　　25. 兵七进一 ……

锋利无比。如改走炮五平八，象3退1，炮八进三，马3进2，黑方足可抗衡。

25. …… 车2平3　　26. 马六进七 车6平3

27. 车二进一　　士6进5（图261）

如图261形势，黑方似可改走车3进5，炮五平三，炮5进4，帅五平四，车3退5，相互对杀，红方也有顾忌。

28. 车二进五　　士5退6　　　　**29. 车二退三　　车3平2**

黑如改走车3进1，马八进九，马3进1，车二平五，红方多兵大优。

30. 马八退七　　车2平3　　　　**31. 马七进六　　车3平4**

32. 马六退七　　车4进2　　　　**33. 炮五进四　　炮5进4**

34. 马七进五　　车4平5　　　　**35. 炮五平三（图262）**

如图262形势，至此红优。

小结：飞刀初试，小获成功！其较强的攻击性能不容小觑！

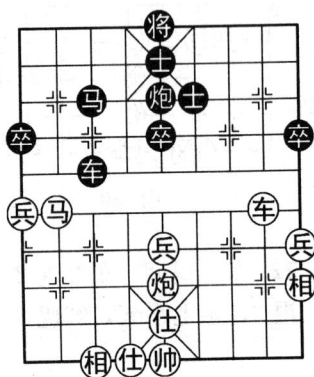

图261

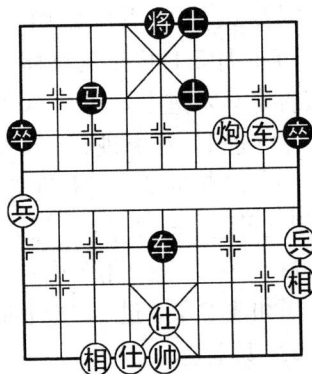

图262

第四节　　第3届体育大会新变例

1. 炮二平五　　马8进7　　　　**2. 马二进三　　车9平8**

3. 车一平二　　马2进3　　　　**4. 马八进九　　卒7进1**

5. 炮八平七　　车1平2　　　　**6. 车九平八　　炮2进4**

7. 车二进四　　炮8平9　　　　**8. 车二平四（图263）……**

如图263形势，黑方有象7进5与车8进1两种选择，演示如下：

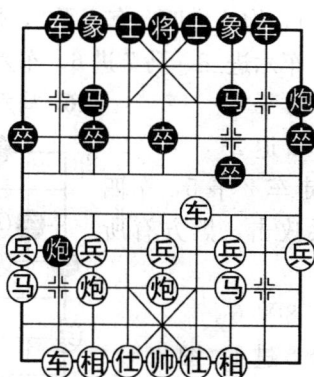

图 263

（一）象7进5
（2006年5月23日谢卓淼VS徐超之战）

8. ……　　　　　象7进5

飞左象是20世纪80年代十分流行的主流战术。现在把老式武器重新推向战场，预示着有新的研究成果。

9. 兵九进一　炮9退1　　　　　**10.** 马九进八　炮9平2

11. 车八进一　……

弃车突破封锁是最激烈的五七炮战术之一。

11. ……　　　前炮平5

12. 马三进五　炮2进7

13. 马五进六　车2进4

最强硬的狙击手段。如改走马3退1，炮七平八，车2平1，马八进七，红方五子联攻，黑难以招架。

14. 炮七平八　车2平3（图264）

只好委曲求全！如图264形势，在2004年2月20日陈丽淳VS刘宗泽之战曾走车2进1，马六退八，炮2退3，车四平八，卒3进

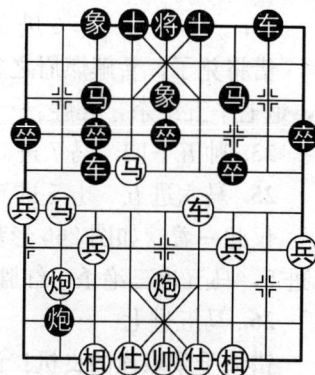

图 264

1，车八平六，车8进1，炮八进四，车8平2，炮八平七，士4进5，炮七进三，象5退3，车六进三，马7进6，车六平七，红方稍优。

15. 炮八平七　　车3平2　　　**16.** 马六进七　　士6进5

17. 炮七进四　　车2退2

加强防御。如改走车2平5，车四平六，红方调集重兵攻击，黑方有所顾忌。

18. 马八进六　　车8平6

19. 车四平二　　卒5进1（图265）

如图265形势，黑方如改走马7进6，马七退五，红有谋象的暗着。

20. 车二进二　　马7进6

21. 车二平五　　马6进7

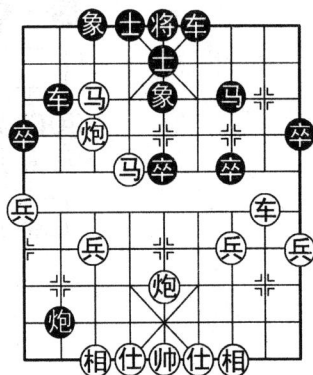

图265

"达摩克利斯之剑"在头顶上方高悬，竟浑然不觉，纵马上阵留下后患。似可走车6进2，车五退一，马6进7，车五平三，马7进5，相三进五，坚守为宜。

22. 车五进一　……

冷箭突发！惊天地泣鬼神的杀象凶着。

22. ……　　　车6进9

借将兑子，暂解燃眉之急。如改走象3进5，炮五进五，士5进4，炮七平五绝杀，红胜。

23. 帅五平四　　马7进5　　　**24.** 相三进五　　象3进5

25. 马六进五　　士5进6（图266）

仅此一着。如图266形势，黑方如改走士5进4，炮七平五，士4进5，马五进三绝杀，红胜。

26. 马五进七　……

错失千载难逢的良机！读者朋友，对于如图266形势，您能找到千载难逢的取胜之路吗？请看以下答案：应改走炮七平五，士4进5，炮五进二！以下黑有两种选择：①车2平3，炮五退三，士6退5，马五退六，红方多子胜。②将5平6，炮五退三，将6进1，马七进六绝杀，红胜。

26. ……　　　将5平6　　　**27. 后马退五**　车2平4

28. 马五退三（图267）

如图267形势，各有顾忌，终局和棋。

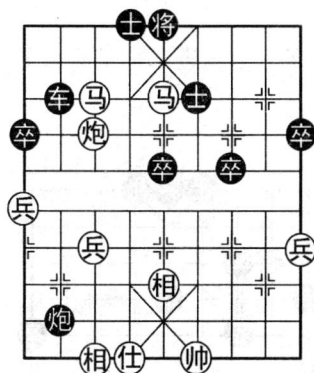

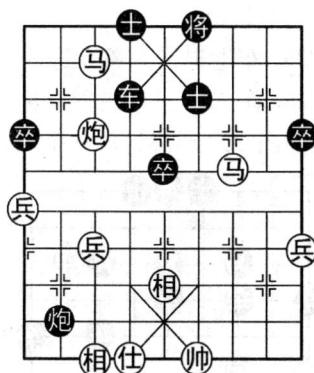

图 266　　　　　　　　　　　　　图 267

（二）车8进1
（2006 年 5 月 22 日何刚 VS 聂铁文之战）

8. ……　　　车8进1

升短车是长盛不衰的主流战术。

9. 兵九进一　车8平2　　　　**10. 兵三进一**　卒7进1

11. 车四平三　马7进8　　　　**12. 车三进五**　炮9平7

13. 相三进一　前车平8　　　　**14. 兵七进一**　象3进5

15. 车三平一　车8进2　　　　**16. 车一退二**　车8平7

17. 车一平二　马8进7　　　　**18. 炮七进四**　车7进1

19. 车八进二　卒9进1　　　　**20. 炮五退一**　车2进3

21. 炮五平三　车2平3（图268）

如图268形势，双方以上着法是流行定式，读者必定耳熟能详，笔者也就不再赘评。现在黑方挥车杀炮看似平淡无奇，实则是最新变着！因过去黑方几乎清一色地走士4进5来加强中路防御，但效果凶多吉少，甚至一些著名棋手也回天乏术。

22. 车八进一　车3进2　　　　**23.** 车八平七　车3平6

避兑正确。如改走车3进1，马九进七，黑方将饱尝链拴之苦。

24. 车七进三　车6进2　　　　**25.** 车二退五　车7平3

巧妙解链！

26. 车七退一　象5进3　　　　**27.** 炮三进二　车6平7

28. 车二平三　炮7进5（图269）

如图269形势，局势平淡，终局和棋。

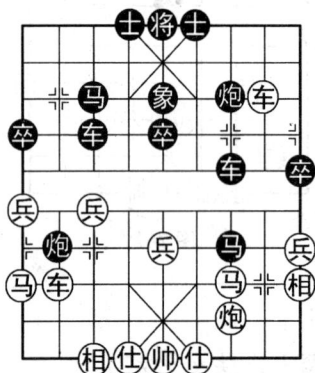
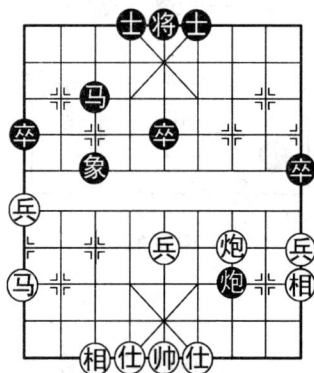

图 268　　　　　　　　　　　　　图 269

小结：青年棋手是棋坛的未来，他们为开拓布局的奥秘敢打敢冲，从而为五七炮布局增添了新的研讨内容。

第五节　2006年个人赛新变例

1. 炮二平五　马8进7　　　　**2.** 马二进三　车9平8

3. 车一平二　马2进3　　　　**4.** 马八进九　卒7进1

5. 炮八平七　车1平2　　　　**6.** 车九平八　炮2进4

7. 车二进四　炮8平9　　　　**8.** 车二平四　车8进1

9. 兵九进一　车8平2　　　　**10.** 兵三进一　卒7进1

11. 车四平三（图270）……

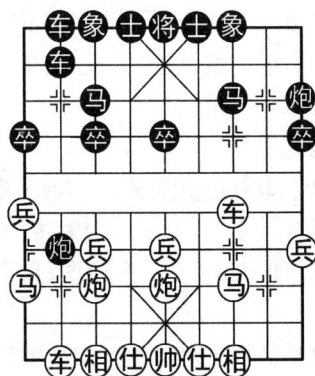

图 270

如图 270 形势，黑有马 7 进 6 与马 7 进 8 两种选择，演示如下：

（一）马 7 进 6

（11 月 17 日开滦郝继超 VS 江苏赵剑之战）

11. ……　　　马 7 进 6

跳肋马是久违了的战术，曾于 20 世纪 80 年代风行一时。临场只见这把老枪重新子弹上膛，推上主战场而备感惊奇，这似乎预示着又有新着出现。

12. 车八进一　……

毅然接受挑战！

12. ……　　　象 3 进 5

13. 车八平四　马 6 进 5

14. 车三平四　士 4 进 5

15. 炮七平八　马 5 进 7

16. 前车进四　……

进车点穴，经典战术！正是这着棋而使"跳肋马"陷于低谷。

16. ……　　　炮 2 退 2（图 271）

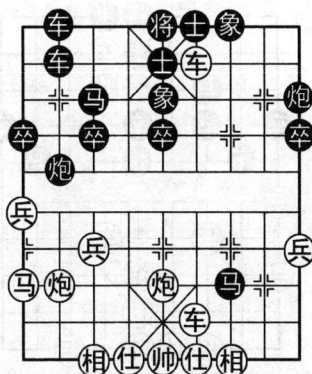

图 271

新着！如图271形势，朦胧记得吕钦VS许文学两位大师曾这样下过：马7退5，后车平三，前车进3，炮八进三，车2进4，车三进八，炮9平6，车三退八，红优。

17. 炮八进六　炮2平5

黑如错走车2进1，炮五进五轰象，一炮定乾坤，黑方崩溃。

18. 仕四进五　车2进1　　　**19. 后车平三　马7退9**

倘若改走马7退5，炮五进三，卒5进1，车三进八，炮9平6，车三退三，红方稍优。

20. 车三进八　炮9平6　　　**21. 车三退六　马9退8**

22. 车三平四　车2进3（图272）

如图272形势，黑车离险地，如错走车2平4，后车进四偷吃黑炮。

23. 前车平二　炮5进1　　　**24. 炮五进一　车2平7**

右车左移无可厚非，似也可改走象5退3，相三进五，马8退7，车四进一，炮6平5，黑方可抗衡。

25. 相三进五　马8退7　　　**26. 车四进一　卒5进1**

稍嫌虚浮，还是走炮5退1为宜。

27. 车二退二（图273）

如图273形势，至此红方稍优。

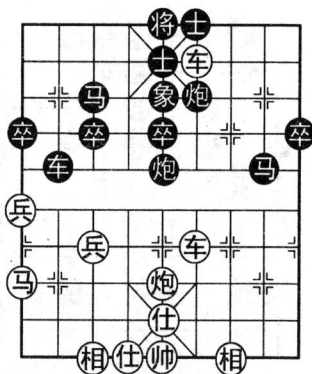

图272

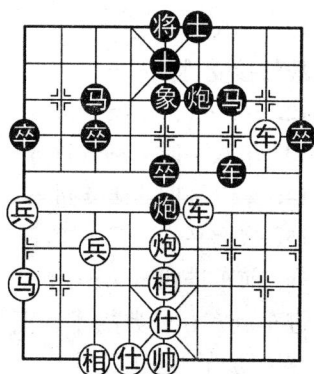

图273

小结：退炮新着为屏风马抗御五七炮的巨幅画卷增添了靓丽一笔，但其性能尚需完善。

（二）马7进8
（11月17日陆伟韬VS于幼华之战）

11. ……　　　马7进8

12. 车三进五（图274）……

明知山有虎，偏向虎山行。如图274形势，小将陆伟韬面对全国冠军及"跳外马"战术的鼻祖于幼华并无胆怯之意，毅然挥车杀象。

12. ……　　　炮9平7　　　　**13.** 车三平二　前车进3

14. 车八进三　前车进2　　　　**15.** 车二退四　后车进4

16. 车二进二　后车平7

不敢炮7进7轰相，"拼命三郎"此时也不敢拼命。

17. 相三进一　士4进5

倘若改走炮7进5，炮七平三，车7进3，车二平七，以下黑方难以招架。

18. 马三进四　炮7平5（图275）

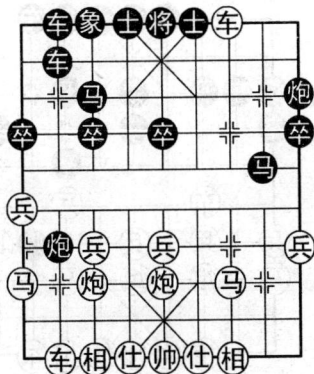
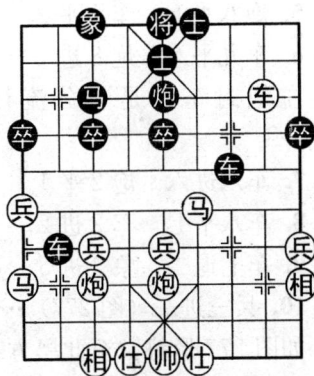

图274　　　　　　　　　　　　　　　图275

如图275形势，补架中炮是新的战术探索。以往常见选择是卒3

进1活马。

19. 仕四进五　卒3进1

怪。为什么不走车7平6先顶马再挺3卒呢？因红可接走炮七进四，士5进6，车二退三，红优。

20. 马四进五　马3进5

21. 炮五进四　车2退3

22. 炮七平五　车7退1（图276）

如图276形势，黑方可抗衡，终局和棋。

小结：新着初试效果尚可，赢棋不易和棋不难。

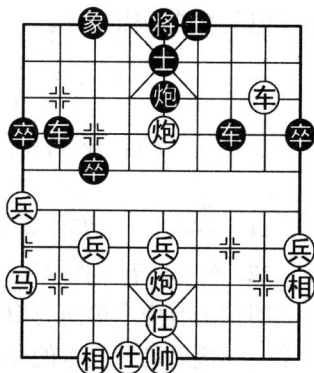

图 276

第六节　2007年团体赛新变例

1. 炮二平五　马8进7　　**2.** 马二进三　车9平8

3. 车一平二　马2进3　　**4.** 马八进九　卒7进1

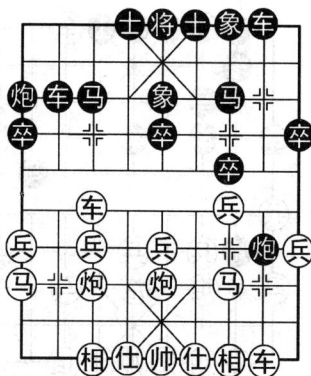

5. 炮八平七　车1平2

6. 车九平八　炮8进4

左炮封车曾是十分流行的热门布局。

7. 车八进六　炮2平1

8. 车八平七　车2进2

9. 车七退二　象3进5

10. 兵三进一（图277）……

如图277形势，至此黑方有马3进4与马3进2两种选择，分演如下：

图 277

（一）马3进4
（4月20日安徽梅娜 VS 河北尤颖钦之战）

10. ……　　马3进4

跳里马是2000年后推出的新战术，以往常走马3进2跳外马。

11. 兵三进一　象5进7　　**12. 马三进二　炮8平6**

13. 炮五平二　炮6平8　　**14. 炮二平一　马4进5**

起脚踏营是既定战策，曾风行一时。

15. 炮七平五　炮1进4　　**16. 车七平九　象7退5**

17. 车二进三　马5退7　　**18. 车二退二　车8进5**

19. 车二平四　卒1进1（图278）

如图278形势，黑方冲卒弃炮突发新着！2002年于幼华 VS 吕钦之战曾走前马进8，车四进八，将5平6，车九平二，马8退6，车二平三，马7进8，炮一平四，马6退7，车三平二，马8退7，兵一进一，车2进2，车二平九，车2平1，车九平三，后马进8，黑方多卒占优，终局和棋。在此不得不向读者朋友提出忠告，倘若您没有吕钦那样威震弈林的武功，重演此局恐怕要凶多吉少！

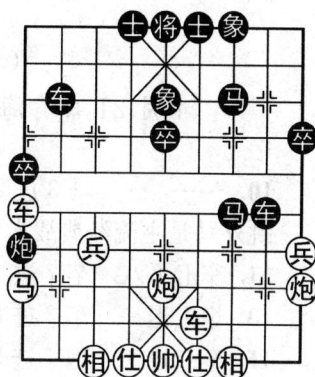

20. 车九退一　……

每当遭遇飞刀还应切记"天下没有免费的午餐"这句话，此时似可委屈点改走车九平四，前马进8，前车平二，马8进6，炮一平四，黑方虽然多卒占优，但也有所顾忌。那么红不吃炮而改走车九进一会怎样呢？黑可接走炮1平9，车四进二，炮9退2，炮一平三，车8进1，黑优。

20. ……　　前马进8

图穷匕见！借蹬车之机亮车使红边车立陷绝境。

图278

21. 车四平二 ……

无可奈何，红方已无救车良策。

21. ……　　　卒1进1

22. 车二进一 ……

忍痛弃车砍马，舍此别无选择。

22. ……　　　车8进2

23. 车九进一　车8平7（图279）

如图279形势，至此黑方稍优。

小结：精妙新着耐人寻味！屏风马的反击能力增强，是五七炮近年来沉寂的主要原因。

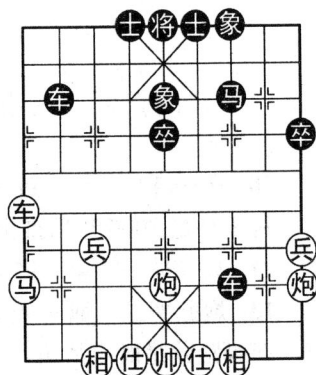

图279

（二）马3进2

（4月21日青海马星VS锦州乔荣铁之战）

10. ……　　　马3进2

跳外马是主流经典战术！

11. 车七平八　卒7进1

13. 炮七退一　车2进6

15. 车二进三　炮1进5

16. 炮七平三（图280）……

12. 车八平三　马2进1

14. 马三进二　马1进3

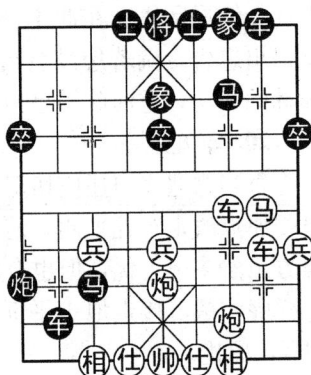

探索性新着！可能是临场的突发奇想。如图280形势，2002年王斌VS刘殿中曾演绎出一场这样的惊天大战：炮五平九，车2平3，车三进三，车3进1，仕四进五，车3平1，炮九平八，车1平2，炮八平九，车8进4，车三退五，马3进5，帅五进一，车2平4，相三进一，士4进5，车二退一，卒1进

图280

1，炮九平六，车8平4，车三退二，前车退2，车二平六，车4进3，

车三进六，车4退3，车三平五，卒1进1，各有顾忌终局和棋。

16. ……　　　炮1进2

佳着！如改走炮1平5，相三进五，马7进6，车三平四，立成和棋。

17. 炮五平六　……

亡羊补牢，犹未迟也！如改走炮三进六，马3进4，炮五进四，士6进5，车三平九，炮1平2，黑方弃子后大有攻势。

17. ……　　　马3进4

简明！如改走车2进1，帅五平六，车2平3，帅六进一，车3平6，炮三平五，双方各有顾忌。

19. 车九退四　车7进1

20. 车九进四　马4退3

21. 车二平四（图281）……

顽强支撑！如图281形势，红方如改走车九退二，车7退4，子力交换后黑方大优。

21. ……　　　车8进4

22. 车九平八　车8平4

24. 仕四进五　车7平5（黑优）

18. 车三平九　车2平7

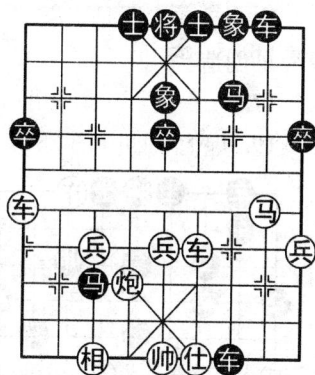

图281

23. 车四退一　车7退3

小结：不成功的改革有时要付出高昂代价，重演此局请君止步。

第七节　2008年团体赛新变例

本届比赛近600局中五七炮仅两三局，几乎成为稀世珍品！请看4月17日孙博VS黄辉之战：

1. 炮二平五　马8进7　　　**2. 马二进三　车9平8**

3. 车一平二　马2进3　　　**4. 马八进九　卒7进1**

5. 炮八平七　车1平2　　　**6. 车九平八　炮2进4**

7. 车二进四　炮 8 平 9　　　　　**8.** 车二平四　车 8 进 1

9. 兵九进一　车 8 平 2　　　　　**10.** 兵三进一　卒 7 进 1

11. 车四平三　马 7 进 8　　　　　**12.** 兵五进一　象 3 进 5

13. 兵五进一　卒 5 进 1　　　　　**14.** 车三进五　炮 9 平 7

15. 马三进四　炮 2 平 9（图 282）

如图 282 形势，平炮轰兵曾是屏风马反击五七炮的主流高效武器。

16. 车八进八　车 2 进 1　　　　　**17.** 炮五进一　……

这一趣向武器是王跃飞大师 2005 年 10 月 28 日于全国象棋个人赛最早创造。

17. ……　炮 9 平 7　　　　　**18.** 马四进三　马 8 退 6

19. 炮七平四（图 283）……

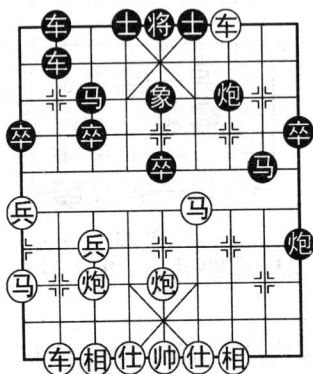

图 282

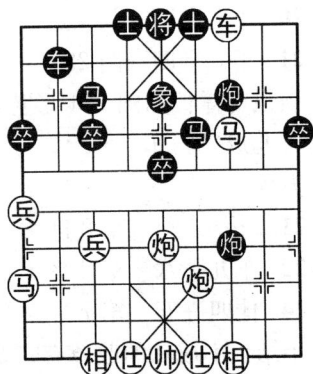

图 283

新着！如图 283 形势，2007 年 4 月 18 日钟涛 VS 葛维蒲之战曾走：炮七平五，车 2 平 8，马九进八，卒 5 进 1，前炮平四，红优。

19. ……　士 4 进 5

判断失误，自毁长城！那么如何来解决这道防御难题呢？依笔者愚见似可改走后炮平 6，马三退四，炮 6 进 3，车三退六，马 6 进 4，黑方尚可坚守。

另外还有令人疑惑之处，倘若改走马 6 退 7 打车保象会怎样呢？因红可接走车三退一！车 2 平 7，马三进五，士 4 进 5，马五进七，将5平4，炮四平六，后炮平5，马七退五，红胜。

20. 炮五进四 ……

一炮炸开九宫城堡！

20. ……　　　将5平4　　　**21. 炮四进七 ……**

双炮先后击发，使黑王处于风雨飘摇之中。

21. ……　　　车2进7

只有招架之功没有还手之力！如士5退6，车三平四，将4进1，车四退三，红亦大优。

22. 炮四退二　将4进1

23. 炮五平三　炮7平5（图284）

最后一搏！如图284形势，黑方如改走炮7退4，炮四进一，士5进4，车三退二，红方胜势。

24. 炮四进一　士5退6

25. 车三平四　马3进5

26. 炮四平一（红胜）

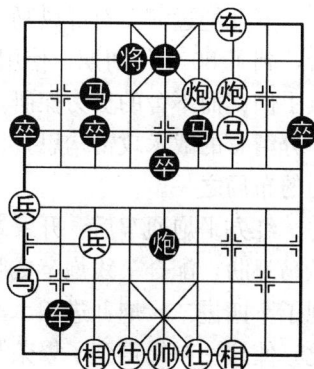

小结：新着取得极佳效果令人惊羡！虽然颇具杀伤力，但黑方如应对得当尚可抵挡。

图284

第五章　五九炮过河车对屏风马平炮兑车

五九炮过河车对屏风马平炮兑车布局自 20 世纪 60 年代就开始流行，到了 80 年代初期，使用率有逐年减少的趋势。步入 90 年代，经棋手们锲而不舍的努力探研，又发掘出许多新颖变化，红黑双方各有十分精彩的战术攻击构思，回旋空间十分广阔，终于成为大赛中最热门的布局之一。

红方平炮通车后，开辟左翼战场，形成全面出击之势。而黑方则跃马外肋，配合 7 线炮卒威胁红方右翼。行至第十回合，红方陆续出现了车四进二、炮九进四、车八进六、炮五进四、马三退五等分支变化，使这一布局得到了繁荣与发展，逐渐成为一个庞大的布局体系。

新世纪以来，此布局经过棋手们的反复探究与应用，红方炮五进四打中卒变例得到了翻新与改良，成为现阶段五九炮过河车攻屏风马的热门选择，双方的战斗十分激烈复杂。

第一节　2006 年"威凯房地产杯"新变例

1. 炮二平五	马 8 进 7	**2.** 马二进三	车 9 平 8
3. 车一平二	卒 7 进 1	**4.** 车二进六	马 2 进 3
5. 兵七进一	炮 8 平 9	**6.** 车二平三	炮 9 退 1
7. 马八进七	士 4 进 5	**8.** 炮八平九	车 1 平 2
9. 车九平八	炮 9 平 7	**10.** 车三平四	马 7 进 8
11. 马七进六 　……			

进马盘河是首次在大型比赛中亮相的新着！以前主流战法是走炮五进四。

11. ……　　　卒7进1

12. 车四进二　……

引蛇出洞的构想。如改走车四平三，马8退7，车三平四，卒7进1，马三退五，炮2进6，则与（二）变相同。

12. ……　　　炮2退1

13. 车四退三（图285）……

如图285形势，黑方有卒7进1与马8退7两种选择，演示如下：

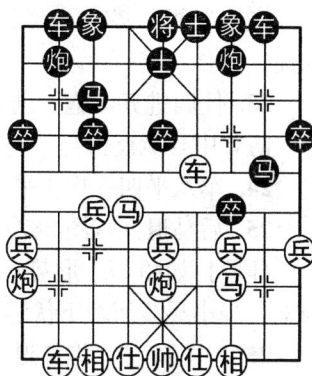

图285

（一）卒7进1

（7月25日李鸿嘉VS汪洋之战）

13. ……　　　卒7进1　　　14. 马三退五　马8退7

15. 车四退一　……

退车河口，攻守兼备。

15. ……　　　象3进5　　　16. 车八进七　车2平3

17. 炮九进四　炮2平4　　　18. 炮九退二　车8进4

19. 马六进七（图286）……

如图286形势，红方先得实利，全线推进。

19. ……　　　车8平6

20. 马五进七　……

窝心马盘出，向黑右翼集结兵力。

20. ……　　　炮4进1

21. 车四进一　马7进6

22. 车八退二　……

先兑车后捉马，次序井然！

22. ……　　　炮7进8

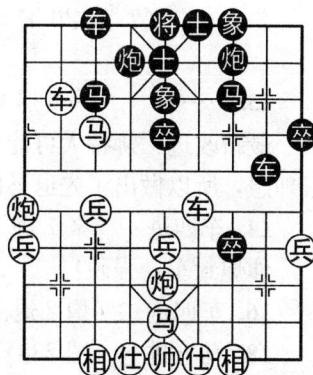

图286

飞炮轰相，势在必然！如委屈一点而走马 6 退 7，马七进六，红优。

23. 仕四进五　　炮 4 进 4

防守中寻觅反击！

24. 车八平四　　炮 4 平 3

25. 后马退九（图 287）······

佳着！如图 287 形势，红马退边后为下一步小兵渡河埋下伏笔。

25. ······　　　　炮 3 退 3

26. 兵七进一　　炮 3 平 1

27. 马九进七　　······

急缓有度！暗伏炮九平七链马的手段。

图 287

27. ······　　　　车 3 平 2　　　　　　**28.** 兵七进一

红优，终局黑胜。

小结：新着初次亮相效果尚佳，虽然终局失利令人惋惜，但其亮点还是光芒四射。

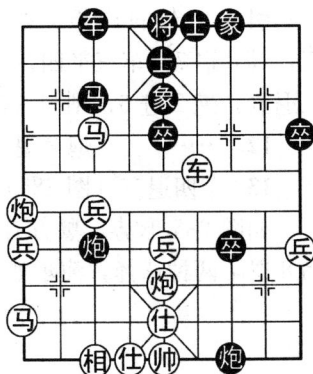

（二）马 8 退 7
（7 月 26 日李鸿嘉 VS 柳大华之战）

13. ······　　　　马 8 退 7

最新改进！柳特大可能认为昨天他的徒弟冲卒欺马的战法并不是很理想，所以做出了先退马的改良。

14. 车四进一　　卒 7 进 1　　　　　　**15.** 马三退五　　炮 2 进 7

伸炮封车，强硬！

16. 车四进二　　炮 2 退 7　　　　　　**17.** 车四退四　　炮 2 进 7

18. 马五进七（图 288）······

如图 288 形势，红如仍进车捉炮，双方不变可判和棋。在本届比赛的新赛制下，红方主动求和几乎是自寻死路，所以主动变着。

18. ……　　　　象 7 进 5　　　　**19. 马六进七　卒 7 平 6**

弃卒瞄相，凶悍！

20. 炮五平三　……

卸炮必然！如改走相三进一，炮 2 平 9，黑方攻势猛烈。

20. ……　　　　马 7 进 8　　　　**21. 车四平三　炮 7 进 6**

22. 车三退二　马 8 进 6

换子后黑方策马于红方阵前，不失时机地实施骚扰。

23. 后马进八（图 289）……

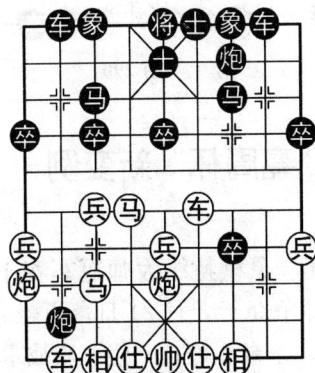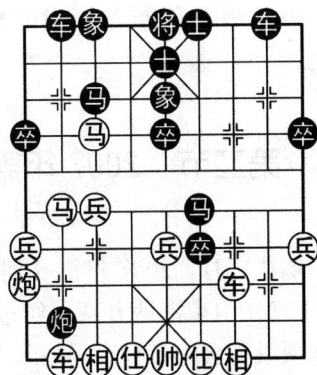

图 288　　　　　　　　　　　图 289

激烈战斗由此展开。如图 289 形势，红方如改走仕六进五，车 2 进 7，双方另有一番厮杀。

23. ……　　　　炮 2 平 9　　　　**24. 炮九平八　车 2 平 1**

只好忍辱负重，委曲求全。

25. 兵七进一　炮 9 进 1　　　　**26. 车三进二　……**

红方捉马刻不容缓！如改走车八进一，车 8 进 9，车八平三，马 6 进 8，黑方攻势强大。

26. ……　　　　车 8 进 9

黑方弃马作杀，高瞻远瞩！

27. 车三平四　炮 9 平 7

28. 帅五进一（图 290）……

御驾亲征，虽然大有风险，但也别无良策。如图 290 形势，红方

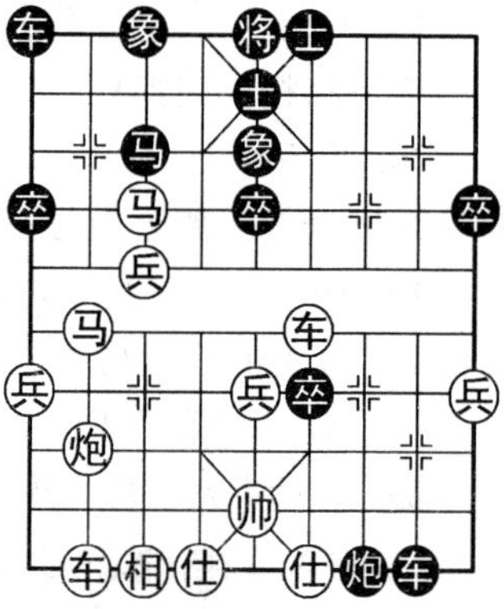

如改走仕四进五，炮7平4，红丢车。

28. ……   车8退1

29. 帅五进一   卒6平5

30. 帅五平四   炮7平4

至此，黑有猛烈攻势。

小结：李大师为推出新战术而在两盘棋战中付出了高昂的代价，大有"出师未捷身先死，长使英雄泪满襟"的悲壮！但其勇于创新与探索的精神是可赞的。

图290

第二节　2007年第6届"嘉周杯"新变例

烟花三月，2007年第6届"嘉周杯"象棋特级大师冠军赛于3月21日在山东淄博开赛，经过4天激烈争夺于3月24日落下帷幕。在这顶级赛会中各种布局战术百花齐放、争奇斗艳，一些沉寂战术突然热闹起来，而一些流行战术却被束之高阁，似乎一句古语是其真实写照："有人辞官归故里，有人星夜赶科场。"

本届比赛冷门的"肋道穿马"轮番上演为这一战术增添了新奇景象，请看吕钦VS于幼华之战：

1. 炮二平五   马8进7   **2.** 马二进三   车9平8

3. 车一平二   马2进3   **4.** 兵七进一   卒7进1

5. 车二进六   炮8平9   **6.** 车二平三   炮9退1

7. 马八进七   士4进5   **8.** 炮八平九   车1平2

9. 车九平八   炮9平7   **10.** 车三平四   马7进8

11. 炮五进四   马3进5   **12.** 车四平五   炮7进5

13. 马三退五   炮2进5   **14.** 马五进四   象7进5

15. 马四进五   马8进9

16. 马五进七（图291）……

如图 291 形势，红方飞马踏卒加快进攻速度是探索性着法，过去皆走相七进五。但进马后也留下右翼阵地空虚的弱点，黑方如何反击呢？

16. ……　　　**车 8 进 8**

进车点穴使立体攻势顿显生动。

17. 车五平四　……

一夫当关万夫莫开！吕钦挥车驻守肋道，顿使黑方三子归边的攻势大减光彩。

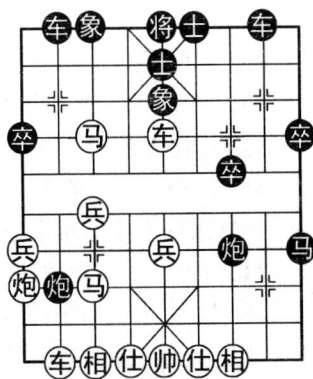

17. ……　　　**车 8 平 4**

左车右移颇费周折。如改走马 9 进 7，相七进五，红方后续攻击乏力。

18. 仕四进五　卒 7 进 1

20. 前马退五　卒 9 进 1（图 292）

如图 292 形势，黑方为什么不走炮 1 平 3 发动攻势呢？因红可接走炮九平一，象 5 退 7，车四平九，车 4 平 2，车八平九，前车平 3，炮一平五，象 7 进 5，马五进三，车 3 退 1，马三进二，红有攻势。

21. 兵七进一　……

红似可改走炮九平八，炮 1 平 3，仕五进六，车 4 退 1，车八进二，炮 3 进 3，仕六进五，车 4 退 3，相三进五，

图 291

19. 炮九进四　炮 7 平 1

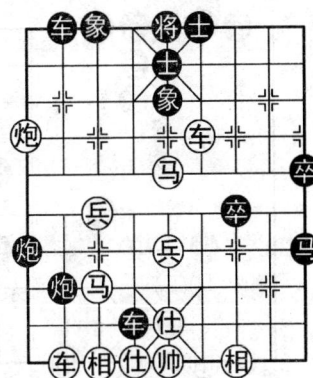

图 292

车 4 平 5，相五退七，红方多子可战。

21. ……　　　**炮 1 平 3**

稳健！如改走车四进二，车 2 进 3，炮九进三，象 3 进 1，兵七进一，车 2 进 1，相七进九，车 4 平 3，车四退三，各有顾忌。

22. 炮九平七　……

22. ……　　　**炮 3 退 3**

似可改走车 4 平 2，车八平九，后车平 1，黑优。

23. 车四平七 ……

如误走兵七进一，车 4 平 3，车四退四，炮 2 平 6，车八进九，车 3 退 1，仕五进四，车 3 平 6，黑优。

23. ……　　　卒 7 平 6　　　24. 马五退七 ……

红方兵种不全已难形成有效攻势，退马是攻守兼备的明智之举。

24. ……　　　炮 2 退 1　　　25. 前马退六　炮 2 平 3

26. 兵七平六（图 293） ……

鸣金收兵！如图 293 形势，红方如改走兵七平八，炮 3 平 4，车八进三，炮 4 退 6，兵五进一，卒 9 进 1，兵五进一，各有顾忌。

26. ……　　　车 2 进 9　　　27. 马七退八　炮 3 平 1

28. 车七平九　炮 1 平 3　　　29. 马八进九　炮 3 退 4

30. 车九平三（图 294）

如图 294 形势，双方各有顾忌，终局和棋。

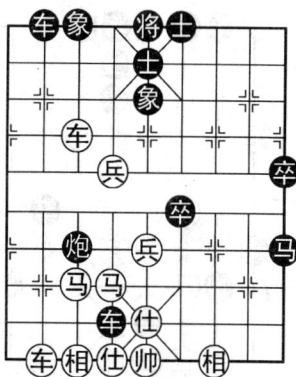

图 293

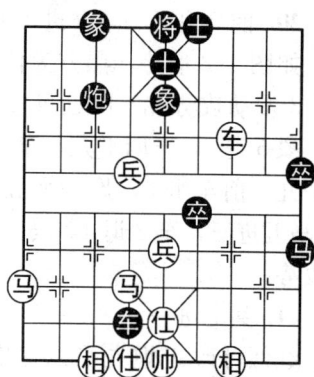

图 294

小结：新战术开拓一片新天地！但变化较为复杂，尚有一些未知攻守变化需要开发与研究。

第三节 2007年象甲联赛新变例

一

联赛第五轮，特级大师洪智以极大的魄力，推出前无古人鲜有来者的"转圈车"战术，从而打破了五九炮的宁静王国。大师们前仆后继，挥舞五九战旗与屏风马的改进飞刀血战疆场……

1. 炮二平五	马8进7	2. 马二进三	车9平8
3. 车一平二	卒7进1	4. 车二进六	马2进3
5. 兵七进一	炮8平9	6. 车二平三	炮9退1
7. 马八进七	士4进5	8. 炮八平九	车1平2
9. 车九平八	炮9平7	10. 车三平四	马7进8

11. 车四退二 ……

惊天地泣鬼神的新着，也是特级大师洪智推出的新作！红车用了四步棋，转了180度而退回河口阵地，所以笔者称之为"转圈车"。

11. …… 马8进7

12. 炮五平六 炮2进2

稳健。如改走炮2进4或炮2进6，则另有攻守。

13. 相七进五 象3进5（图295）

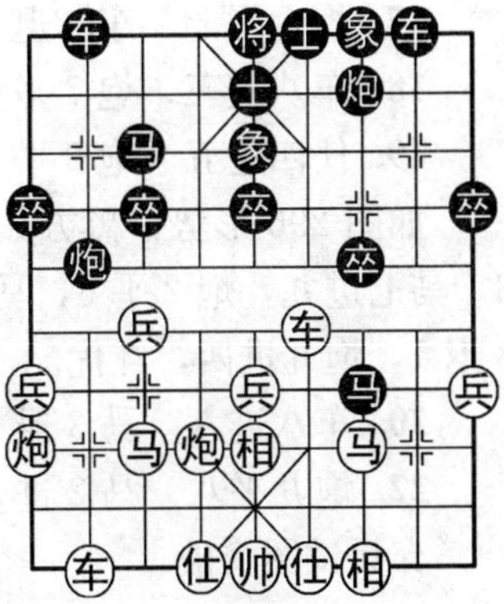

如图295形势，红方有车四进四与车八进四两种选择，演示如下：

图 295

（一）车四进四
（上海洪智 VS 厦门汪洋 6 月 13 日之战）

14. 车四进四 ……

骚扰捉炮试探虚实。

14. ……　　　**炮 7 进 1**

黑如炮 2 退 3，车四退二，炮 2 进 1，马七进六，卒 3 进 1，马六进七，卒 3 进 1，车四进二，炮 2 退 1，炮六进六，红优。

15. 马七进六　车 8 进 8

16. 马六进七 ……

为什么不走仕六进五呢？因黑可接走炮 2 进 3，马六退七，炮 2 平 4，车八进九，马 3 退 2，炮九平六，车 8 退 5，黑可抗衡。

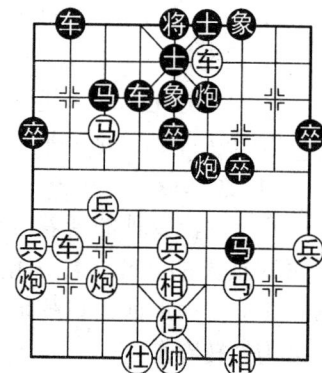

图 296

16. ……　　　**车 8 平 4**

17. 炮六平七　车 4 退 6

18. 车八进三　炮 7 平 6

19. 仕四进五　炮 2 平 6（图 296）

如图 296 形势，黑方如改走炮 2 退 3，马七进九，炮 2 平 6，马九进八，马 3 退 1，炮九进四，红优。

20. 车八进六　马 3 退 2

21. 车四平三　前炮平 2

22. 炮九平八　马 2 进 3

23. 兵七进一 ……

弃兵试图突破。

23. ……　　　**象 5 进 3**

24. 车三进一　象 3 退 5

25. 车三退三　车 4 进 1

26. 相五进七　炮 2 平 3

27. 相七退五　炮 3 平 2

28. 相五进七　炮 6 进 4

29. 兵九进一　炮 6 退 1

30. 车三平四（图 297）……

如图 297 形势，红方倘若错走兵九进一，炮 6 平 7，车三平一，炮 7 进 2，炮八平三，炮 2 进 5，黑方得子占优。

30.······　　　　炮 6 平 1

31. 车四退三　卒 7 进 1

黑优，终局黑胜。

小结："转圈车"低调亮相并没有取得惊人效果，甚至还留下出师未捷的些许遗憾。那么要退出主战场吗？请看下局！

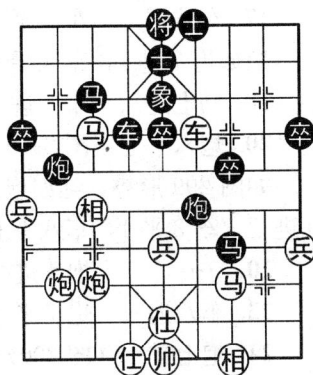

图 297

（二）车八进四

（上海谢靖 VS 甘肃李家华 7 月 11 日之战）

14. 车八进四　······

改进新着，接过队友洪智的钢枪继续战斗！

14.······　　　　卒 7 进 1

小卒撞车，投石问路。

15. 车四进四　······

为什么不走相五进三飞卒呢？因车 8 进 4，马七进六，卒 3 进 1，黑可抗衡。

15.······　　　　炮 2 退 3

伸车捉炮大有似曾相识之感，而现在为什么退炮打车而不走炮 7 进 1 避捉呢？因红可接走马七进六，炮 7 平 6，车四平三，红优。

16. 车四退二　卒 7 平 8（图 298）

弃之可惜，保存战斗实力。如图 298 形势，如改走炮 2 进 3，车四平三，车 8 进 1，马七进六，红优。

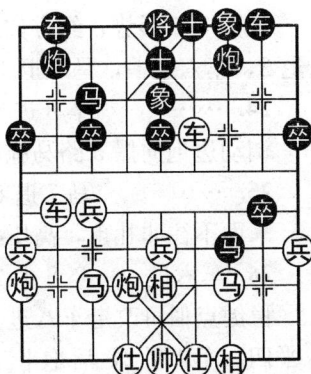

图 298

17. 车八进三　　车2平3

黑如炮7进1，车四平三，马7退6，马三进四，红优。

18. 马七进六　　车8进4　　　　　**19.** 马六进七　　炮2平4

20. 炮六平七（图299）……

如图299形势，红如炮九进四出击，黑可接走炮4进1打车，炮九进三，车3平1，车八平七，炮7进1，车七平九，红方亦优。

20. ……　　　　炮4进2　　　　　**21.** 车四退二　　炮7进1

22. 车八退三　　炮7平6　　　　　**23.** 车四平六　　车3平4

24. 炮七进一（图300）……

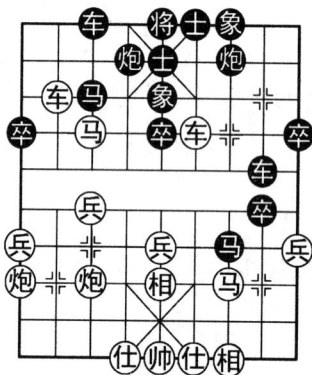

图299

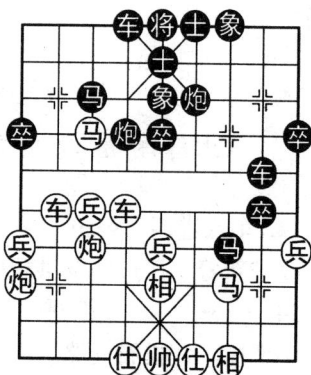

图300

如图300形势，红方如改走马七进九，马3进2，马九进七，炮4退2，车六退一，马2退1，马七退九，炮6平1，黑可抗衡。

24. ……　　　　卒8进1　　　　　**25.** 炮九平七　　……

调动边炮向黑3路马施压。

25. ……　　　　马7退6

来而不往非礼也，高压必然引发黑方的反击。

26. 车六进一　　卒8平7　　　　　**27.** 马三退五　　……

稳健点似可改走车八进一，卒7进1，车六平四，车8平6，车八平四，车4平2，后炮平三，炮4进3，兵九进一，车2进6，炮七退一，炮4平9，局势平稳。

27. ……　　　　马6退7　　　　　**28.** 兵七进一（图301）

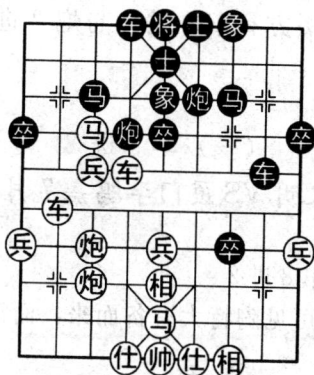

图 301

如图 301 形势，红有攻势，终局黑胜。

小结："巡河车"改进战术的效果优于前局，虽然出师未捷殊为可惜，但其亮点还是可圈可点的。

二

新着"转圈车"使上海队连折两员大将，所产生的挫折与恐惧感足以令人望而却步。可是后来者明知山有虎却偏向虎山行，最新攻守战术不断萌发……

1. 炮二平五　马8进7
3. 车一平二　马2进3
4. 兵七进一　卒7进1
5. 车二进六　炮8平9
6. 车二平三　炮9退1
7. 马八进七　士4进5
8. 炮八平九　车1平2
9. 车九平八　炮9平7
10. 车三平四　马7进8
11. 车四退二　马8进7
12. 炮五平六（图302）……

2. 马二进三　车9平8

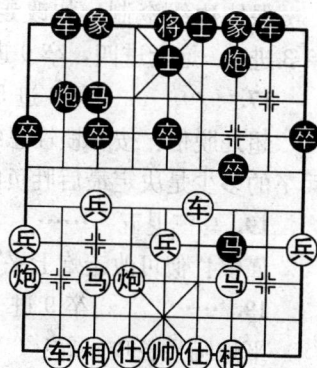

图 302

如图302形势，黑方有车8进2与炮2进4两种选择，演示如下：

（一）车8进2

（黑龙江陶汉明 VS 厦门李鸿嘉7月18日之战）

12. ……　　　车8进2

最新改进战术！可见陶特大有备而来，而没有重复炮2进2的旧辙。

13. 相七进五　车8平6　　　　**14. 车四进三　……**

简明决策！如改走车四平六，车6进6，红方反生枝节。

14. ……　　　炮2平6

15. 车八进九　马3退2

16. 马七进六（图303）……

如图303形势，红方似可走炮九进四，马2进3，炮九进三，象3进5，马七进六，卒3进1，兵七进一，象5进3，炮六平八，红方稍优。

16. ……　　　马2进3

17. 炮六平七　……

保持边线牵制！如改走炮九平七，象3进5，炮七进四，卒9进1，局势平稳。

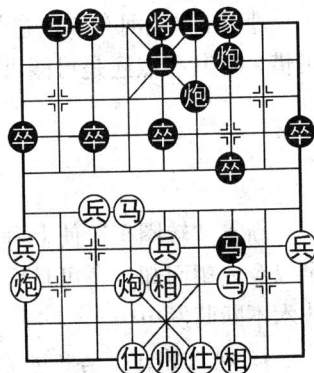

图303

17. ……　　　象3进5　　　　**18. 炮七进四　炮6平7**

超凡脱俗！按习惯性思维一般必走卒9进1避捉，因为在残局里兵卒的多少是决定最后胜负的主要因素。

19. 马三退五　……

谨慎！似可改走炮七平一轰卒。

19. ……　　　卒9进1　　　　**20. 马五进七　前炮平9**

平炮瞄兵各攻一翼！

21. 炮七平六　马3进4（图304）

如图304形势，黑方调动全线兵力背水一战！

22. 炮九进四　炮9进4　　　　　　**23. 炮九平五　马4进6**

24. 炮五退一　炮7进2

精细奥妙！如急走马6进8，仕六进五，马7进5，相三进一，马5进7，帅五平六，鹿死谁手尚难预料。

25. 兵七进一　炮9进3（图305）

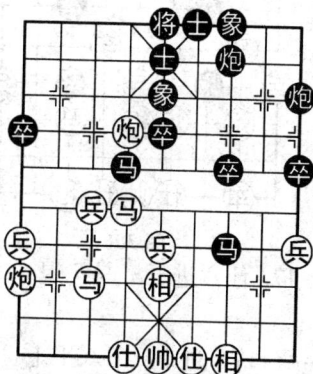

图304

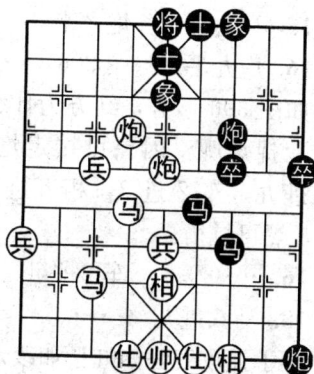

图305

不急不躁，恰到好处！如图305形势，黑方如急走马6进8，仕六进五，马7进6，相三进一，马8进7，帅五平六，马7退9，马六进八，红方大有攻杀之势。

26. 兵七进一　马6进8

27. 马六退四　卒7进1（黑优）

小结：各攻一翼是本局的主基调。如求稳健，则和棋容易赢棋难。

（二）炮2进4

（河北张江 VS 黑龙江赵国荣7月27日之战）

12. ……　　　　炮2进4

新着！"转圈车"连失三城之后，张江大师敢于再次亮剑，说明对此战术又有了新的研究。赵特大避重就轻而进炮封车也是有备而来。

13. 相七进五   象 3 进 5

弃兵抢攻的发动时机有略早之嫌，似可改走仕六进五先稳住阵脚，然后再视形势而战。

14. ……   卒 3 进 1

15. 马七进八   炮 2 平 3

16. 炮九平八（图 306）……

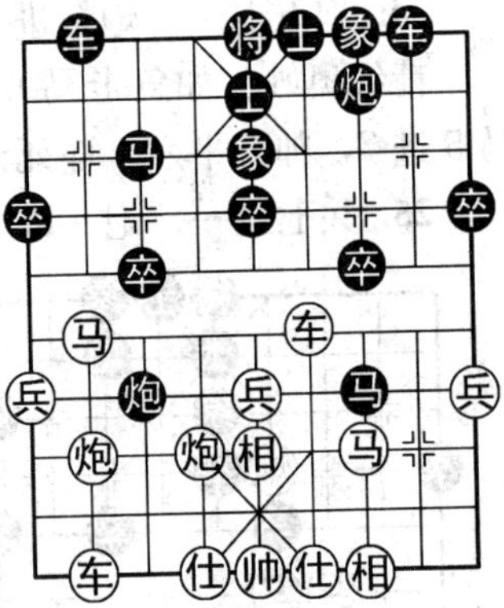

如图 306 形势，红方为什么不走车八平七捉炮呢？因黑可接走炮 3 退 1，马八进九，车 2 进 3，相五进七，马 3 进 1，黑可抗衡。

16. ……   车 2 平 4

18. 马八进九 ……

弃子强攻气势如虹！如改走兵一进一，马 8 进 9，车八平七，卒 7 进 1，车四平五，车 8 进 4，黑优。

19. ……   马 8 进 1

艺高人胆大，欣然接受挑战！

19. 炮八进七   车 4 进 1

20. 车四平九（图 307）……

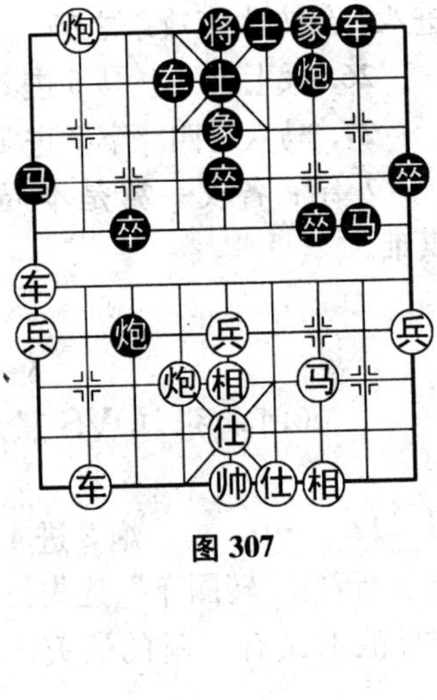

如图 307 形势，红方为什么不走炮八平九叫抽呢？因黑可接走车 4 平 2，车八进八，马 1 退 2，车四平八，马 8 进 7，黑方稍优。

20. ……   车 4 平 2

21. 车八进八   马 1 退 2

22. 马三进四   车 8 进 3

护守卒林要道是攻守两利的好棋。

23. 车九进五   卒 5 进 1

24. 炮八平四   士 5 退 4

14. 兵七进一 ……

图 306

17. 仕六进五   马 7 退 8

图 307

25. 炮四平六（图 308）……

如图 308 形势，红方先弃后取，背水一战！

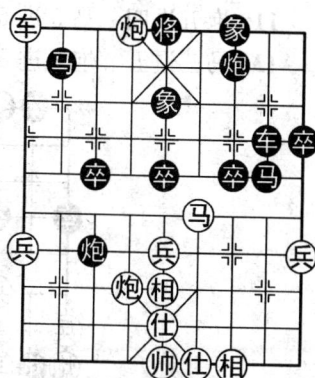

图 308

25. ……　　　马 2 退 4

26. 马四进六　炮 3 进 1

精细！使红马攻王的威力大减。

27. 车九平六　将 5 进 1

28. 炮六进一　卒 7 进 1

29. 兵五进一　……

苦守无益，弃兵做最后一搏。

29. ……　　　卒 5 进 1

30. 车六平四　炮 7 平 6

简明精妙！

31. 车四平三　马 8 退 6（图 309）

如图 309 形势，老练细腻！兑马后黑方多子大优。

32. 马六进四　车 8 平 6

33. 车三退五　车 6 平 5（黑优终局胜）

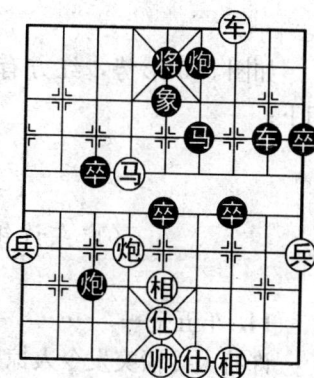

图 309

小结："进炮封车"新着初露锋芒，使转圈车雪上加霜，招致四连败的恐怖后果。是否从此终止转圈车战术的脚步呢？我们将拭目以待。

三

1. 炮二平五　马 8 进 7

2. 马二进三　卒 7 进 1

3. 车一平二　车 9 平 8

4. 车二进六　马 2 进 3

5. 兵七进一　炮 8 平 9

6. 车二平三　炮 9 退 1

7. 马八进七　士 4 进 5

8. 炮八平九　车 1 平 2

9. 车九平八　炮 9 平 7

10. 车三平四　马 7 进 8

11. 炮五进四　马3进5　　　　**12.** 车四平五　炮7进5
13. 马三退五　炮2进5（图310）

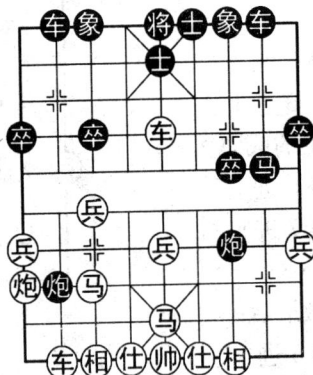

图310

如图310形势，红方有车五平一与马五进四两种选择，演示如下：

（一）车五平一

（广东许银川 VS 浙江于幼华）

14. 车五平一　……

许特大冷箭突发令人惊疑，朦胧记得这是一条通往"地狱"的死亡之路。

14. ……　　　卒7进1

新着！为什么于特大没有重蹈覆辙呢？可能三郎见小许来者不善而另辟蹊径。远在1993年全国团体赛，黑龙江张影富大师执黑棋曾这样下过：炮7平8，车八进一，卒7进1，车一平六，马8进6，炮九退二，车8进2，炮九平八，马6进5，马五进三，炮2进2，车六退五，车2进8，车六平八，车8平2，车八平二，马5进4，马七退八，车2进7，车二平七，车2退2，马三退一，炮8进3，帅五平六，车2平6，车七平二，车6进2，帅六进一，车6平7，相七进九，车7平1，车二进五，车1退1，黑胜。

15. 车一退二　炮7平1　　　　**16.** 车一平三　马8进9

炮轰马踏连取双兵，从而达到兵力数量上的平衡。

17. 车三平四　炮1平3（图311）

如图311形势，黑方平炮压马头为边线小卒打开通道。

18. 兵五进一　车8进6　　　　**19.** 兵五进一　车2进6

20. 相三进一　……

飞边相顶马预防黑马挂角的潜在威胁。

20. ……　　　　炮2进1　　　　**21.** 车四平六　卒1进1

22. 车六退三　炮2退1

23. 马五退三　卒1进1（图312）

如图312形势，至此黑可抗衡。

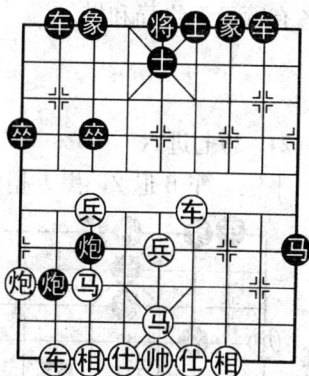

图311

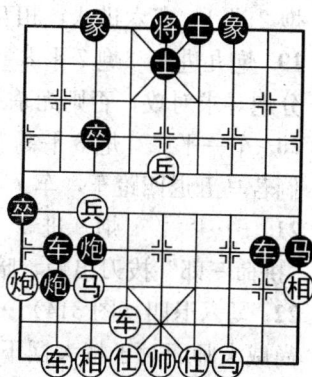

图312

小结：黑方左右开弓的新着，攻守兼备。也许红方车五平一这一变例要被束之高阁。

（二）马五进四
（大连尚威 VS 浙江于幼华）

14. 马五进四　……

飞马斜穿肋道是五九炮主流战术之一。

14. ……　　　　象7进5　　　　**15.** 马四进五　马8进9

16. 相七进五　　车8进8

17. 车五平一　　马9进7

18. 车一退四　　车8平7（图313）

特级大师于幼华推出的新着！如图313形势，记得2004年2月23日肖革联 VS 葛维蒲两位大师这样下过：马7进8，仕六进五，车8退5，车一进一，炮7平1，车一进一，车8平5，马五退六，炮1平3，兵五进一，马8退7，兵五进一，车5平6，车一平五，卒1进1，兵五进一，车6进3，马六退四，卒1进1，车八平六，卒1进1，炮九退一，炮2进1，车六进八，相互对攻，各有顾忌，终局和棋。

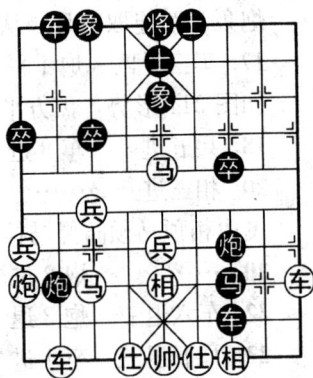

图 313

19. 炮九进四　　炮7平8

分炮寻求对攻，否则无杀入的刀口。

20. 车一平二　　炮8平9

倘若马五退四蹩车，车7平6，车二平三，车6退2，黑方稍优。

21. ……　　　　炮9进3

"拼命三郎"拔刀出鞘，暗伏杀机！

22. 马六退四（图314）……

尚威大师面对于特大摆下的虎视眈眈的"夺命阵"不敢怠慢，回马一枪而巧解危阵！如图314形势，倘若红方贪攻而走马六进七，车7进1，相五退三，炮2平8，车八进九，炮8进2，捷足先登黑胜。

21. 马七进六　　……

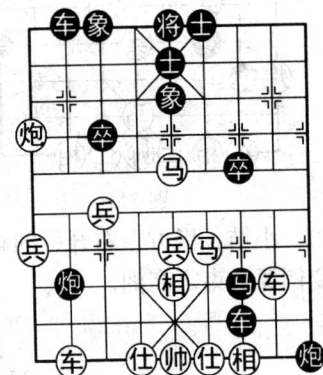

图 314

22. ……　　　　车7平6

23. 车二平三　　车6进1

弃子杀开一条血路，逼红王走上了一条风雨飘摇御驾逃亡之路！

24. 帅五进一　　车6平5

25. 帅五平四　　车5平6

26. 帅四平五　　车6平5

27. 帅五平四　　车5平6

28. 帅四平五 ……

频频将军为缓解时间恐慌之策，乃经验丰富的体现。

28. …… 车2平1

强行交换摆脱牵制！

29. 车八进二 车1进3

30. 相五退七（图315） ……

机警！退相以霸王车连环马组成强大抗御兵团。如图315形势，红方如改走车八进一保兵，车6平5，帅五平四，炮9退8，黑有攻势。

30. …… 车6平5

31. 帅五平四 车5平6

32. 帅四平五 车6平5

34. 帅四平五 车6平5

35. 帅五平四 炮9退8（图316）

"拼命三郎"性喜攻杀，一般不肯轻易言和。如图316形势，黑方如改走车5平6，帅四平五，车1进3，车八平九，车1平5，车九平五，车6退3，马五退四，车5平6，立成和棋。

36. 马四进二 车1进3

37. 仕六进五 ……

阻断黑车退路是当前明智之举。如改走车八平九，车1平5，红没有中路兑车的手段而黑优。

37. …… 炮9平6

39. 车八平五 后车平6

41. 车四平二 车8平6

42. 车二平四 车6进1（图317）

如图317形势，红有长兑手段，黑方只好兑车收兵。

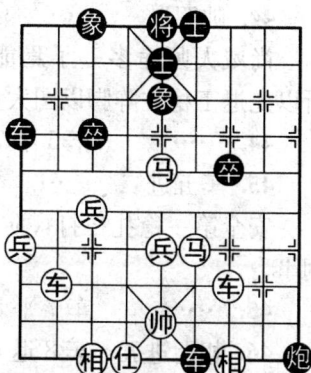

图 315

33. 帅五平四 车5平6

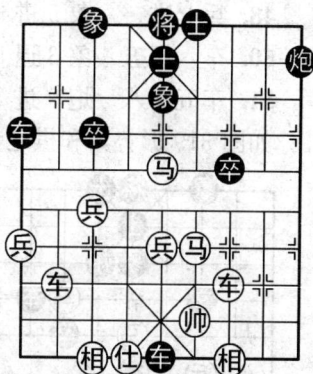

图 316

38. 马二进三 车1平5

40. 车三平四 车6平8

43. 帅四进一　炮6进1

炮送马脚，高挂免战牌。

44. 帅四退一　……

尚威大师净多一子焉能轻易休战，所以先退王稳住阵脚以图大业。

44. ……　　　车5平7

45. 车五进二　……

安全第一稳扎稳打，防止黑卒渡河闹事。

45. ……　　　车7平8

46. 相七进五　车8退6（图318）

佳着！如图318形势，黑方准备擒捉三路红马。

47. 车五平六　卒3进1

老练！3路黑卒倘若丢失有江山不保之虞。

48. 兵七进一　象5进3　　　**49. 仕五进六　炮6平9**

50. 车六平五　象3退5

51. 车五平八　炮9进2（图319）

如图319形势，和棋之势。

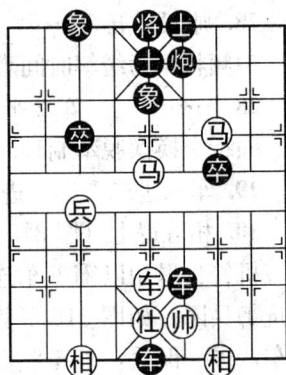

图 317

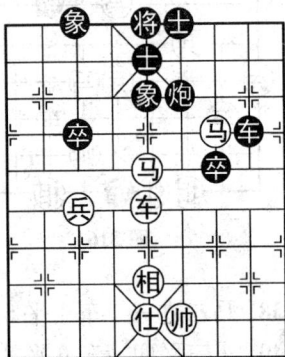

图 318

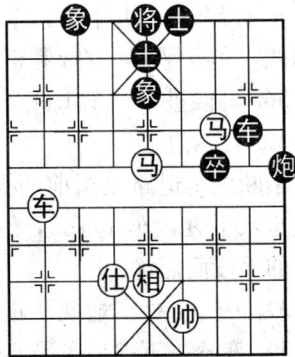

图 319

小结：新颖的飞刀具有丰富内涵，经两位名家的演绎，含金量颇高！

四

1. 炮二平五　马8进7	2. 马二进三　车9平8
3. 车一平二　卒7进1	4. 车二进六　马2进3
5. 兵七进一　炮8平9	6. 车二平三　炮9退1
7. 马八进七　士4进5	8. 炮八平九　车1平2

9. 车九平八　炮9平7
10. 车三平四　马7进8
11. 炮九进四　炮7进5
12. 马三退五　卒7进1
13. 车四退一　炮2进4
14. 炮九退二　马8进9
15. 马七进六　车8进7
16. 车八进二　象3进5
17. 炮五平六　车8退3（图320）

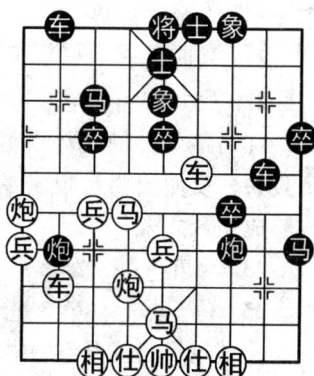

图 320

如图 320 形势，红有车四进三与马
五进七两种选择，演示如下：

（一）车四进三
（北京王跃飞 VS 厦门谢岿之战）

18. 车四进三　……

伸车点穴是探索性新着。周小平、黎德志两位著名业余棋手曾这
样下过：相七进五，车8平6，马六进四，炮2平4，车八进七，马3
退2，炮九平三，马9退7，相五进三，炮4平2，马五进七，炮2平
3，炮六平五，马2进3，马四退六，卒3进1，兵七进一，象5进3，
马六进五，红方稍优，终局和棋。

18. ……　　卒3进1　　19. 马六进四　……

策马踏象势在必然，如兵七进一，车8平3，黑方子力开扬。

19. ……　　　卒3进1

弃象而冲卒渡河是计算精确的佳着！如改走炮2退5打车，则炮九进五，车2平1，车八进六，红有攻势。

20. 炮九进一　车2进4（图321）

构思奇特的诱敌深入佳着！如图321形势，黑方似也可改走车8退2护象，马四进六，车2进1，马六退七，车8平6，黑亦优势。

21. 马四进五　车2退3

22. 兵九进一　卒3进1

红马踏象卧槽气势汹汹，但被黑冲卒轰兵，反而成为被攻击的靶点，红方攻势成强弩之末！

23. 兵五进一　车2平4

24. 后马进四　车8退2

25. 马五退七　卒3进1

冲卒献身是炸开红方九宫城堡的导火索。

26. 马四进六（图322）……

顽强反击而不能坐以待毙。如图322形势，红方如改走车八平七，炮2平5，黑方攻势强大。

26. ……　　卒3平2

27. 炮六进六　炮2平5

28. 炮九进四　……

孤注一掷！如改走车四退六，车8进6，车四平八，车8平7，相三进一，车7平8，炮九平三，炮7退2，黑优。

28. ……　　　马9进7

29. 车四退六　……

为什么不走相三进一逃避呢？因黑可车8进6，车四退六，马7退9，黑方胜势。

29. ……　　　炮7进3

30. 帅五进一　车8进6

31. 帅五进一　马7退6

32. 帅五平六　车8平3（图323）

如图323形势，至此黑胜。

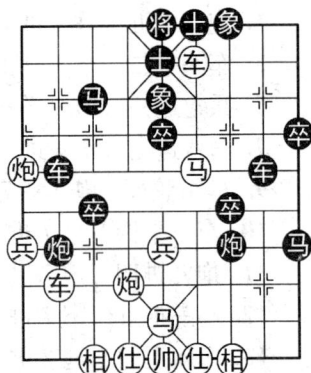

图321

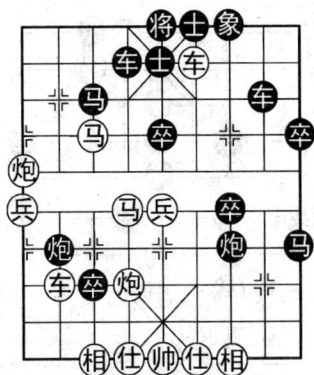

图 322

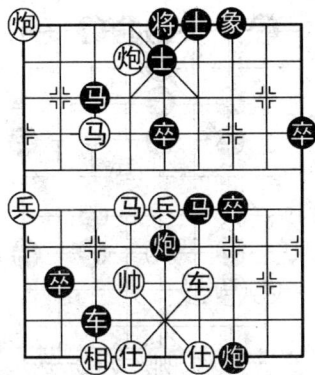

图 323

小结：出师未捷沉沙折戟，重演此局宜谨慎。

（二）马五进七
（北京张强 VS 厦门李鸿嘉）

18. 马五进七 ……

此局与上局是同一轮的姊妹篇。现在跳出窝心马也是新着。

18. …… 车 8 平 6

19. 马六进四 炮 2 平 3（图 324）

如图 324 形势，黑方压马兑车是谋求稳定局势的好棋。

20. 车八进七 马 3 退 2　　**21. 相七进五** 炮 7 进 1

机警！简化局势回避风险。

22. 炮六平三 马 9 进 7　　**23. 炮九平三** 马 2 进 4

24. 马四进二 马 7 退 6　　**25. 马二进三** 将 5 平 4

26. 炮三退三 卒 5 进 1　　**27. 炮三平六** 马 4 进 5

28. 兵九进一（图 325）

如图 325 形势，红方稍优，终局和棋。

小结：稳健是新着的主基调，小先手在握虽然赢棋难但输棋也难。

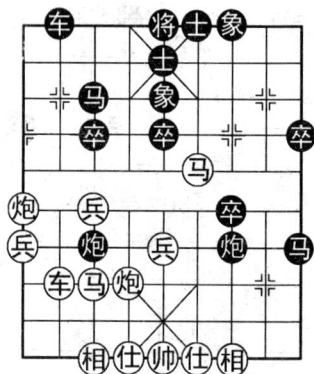

图 324

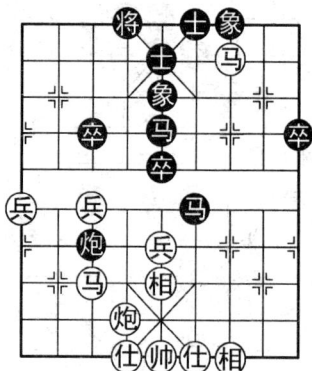

图 325

第四节　2008年荥阳争霸赛新变例

1. 炮二平五　马 8 进 7
2. 马二进三　车 9 平 8
3. 车一平二　卒 7 进 1
4. 车二进六　马 2 进 3
5. 兵七进一　炮 8 平 9
6. 车二平三　炮 9 退 1
7. 马八进七　士 4 进 5
8. 炮八平九　车 1 平 2
9. 车九平八　炮 9 平 7
10. 车三平四　马 7 进 8
11. 炮五进四　马 3 进 5
12. 车四平五　炮 7 进 5
13. 马三退五　卒 7 进 1（图 326）

如图 326 形势，红有车八进六与车八进四两种选择，演示如下：

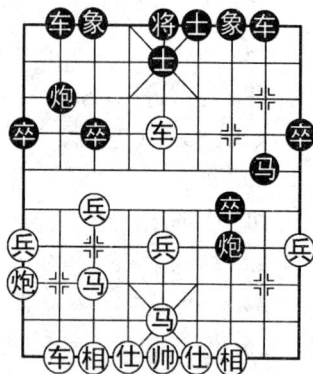

图 326

（一）车八进六

（10月26日广西陆文强 VS 徐州李全军之战）

14. 车八进六 ……

冷门边缘战术，敢于标新立异，显然有所准备。

14. …… 马8进6   **15. 车五平七 车8进8**

2005年刘强 VS 宇兵曾走车8进2，马七进六，车8平4，马六进四，车4进2，马四进六，炮2平4，马六进四，士5进6，车八进三，象7进5，车八退三，炮4进7，炮九进四，士6退5，炮九进三，士5退4，车八进一，红胜。

16. 炮九退一 车8退1

17. 车七进一（图327） ……

如图327形势，新着！2004年史思旋 VS 梅娜曾走兵五进一，炮7平3，车七平六，炮2平5，相七进五，车2进3，车六平八，卒7进1，车八退三，炮3平6，兵五进一，炮6平9，车八平三，马6进8，黑胜。

17. …… 炮2退1

18. 炮九进一 车8进1

19. 兵五进一 卒7平8

开通卧槽马前进之路，势在必行。

20. 车八退三 车8平7

黑如炮7退5，车八平三，马6进8，马五进四，风暴过后红方前景光明。

21. 炮九平八 马6进8

飞马奔槽，暗伏杀机！

22. 车八平三（图328） ……

顺手砍炮，明智之举！如图328形势，倘若红方误走炮八进六贪

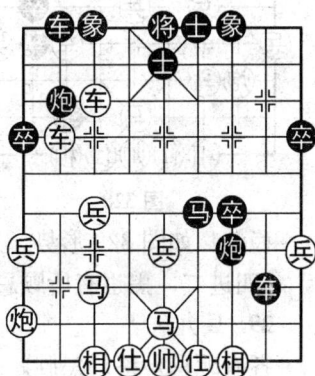

图327

吃，炮7进3，马五退三，马8进6杀！

22. …… 　　炮2平4　　　　**23. 车七平三** 　车7退2

24. 车三退四 　车2进7　　　　**25. 马七进六** 　炮4进1

似可改走车2退1，车三退一，车2平5，黑有攻势。

26. 马五进七 　炮4平9　　　　**27. 兵五进一** 　炮9进4

28. 车三退一 　象3进5（图329）

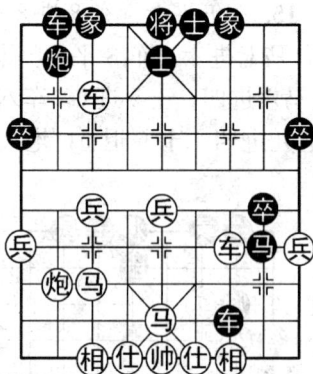

图 328

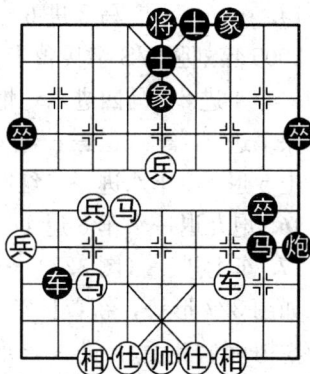

图 329

稳健！如图329形势，黑方如改走炮9平1，马六进四，炮1平3，马四进二，黑也有所顾忌。

29. 兵九进一

各有顾忌，终局黑胜。

小结：改进新着颇有新意，孰优孰劣尚待更多研究与实战检验。

（二）车八进四

（10月26日上海赵玮 VS 广西陆文强之战）

14. 车八进四 　……

巡河车是稳健的主流战术。

14. …… 　　马8进6

15. 车五退二 　车8进8（图330）

如图330形势，四子归边显示出极强的攻击力量。

16. 炮九退一　车8退1　　17. 相三进五　炮7平8

18. 马五退三　车8平7　　19. 炮九平八　炮8退1

20. 炮八进六　马6进5　　21. 相七进五　炮8平5

22. 兵五进一　车7平5　　23. 仕四进五　象3进5

24. 马七进六　车5退2　　25. 马六进七　卒7平6

26. 马三进四　车5进1

以上是久经考验的经典定式，曾有众多名手在这一定式中厮杀。

27. 车八进二　车5平1（图331）

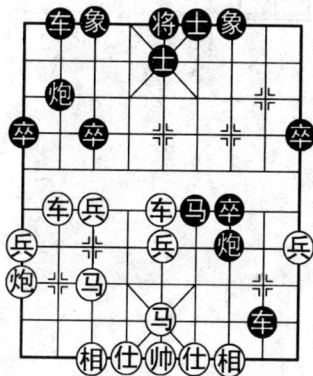

图330

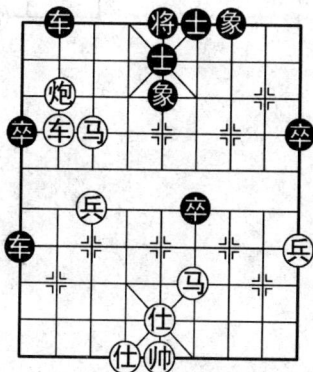

图331

如图331形势，最新探索性新着！2008年10月5日智运会蒋川VS汪洋曾走卒6进1，马四进二，卒6平7，马二进三，卒7进1，马三进二，卒7进1，马二退四，车5平7，马七退五，卒7平6，仕五退四，车2平4，马五进六，车4进2，马四进六，士5进4，车八平九，红优，终局和棋。

28. 兵七进一　车1平9　　29. 兵七平六　卒1进1

30. 兵六进一　卒1进1　　31. 炮八进一　车9进3

32. 仕五退四　车9退5　　33. 兵六平五　车9平4

34. 仕四进五　（图332）

如图332形势，各有顾忌，终局红胜。

小结：本变系高难定式，红方虽然多子，但黑方的反击力也不可低估。

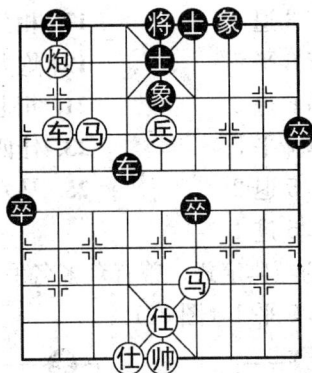

图 332

第六章　中炮过河车对屏风马左马盘河

　　中炮过河车对屏风马左马盘河布局于 20 世纪 50～60 年代即在全国大赛中出现，20 世纪 80 年代以后得到长足的发展。它的布阵构思是黑左马盘河避免红方压制，同时就地展开反击，对红过河车构成潜在威胁。但不利之处在于黑 8 路车脱根，造成 8 路线车炮被牵的局面。以后双方围绕这一"焦点"输攻墨守，各施巧计。

　　在棋坛百花齐放的今天，棋手们又将这一古老布局赋予了新的内涵，在充实老式变例的同时，又创作出了许多新颖独特的布局构思，使之不断发扬光大。在当代网络棋战的推动下，一些未被引起注意的旁枝变例不断被挖掘出来，作为"冷箭"被大胆用于全国大赛的舞台上，使左马盘河布局又增添了几许靓丽新姿。

第一节　2006 年团体赛新变例

一

1. 炮二平五	马 8 进 7	2. 马二进三	车 9 平 8
3. 车一平二	马 2 进 3	4. 兵七进一	卒 7 进 1
5. 车二进六	马 7 进 6	6. 马八进七	象 3 进 5
7. 炮八平九	……		

红方五九炮是攻击盘河马的主流战术之一。

7. ……	车 1 平 2	8. 车九平八	卒 7 进 1
9. 车二退一	马 6 退 7		

进而复退，必然！如改走卒 7 进 1，车二平四，卒 7 进 1，车四平二，红优。

10. 车二进一　卒 7 进 1　　　　**11.** 马三退五　炮 8 平 9

12. 车二平三　车 8 进 2（图 333）

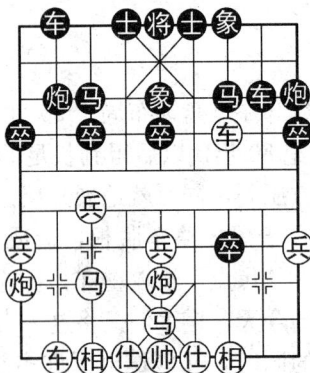

图 333

如图 333 形势，红有炮五平四与马七进六两种选择，演示如下：

（一）炮五平四

（4 月 8 日北京唐丹 VS 黑龙江王琳娜之战）

13. 炮五平四　……

在大型比赛中亮相的新式武器。

13. ……　　　　卒 7 平 6

献卒拦挡为阻挡红方仕角炮打车得马的攻势。如改走士 4 进 5，车八进六，炮 9 退 1，车三退三，红方局面占优。

14. 马五进四　炮 2 进 4

大敌当前，稳健为上。黑方如改走炮 2 退 1，马七进六，炮 9 进 4，马四退二，车 8 进 3，红方也有顾忌。

15. 马四进五　……

强行夺路，贯彻轰车打马的既定战术。

15. ……　　　　卒 5 进 1

只好开放卒林线。如改走士 4 进 5，马五退三，红将大有攻势。

16. 炮四进五　　马 7 退 8

17. 炮四平七　　车 8 进 3（图 334）

如图 334 形势，黑方抢占骑河高地是最佳应着，否则将要造成少卒的严重后果。

18. 炮七平一　　马 8 进 9　　　　　　**19.** 车三平七　　炮 2 平 3

20. 车七平一　　……

稳持小优，不冒风险。如改走车八进九，炮 3 退 3，红方也有顾忌。

20. ……　　　　　车 2 进 9　　　　　**21.** 马七退八　　车 8 平 3

22. 相三进五　　车 3 平 2　　　　　　**23.** 马八进七　　车 2 进 2

24. 马七退五　　车 2 退 1　　　　　　**25.** 兵九进一　　车 2 平 1

26. 马五进三（图 335）

如图 335 形势，至此红方稍优，终局和棋。

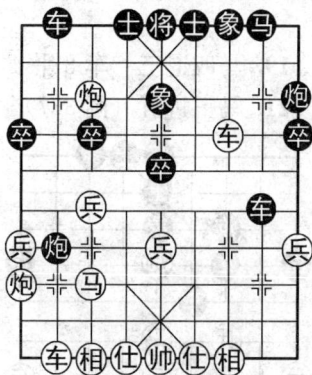

图 334

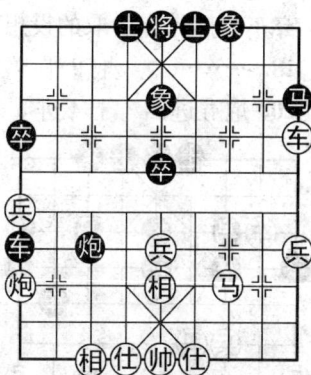

图 335

小结：虽然小优而赢棋难，但从某种意义上讲，能从强大对手的手中抢得半分，未尝不是胜利。

(二) 马七进六

（4月8日山西周小平VS青岛迟新德之战）

13. 马七进六   ……

最流行的主流战法。

13. …… 炮2退1	**14. 车三退三 炮2平7**
15. 车八进九 炮7进5	**16. 车八退二 ……**

以上是最常见的布局定式。

16. ……   车8进2（图336）

如图336形势，此着是首次出现在大型比赛的探索性新着。

17. 车八平七   ……

佳着！算准可以一车换仕。

17. …… 马7进6	**18. 马六进四 ……**

弃车使黑先弃后取的设想落空。

18. …… 炮9平3	**19. 马四退三 车8平4**
20. 炮五进四 士4进5	**21. 马三进五（图337）**

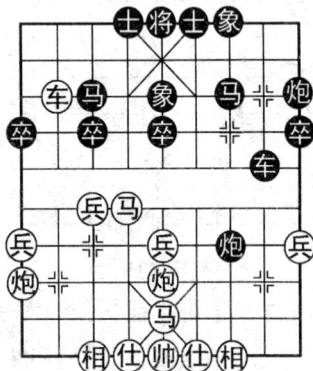

图336

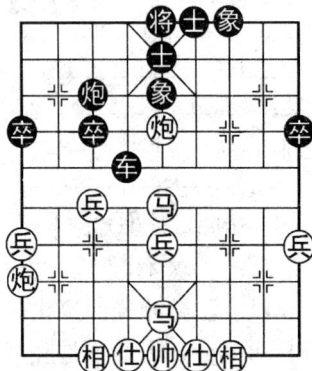

图337

如图337形势，至此红方多子占优。

小结：虽然黑方有车对无车，但红方多子好下。前车之鉴给了我们警示，倘若重演此变容易落入陷阱。

二

1. 炮二平五	马8进7	**2.** 马二进三	车9平8
3. 车一平二	马2进3	**4.** 兵七进一	卒7进1
5. 车二进六	马7进6	**6.** 马八进七	象3进5
7. 车九进一	士4进5		
8. 车九平六	……		

红双车从两翼展开攻击。这种战术在 20 世纪 60 至 80 年代十分流行。

8. ……　　　　炮2进2（图 338）

巡河炮是主流战术。红方的布局战略是希望黑方走卒 7 进 1，则车二平四，卒 7 进 1，车四退一，卒 7 进 1，车四平二，卒 7 平 6，炮五平六，车 1 平 4，炮六进二，红方优势。

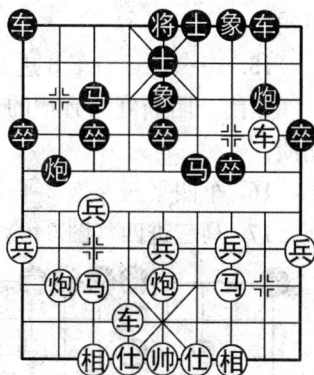

图 338

如图 338 形势，红方有兵五进一与炮八进一两种选择，分演如下：

（一）兵五进一
（4 月 8 日天津王大千 VS 山东李强之战）

9. 兵五进一	卒7进1	**10.** 车二平四	卒7进1

冲卒逐马在名手之战中是少见的，通常多走马 6 进 7 避马。

11. 车四退一　卒3进1

12. 车四进一　卒3进1（图 339）

如图 339 形势，黑方不吃回失子而抢渡 3 路卒，新着。过去曾有走卒 7 进 1，兵七进一，象 5 进 3，车四平二，红优。

13. 兵五进一　……

保持高压态势。如改走马三进五，卒 3 进 1，马七退五，红方虽然多子但子力拥塞呆滞。

13. ……   卒7进1   14. 马七进五 炮8进7

构思奇特！看来对攻才是最佳防御。如改走卒5进1，马五进七，红方攻势强大。

15. 马五进三 ……

看似凶悍，实则迟缓！似可改走炮八平三免去后患，红方形势不弱。

15. ……   车8进5

紧凑。阻断红马奔槽的通道。如改走炮2平3，车四平二，黑势崩溃。

16. 车四平三 炮2平3

17. 马三进四（图340）……

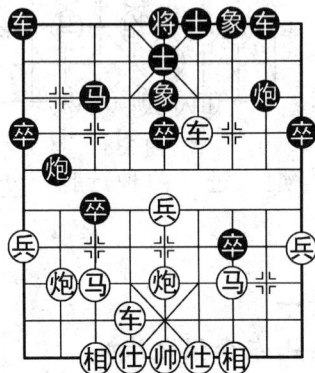

图339

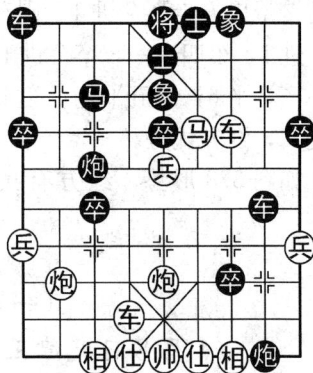

图340

如图340形势，红方积极些可走兵五进一，马3进5，马三进四，鹿死谁手，尚难预料。

17. ……   士5进6   18. 炮八平三 车1平4

好棋，化解红方的正面攻势。

19. 炮三进七 ……

求胜心切。应改走车六进八，将5平4，仕六进五，尚可支撑一阵。

19. ……   象5退7   20. 兵五平六 象7进5

21. 兵六进一 炮3平5（图341）

如图341形势，至此黑方优势。

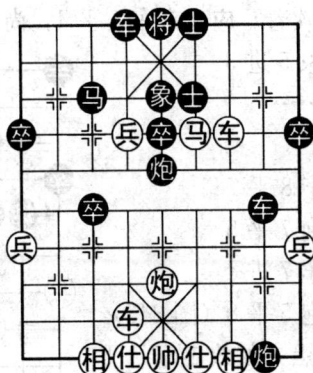

图341

小结：此局黑方的新着虽然收到了奇效，但并不等于肯定成立，重演此局尚需谨慎。

（二）炮八进一

（4月9日内蒙古牛清源 VS 山东李强之战）

9. 炮八进一 卒7进1

探索性冷门战术。针对红方升左炮的应法，黑方过去是走卒3进1，兵七进一，象5进3，7路卒含而不发。

10. 车二平四 马6进8（图342）

如图342形势，黑方如改走马6进7，车四平二，车炮被拴有一定的风险。

11. 马三退五 ……

红如马三退一，炮8平7，兵三进一，炮2平9左移打马，红也有所顾忌。

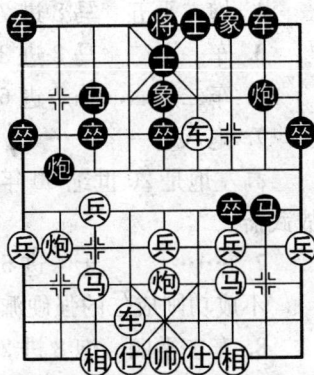

图342

11. ……   卒 7 进 1   **12.** 炮八平三   炮 8 平 7

13. 车六进三   卒 3 进 1

黑方邀兑 3 路卒软着。应改走车 1 平 4，尚可一战。

14. 兵七进一   象 5 进 3

15. 炮三进六   ……

白赚一象！

15. ……   车 8 平 7

16. 车六平二   炮 7 平 5

17. 车二平七   车 7 进 4

18. 炮五平二   炮 5 平 8（图 343）

如图 343 形势，黑方如改走车 7 平 8，马五进四，亦是红方优势。

图 343

19. 马五进四   车 7 平 4

20. 车七平三（红优）

小结：探索性新着尚待更多的研究与完善，否则前景黯淡。

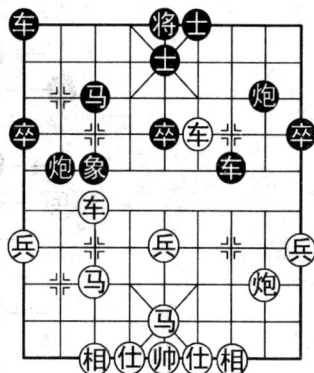

第二节　　2006 年个人赛新变例

1. 炮二平五   马 8 进 7   **2.** 马二进三   车 9 平 8

3. 车一平二   马 2 进 3   **4.** 兵七进一   卒 7 进 1

5. 车二进六   马 7 进 6   **6.** 马八进七   象 3 进 5

7. 炮八进一   ……

高左炮是 20 世纪 60 年代的流行战术，至今仍是攻击盘河马的主战武器。

7. ……   士 4 进 5

不成功则成仁的强硬派战术！

8. 车二平四   炮 8 进 2

9. 兵三进一   炮 2 进 1（图 344）

如图 344 形势，黑方升炮卒林新颖！过去主流变化是走炮 2 进 2

巡河。

10. 兵三进一　卒 3 进 1　　　　**11.** 车四进二　炮 2 退 2

退炮打车显然有备而来。如改走象 5 进 7，兵七进一，另有复杂攻守。

12. 车四退二　马 3 进 4

飞马踏车吹响反击号角，激烈搏杀由此展开！

13. 车四平五　象 5 进 7

14. 兵七进一　马 4 进 3（图 345）

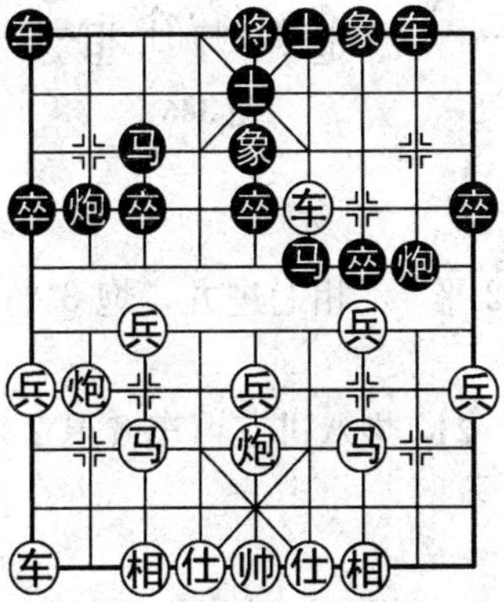

图 344 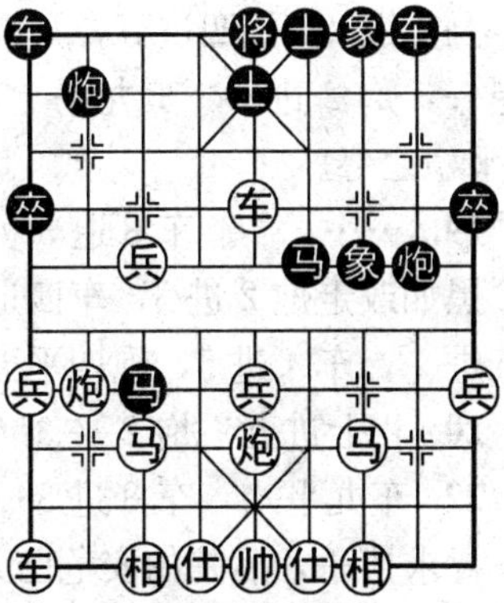　　　　　　图 345

黑马为了开赴前线而付出双卒的高昂代价。如图 345 形势，黑方如改走车 1 平 3，兵七平六，车 3 进 7，兵六平五，红优。

15. 车五退一　……

退车链马攻守兼备。

15. ……　　　　象 7 退 5

背水一战、惊心动魄！赵顺心是山西著名攻击型棋手，弃子攻杀是其经常演绎的拿手好戏。现如改走象 7 进 5 防御，马三进四踩炮，红优。

16. 车五平四　炮 8 平 3　　　　**17.** 马三退五　……

倒退窝心马保持多子之势。如改走马七退九，车 1 平 4，红也有所顾忌。

17. ……　　　　车 1 平 4　　　　**18.** 炮五平四　车 8 进 8

伸车到红方二路生命线,十分凶悍。

19. 车九进一（图346）……

如图346形势,红方为什么不走炮八退二打车呢?因黑可接走车4进8,炮四退一,车8平6,车四退四,炮3进3,车四进一,炮3平5,相三进五,马3进2,马五退三,马2退4,车九进二,马4退2,仕四进五,马2进3,车九退一,炮2进8,车九平七,车4平3,平稳之势。

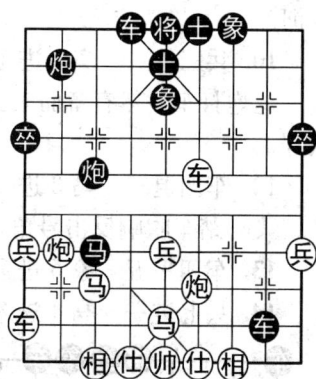

图346

19. ……　　　　车8退3

黑如改走炮2进3,车四退一,炮2平1,相七进九,炮3平5,兵五进一,车4进5,炮四平五,红优。

20. 相七进五　炮2平3

22. 车九平八　车8进5

寻求搏杀,后院的安危已无暇顾及。

23. 炮八进三　车4进2

25. 相五进七　……

扬相盖马精巧,抑制了黑方的攻势。

25. ……　　　　后炮进4

炮轰相弃子诱敌。

26. 车八进八　士5退4

27. 马五进四（图347）……

窝心马穿出肋道解杀还杀,精妙!如图347形势,红方如错走车八退五,士4进5,车八平七,马3进5,马七进六,车4进3,车七平六,炮3进5,马五退七,马5进3,车六退三,车6平4,黑胜。

21. 炮八进三　车8退2

24. 炮八平九　车8平6

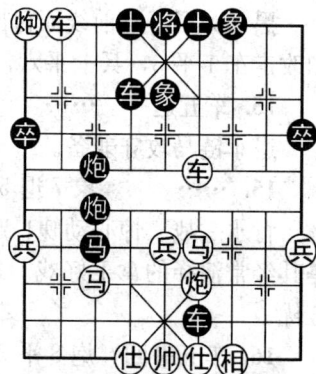

图347

27. ……　　　士6进5

为什么不走车6退1吃炮呢？因红有马四进五的凶着。

28. 车八退一（红胜）

小结：此变黑方勇猛有余柔韧欠缺，虽然初战受挫，但稍加完善改进似可一战。

第三节　2007年团体赛新变例

1. 马八进七　……

真真假假、虚虚实实的迷踪拳再也不是中局的专利，在现代布局中也较为常见。现在看到的起马局，一会儿就会变成中炮过河车了！

1. ……　　　卒7进1

趣向！先跳马后架炮有意打乱常规运子次序，是比赛经验的体现。

2. ……　　　马8进7

3. 马二进三　车9平8

4. 车一平二　马2进3

5. 兵七进一　象3进5

6. 车二进六　马7进6（图348）

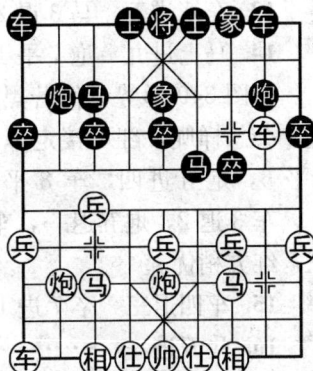

图348

殊途同归！由起马转为中炮过河车VS屏风马的定式。如图348形势，比赛中红有车二平四与炮八平九两种选择，分述如下：

（一）车二平四

（4月18日浦东宇兵VS安徽张学潮之战）

7. 车二平四　……

平车捉马是著名特级大师王嘉良于1956年全国象棋个人赛创出

的绝着。

7. …… 　　马6进7　　　　　**8. 炮八平九 ……**

现代版的"平车捉马"，古典版是走马七进六七路马盘河。

8. …… 　　士4进5

新着！过去多走炮2进4或炮8平7。

9. 车九平八 　车1平2　　　　**10. 车八进四 ……**

看似呆板，似不如车八进六有力，而实则是构思深远。

10. …… 　　炮8平7　　　　**11. 马七进六** 车8进5

12. 马六进七 ……

此时显示了红方"呆板"的巡河车
的妙用，使黑车处于尴尬境地。

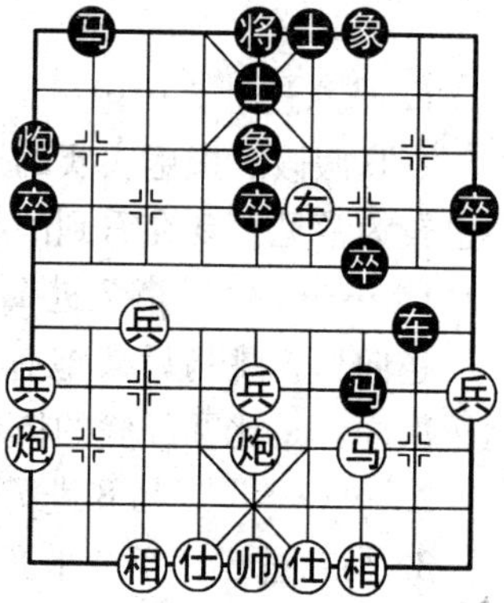

12. …… 　　炮2平1

兑车减轻牵制的压力。

13. 车八进五 　马3退2

14. 马七进九 　炮7平1（图349）

如图349形势，倘若黑方改走马2
进1会怎样呢？红可接走车四平三，炮
7平6，炮五进四，车8平3，车三退

图349

一，车3退2，炮五退一，车3进1，车三退二，车3平5，车三进
三，红方稍优。

15. 车四退三 　卒7进1

16. 兵五进一 ……

挺起中兵使局面立即生动起来。

16. …… 　　车8退1

17. 炮五进四 　马2进4

18. 炮五退一 　马4进2

19. 仕六进五 　马2进4

20. 兵七进一（图350）……

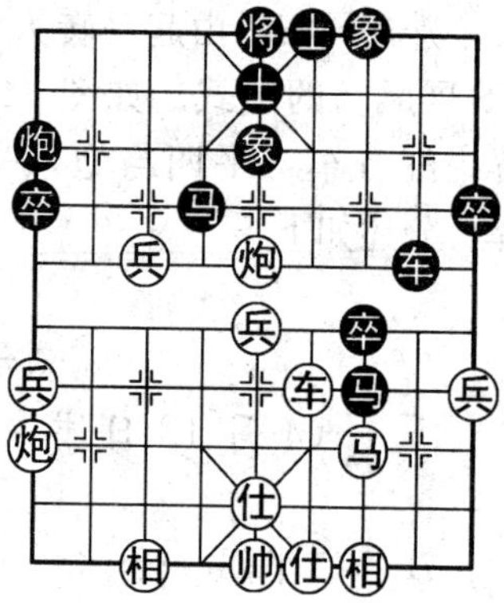

如图350形势，红方弃中兵使七路
兵渡河参战，好棋！

图350

20. ……　　　马 4 进 5　　　　　　**21.** 兵七平六　炮 1 平 4

22. 马三进五　……

调动右翼呆马向黑方阵地进攻，明智之举。

22. ……　　　马 5 进 3　　　　　　**23.** 马五进七　马 3 进 1

24. 相七进九　车 8 退 1

25. 车四平八（图 351）……

如图 351 形势，车马炮兵四子组成颇有威力的攻势，使黑方难以招架。

25. ……　　　炮 4 退 2　　　　　　**26.** 马七进六　车 8 平 5

别无良策，只好垫车暂解燃眉之急。

27. 马六进七　炮 4 进 1　　　　　　**28.** 车八进六（图 352）

如图 352 形势，至此红胜。

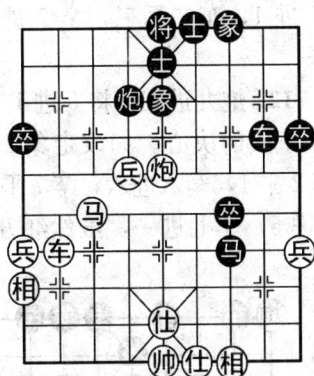

图 351

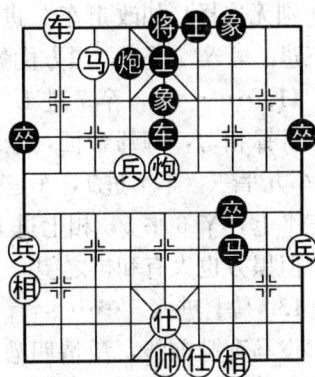

图 352

小结：撑士新着的防御效果不是很理想，尚待研究改进。

（二）炮八平九

（4 月 19 日云南王瑞祥 VS 杭州盖明强之战）

7. 炮八平九　车 1 平 2　　　　　　**8.** 车九平八　炮 2 进 1

冷门战术！有意避开卒 7 进 1 的流行定式。

9. 炮九进四　卒 7 进 1（图 353）

如图353形势，黑方抢先冲卒发动反击是最新战术探索。记得1986年何连生 VS 于幼华这样下过：士6进5，炮九平七，卒7进1，车二平四，马6进8，马三退五，卒7进1，马七进六，炮8平9，车八进五，炮9进4，马五进七，炮9进3，车四退四，马8进6，马六退四，车8进9，马七退五，卒7平6，车四进一，车8退4，兵五进一，车8平5，马五进三，车5平3，车四进五，红方大有攻势。

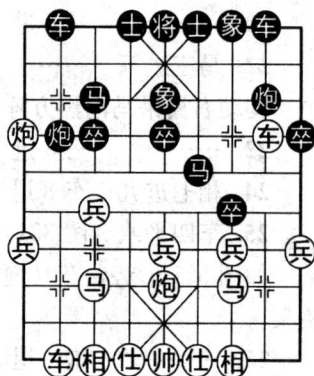

图353

10. 车二退一　　马6退7　　**11. 车二平九　　……**

别无选择！如改走车二进一，卒7进1，车二平三，卒7进1，车三进一，卒7平6，黑方优势。

11. ……　　卒7进1　　**12. 炮九进三　　将5进1**

针锋相对，御驾亲征，显示出背水一战的决心。如改走象5退3，车九平三，卒7进1，车三进二，车2平1，车八进六，卒7平6，车三平七，卒6平5，相七进五，象7进5，车七进一，虽然红方稍优，但黑方也大有和棋之望。

13. 马七进六　　……

飞马奔赴前线，激情四溢，显示出小将王瑞祥敢打敢拼的弈战风格。

13. ……　　卒7进1

14. 车八进六（图354）……

如图354形势，弃车砍炮，惊天地泣鬼神！

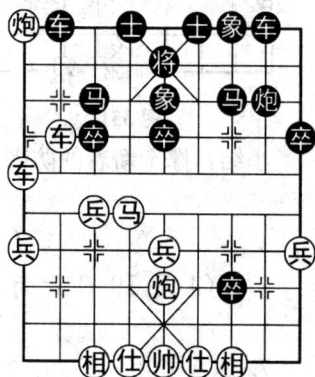

14. ……　　车2进3

15. 马六进五　　马7进5

16. 炮五进四　　象5退3

17. 炮五平八　　炮8平5

图354

闪将亮车，好棋。

18. 仕六进五　　将5退1（图355）

如图355形势，黑方似可改走车8进6较为积极，红如接走车九平五，车8平9，黑方尚可一战。

19. 相三进五　　车8进1　　　**20.** 炮八退四　　卒7进1

21. 炮八退一　　车8平1

兑车是招致失败的主要症结。似可改走车8平7试探，红如炮八平七，车7进2，鹿死谁手尚难预料。

22. 车九进三　　马3退1

23. 炮八进七（图356）……

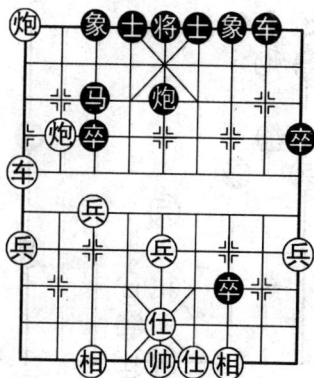

图355

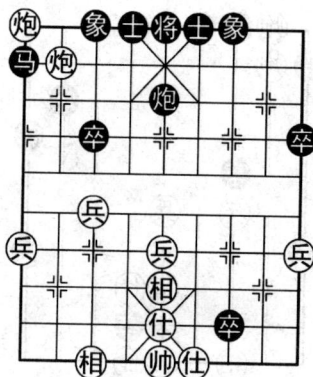

图356

看似平淡无奇，实则是佳着！如图356形势，红方如改走炮八平三，炮5退1，炮三平一，象7进5，炮一进五，炮5进5，黑方有和棋之望。

23. ……　　　　炮5平8　　　　**24.** 炮九平八　……

双炮封锁边马通道，深奥精巧！

24. ……　　　　卒7平6　　　　**25.** 仕五进四　……

稳健！亦可改走帅五平六威胁黑方底士。

25. ……　　　　象7进5

别无良策。如改走炮8进1掩护，则兵五进一，马1进2，兵七进一，红亦多兵占优。

26. 兵五进一　卒 3 进 1（图 357）

如图 357 形势，为什么不走炮 8 进 1 准备逃马呢？因红可接走兵五进一，马 1 进 2，后炮退一，士 6 进 5，兵七进一，象 5 进 3，兵五进一，红得子胜势。

27. 兵七进一　象 5 进 3　　　　　**28.** 兵九进一　……

九尾龟从边线缓缓启动，黑边马立即陷于生存危机。

28. ……　　　　炮 8 进 1

孤炮救马在此一举。

29. 兵九进一　炮 8 平 2

30. 前炮平九（图 358）……

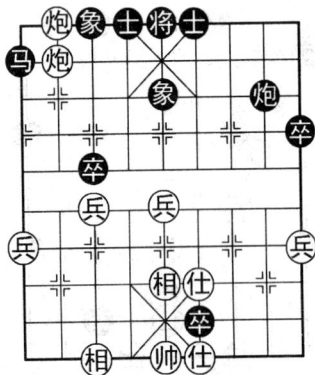

图 357

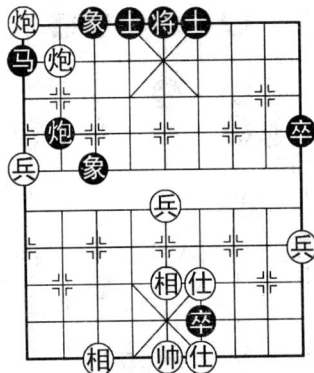

图 358

佳着！如图 358 形势，黑马必死无疑。

30. ……　　炮 2 进 6	**31.** 相七进九　炮 2 平 6
32. 仕四退五　炮 6 平 8	**33.** 兵九进一　士 6 进 5
34. 兵五进一　将 5 平 6	**35.** 仕五进六　炮 8 退 7
36. 兵五平六　象 3 退 5	**37.** 兵九进一（图 359）

如图 359 形势，至此红方胜势。

小结：黑方第 9 回合冲卒逐车的新着虽然出师未捷，但其防御性能仍有可圈可点之处，不能以一时胜败论英雄。

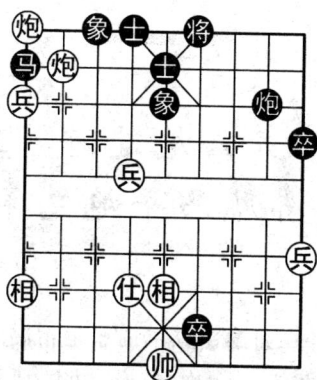

图 359

第七章　五六炮过河车进七兵
对屏风马平炮兑车

五六炮过河车进七兵对屏风马平炮兑车布局出现于 20 世纪 80 年代中期，1992 年后逐渐成为中炮过河车攻屏风马的流行变例之一。五六炮阵式，稳中带凶，作用在于打乱"平炮兑车"的常规套路，进行出奇不意的战斗。其特点是阵型坚固，子力联络性能较好，不足之处是让黑抢先亮出右车。进入 21 世纪，五六炮过河车对屏风马布局在原有棋型定式基础上，双方又有了新的攻防战术，例如红方的五六炮冲中兵式攻法、黑方的退马窝心式防御，令以稳健见长的五六炮布局迸发出了新的活力与激情。

第一节　2005 年个人赛新变例

1. 炮二平五　马 8 进 7
2. 马二进三　车 9 平 8
3. 车一平二　马 2 进 3
4. 兵七进一　卒 7 进 1
5. 车二进六　炮 8 平 9
6. 车二平三　炮 9 退 1
7. 炮八平六　马 3 退 5（图 360）

如图 360 形势，红方有车九进一与车三退一两种选择，分演如下：

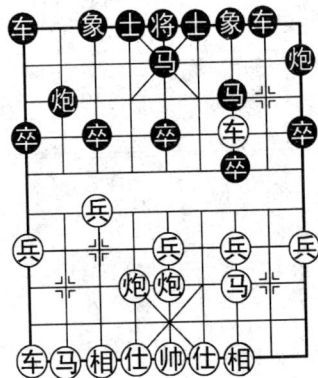

图 360

（一）车九进一

（10月29日河北申鹏VS浙江于幼华之战）

8. 车九进一 ……

升横车令人惊疑，过河车不是要被打死吗？非也！请往下看：

8. …… 炮9平7　　**9. 炮五进四　马7进5**

为什么不走马5进3打车踩炮呢？因红可炮五退一！炮7进2，炮六进四，将5进1，炮六平五，将5平6，车九平四绝杀，红胜。

10. 车三平五　卒7进1（图361）

改进的新着。如图361形势，2004年6月2日申鹏VS于幼华之战曾走炮2平5，相三进五，马5进7，车五平六，车1平2，马八进七，车2进6，车九平四，车2平3，马七退九，炮7平2，车六平三，车8进2，炮六进二，车3平1，马九进七，车1平3，马七退九，车3平4，炮六平五，炮2平5，车四进三，后炮进4，车四平五，炮5退1，终局和棋。

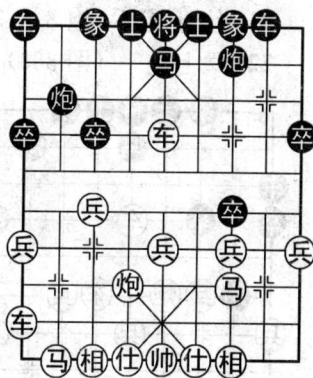

图361

11. 车九平四　卒7平6

平卒拦车别具一格！

12. 马三退一 ……

红如相七进五，车8进7，黑有夺子攻势。

12. …… 车8进5　　**13. 兵三进一　车1进2**

14. 车四进三 ……

弃马吃卒，算度深远。

14. …… 车8进3　　**15. 仕四进五　车8平9**

16. 炮六进五　炮2进3　　**17. 炮六退三 ……**

红炮进而复退，井然有序。

17. …… 　　　　炮 7 平 8（图 362）

最佳应着。如图 362 形势，黑方如改走炮 2 退 3，炮六平五，黑方崩溃。

18. 炮六平八　炮 8 进 8　　　　**19. 相三进五**　车 9 进 1

20. 马八进七 ……

先弃右马再弃左马，精彩！

20. ……　　　　炮 8 退 2

贪念顿起，既送来则吃之！因黑方左翼车炮孤立无援而难成大事，有嫌急躁。似不如先走车 1 平 4 坚守为宜。

21. 仕五退四　炮 8 平 3

22. 兵七进一（图 363）**……**

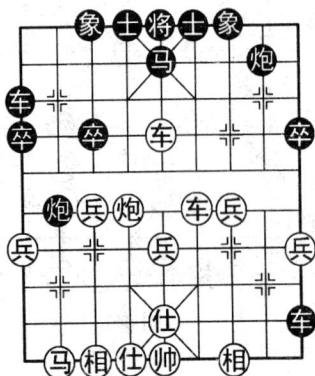
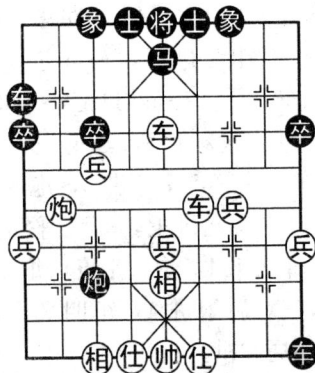

图 362　　　　　　　　　　　　图 363

暗箭突发。如图 363 形势，红方大胆弃子，就是凭此一着。

22. ……　　　　车 1 平 5　　　　**23. 车五平四 ……**

保留变化。如改走车五进一，象 7 进 5；炮八平五，亦是红优。

23. ……　　　　马 5 进 7　　　　**24. 炮八平五**　士 4 进 5

25. 兵七平六（图 364）

如图 364 形势，至此红方大有攻势。

小结： 黑方为改革新着付出高昂的代价，倘若重演此局还是小心为上。

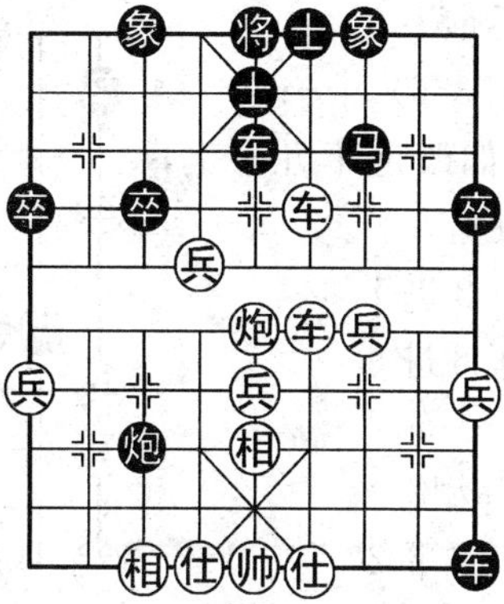

图 364

（二）车三退一
（11 月 2 日河北申鹏 VS 上海林宏敏之战）

8. 车三退一　……

小将申鹏对五六炮布局有较深的研究，上一盘升横车而这盘棋却退右车，不断变换战术。

8. ……　　象 3 进 5

9. 车三平六　马 5 进 3

10. 马八进九　卒 3 进 1（图 365）

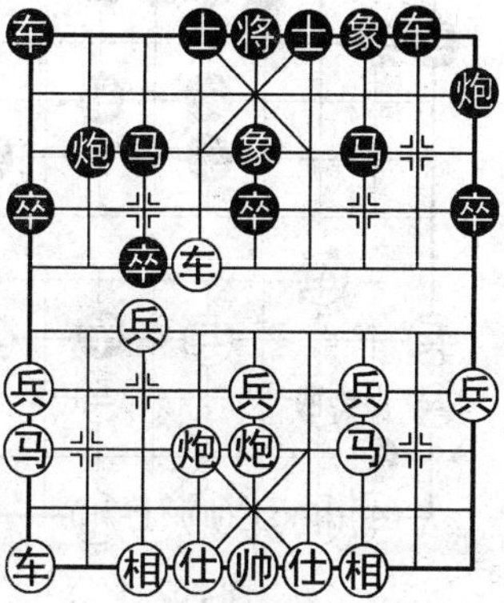

如图 365 形势，冲卒逐车乃冷门战术！首次在大赛中亮相。

11. 车六进一　卒 3 进 1

12. 车九平八　……

图 365

改进之着。在 2005 年女子象棋团体赛中曾出现过车六平七的下法，黑则车 1 平 3，车九平八，马 3 退 5，车七进三，马 5 退 3，炮六平七，炮 2 进 3，黑可抗衡。

12. ……　　炮 2 进 3　　**13. 车六平七　炮 9 平 2**

14. 车八平九　车 1 平 3　　**15. 炮六平七　马 3 退 1**

16. 车七平九　　后炮平 3

17. 炮七进六（图 366）……

如图 366 形势，如改走车九平七，炮 3 平 9，红方也无便宜。

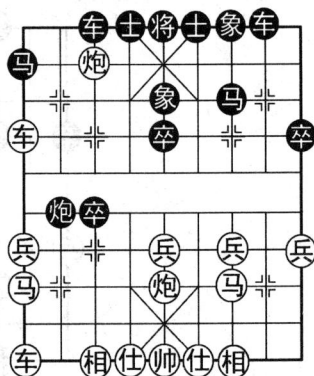

图 366

17. ……　　　车 3 进 1

18. 后车平八　　车 8 进 6

19. 炮五平七　　……

借打车之机调整阵型。

19. ……　　　车 3 平 2

20. 车九平七　　车 8 平 7

21. 车七退二　　炮 2 进 3（图 367）

如图 367 形势，老练！不急于兑子。

22. 相三进五　　车 2 进 6　　　23. 仕六进五　　马 7 进 6

24. 炮七平六　　马 6 进 5

25. 车七退三　　马 5 进 7（图 368）

如图 368 形势，终局和棋。

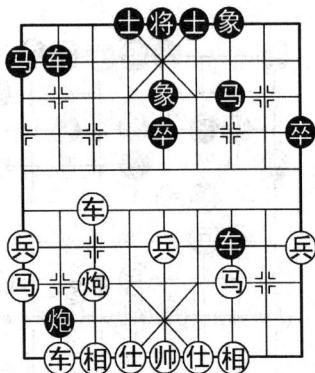

图 367

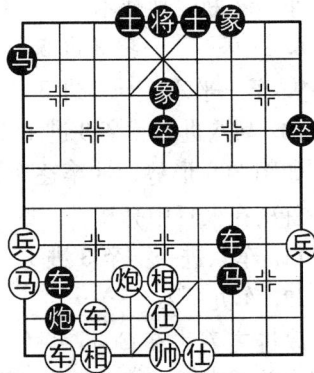

图 368

小结："冲卒逐车"变例具有一定的抵抗力，其性能优劣尚待更多的实战检验。

第二节　2007 年个人赛新变例

一

本届比赛中又有新的攻防战术萌发，但是新战术却遭到三负一和的毁灭性打击。那么新战术是在毁灭中沉寂，还是在毁灭中爆发呢？

1. 炮二平五　　马 8 进 7
2. 马二进三　　卒 7 进 1
3. 车一平二　　车 9 平 8
4. 车二进六　　马 2 进 3
5. 兵七进一　　炮 8 平 9
6. 车二平三　　炮 9 退 1
7. 炮八平六（图 369）……

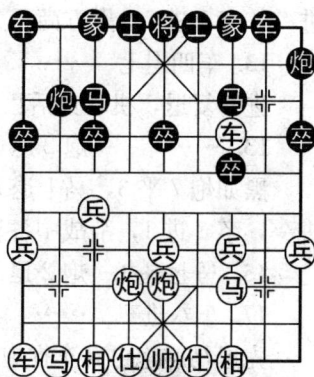

图 369

如图 369 形势，黑方有士 4 进 5 与马 3 退 5 两种选择，演示如下：

（一）士 4 进 5

（大连卜凤波 VS 湖北柳大华 9 月 5 日之战）

7. ……　　　　士 4 进 5

冷门战术！大有出其不意攻其不备的韵味。

8. 马八进七　　车 1 平 2　　　　9. 车九平八　　炮 9 平 7
10. 车三平四　　马 7 进 8

新着！朦胧记得 1993 年全国团体赛煤矿何连生大师 VS 西安邓虎之战，曾走象 7 进 5，车八进六，终局红胜，从此这一战术被打入冷宫。

11. 车四进二　炮7进5（图370）

如图370形势，黑方为什么不走炮2退1打车呢？因红可接走车四退三，炮2进5，兵三进一，炮7进4，相三进一，炮7进1，兵七进一，卒3进1，车四平七，红有攻势。

12. 相三进一　炮2进6

似可改走炮2进4，红如接走兵五进一，车8进2，黑方尚无大碍。

13. 车四退七　……

进而复退，机动灵活！

图370

13. ……　　炮2退2　　　**14. 兵五进一　炮7平4**

黑如炮7平3，马七退九，炮2退1，兵五进一，卒3进1，兵五进一，卒3进1，乱战中各有顾忌。

15. 马七退九　炮2退1　　　**16. 兵五进一　卒5进1**

17. 车八进三　……

先退马蹬炮再高车捉炮，流畅有力。

17. ……　　炮4退1

18. 马九进七　炮4平5（图371）

不明显的软着。如图371形势，黑方似可改走象7进5坚守为宜。

19. 炮五进三　……

艺高胆大！抢先佳着。

19. ……　　象7进5　　　**20. 马七进八　卒7进1**

无奈！如改走炮5平2，车四进五，红方亦优。

21. 相一进三　车8进3　　　**22. 车四进四　车8平4**

23. 炮六平八　马8退6（图372）

如图372形势，黑方似可改走车4进4，炮五平二，车4平7，乱战中红方也有顾忌。

24. 帅五进一　车2进4

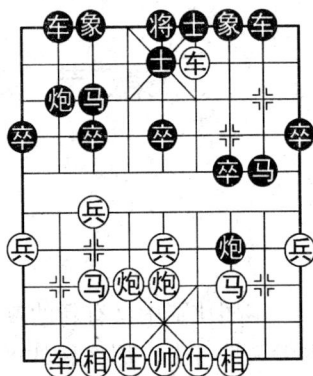

25. 帅五平四（红方多子优势）

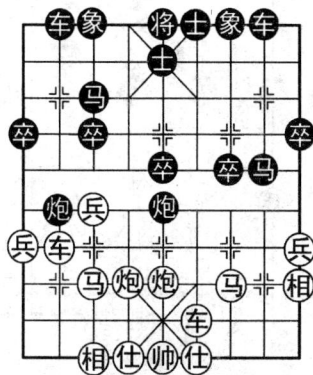

图 371

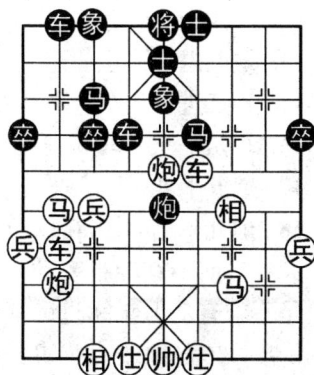

图 372

小结："跳外马"的老谱翻新意在出奇制胜，其防御性能略显软弱，尚待改进完善。

（二）马 3 退 5

（大连卜凤波 VS 广东许银川 9 月 6 日之战）

7. ……　　　马 3 退 5

"窝心马"是近几年出现的颇有反击力的战术。

8. 车三退一　象 3 进 5

9. 车三退一（图 373）……

如图 373 形势，退车是特级大师卜凤波推出的最新布局战术！过去主流下法是走车三平六占肋。

9. ……　　　车 8 进 6

针锋相对！三路兵是两军争夺的重点。如改走车 8 进 8，仕四进五，双方另有攻守。

10. 马八进七　炮 2 平 4

11. 车九平八　炮 9 平 7

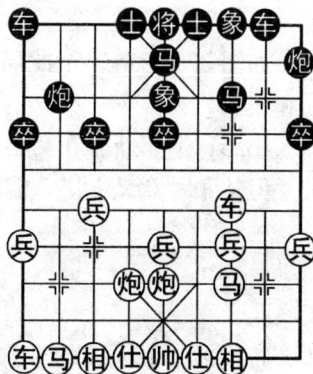

图 373

12. 车三平四　马 7 进 8

借蹬车之机为跳出窝心马创造条件。

13. 车四退一　　马5进7

14. 炮五退一　　士4进5

15. 相三进五　　车8平7

16. 车四平三　　马8进7

17. 炮五平九　　车1平3

18. 炮九平七（图374）……

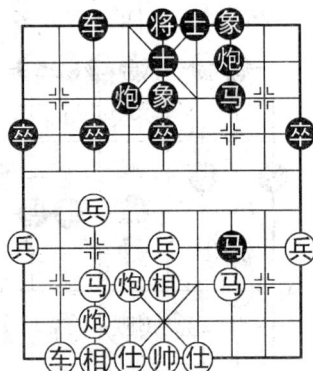

图 374

大敌当前不宜轻举妄动，阻止黑车开出是不求有功但求无过的战略。如图374形势，红方如改走炮九进四，卒3进1，兵七进一，车3进4，相互对攻，各有顾忌。

18. ……　　　　后马进6

19. 仕四进五　　炮4平3

20. 车八进二　　……

未雨绸缪，坚守顶住！

20. ……　　　　士5退4

21. 相五进三　　卒3进1

22. 相七进五　　卒3进1

23. 炮七进三　　炮3进5

24. 车八平七（图375）

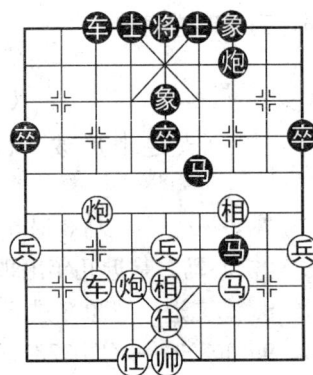

图 375

如图375形势，至此局势平稳，终局和棋。

小结：退车新着在窝心马的反击之下虽然没有取得惊天动地的突破，但从某种意义上讲，能顶住强大对手也是小小的胜利。

二

特级大师卜凤波的五六炮新着揭开序幕之后，立即引起棋界关注，一场汹涌澎湃的布局大战演绎着惊险与精彩。

1. 炮二平五　　马8进7

2. 马二进三　　车 9 平 8

3. 车一平二　　马 2 进 3

4. 兵七进一　　卒 7 进 1

5. 车二进六　　炮 8 平 9

6. 车二平三　　炮 9 退 1

7. 炮八平六　　马 3 退 5

8. 车三退一　　象 3 进 5

9. 车三退一　　车 8 进 6（图 376）

如图 376 形势，红方有马八进七与
车九进一两种选择，演示如下：

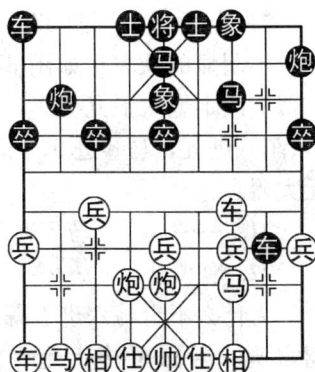

图 376

（一）马八进七

（河北申鹏 VS 大连金波 9 月 7 日之战）

10. 马八进七　　炮 2 平 4

12. 车三平四　　马 7 进 8

乘势蹩车，为窝心马打开通道。

13. 车四退一　　马 5 进 7

窝心马盘出，黑方完成了结构调整。

14. 炮六进一　　……

升炮护兵是最新改进的探索性新着！

14. ……　　　　车 8 平 7（图 377）

如图 377 形势，强行交换，势在必行！

15. 车四平三　　马 8 进 7

16. 炮六平三　　炮 7 进 5

17. 马三退五　　车 1 进 1

调动主力，加强侧翼攻守。

18. 马七进六　　车 1 平 6

11. 车九平八　　炮 9 平 7

图 377

似攻实守！如改走马五进七，顾忌黑有车 6 进 6 的手段。

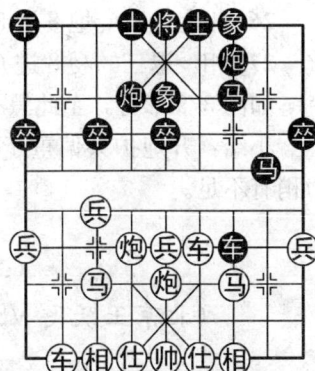

19. ……　　　　象 5 退 3

19. 炮五平八　　……

20. 马五进七　　车 6 进 7

21. 仕六进五（图 378）······

不明显的软着！如图 378 形势，红方似应改走炮八平九亮车，黑如马 7 进 8，车八进五，马 8 进 9，车八平四，尚无大碍。

21. ······　　　　马 7 进 8

22. 炮八退一　······

为什么不走马六进五踩卒防黑炮打闷宫呢？因黑可接走炮 7 退 5，仍有攻势。

22. ······　　　　炮 4 平 7

借机叫闷逼相边飞，是集中优势兵力，构成大兵团作战的好棋。

23. 相三进一　　车 6 退 5

24. 炮八平九　　车 6 平 7

25. 帅五平六　　前炮平 8

26. 相七进五　　炮 8 进 3

27. 相一退三　　马 8 进 6（图 379）

如图 379 形势，至此黑有攻势。

小结：升炮护兵偏重于防守，攻击力稍有不足。

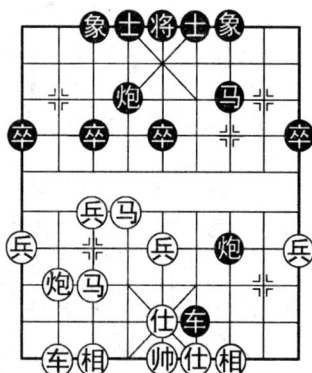

图 378

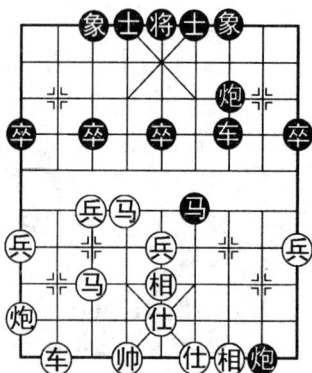

图 379

（二）车九进一

（北京王跃飞 VS 上海洪智 9 月 15 日之战）

10. 车九进一　······

最后一轮出现的新着！

10. ······　　　　炮 9 平 7

有点随手意味的惯性思维！因红左车高开，对窝心马产生潜在威胁。似可改走马 5 进 3 为宜。

11. 车三平四　　马 7 进 8

12. 车四进四（图 380）······

如图 380 形势，红方吹响攻击号角，一把飞刀从天而降！

12. ······　　炮 2 退 1

13. 炮六进六　　······

进炮弃马，图穷匕见！

13. ······　　炮 7 进 6

14. 车九平四　　马 8 退 7

15. 炮五进四　　······

炮镇五子，气壮山河！

15. ······　　车 8 平 7

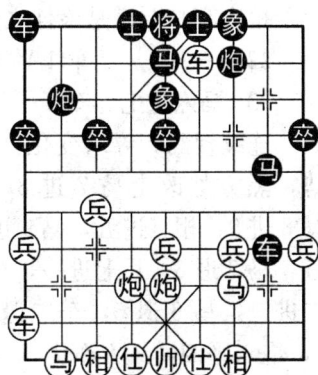

图 380

高！在如此复杂形势之下，仍从容应对。如改走车 8 退 3，仕四进五，红有猛烈攻势。

16. 马八进七　　炮 7 平 8

退炮撤离险地，是缓冲蓄势的佳着。

17. ······　　车 1 进 2

18. 马七进六　　车 7 平 5（图 381）

如图 381 形势，黑方为什么不走车 1 平 4 捉双呢？因红可接走马六进五，炮 2 进 8，帅五进一，车 7 平 5，相七进五，车 5 平 3，炮五进二，车 4 平 5，马五进三，红方胜势。

19. 后车平五　　车 5 进 2

20. 仕四进五　　炮 2 平 3

17. 炮五退一　　······

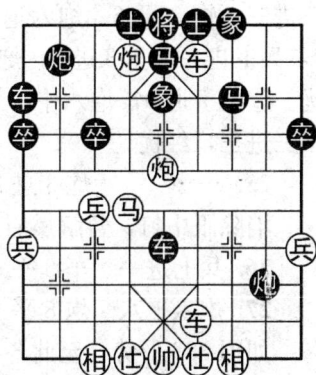

图 381

21. 帅五平四　　······

车四退一捉马不是要赢棋吗？非也！因黑可接走车 1 平 4，马六进五，炮 8 退 5，马五退三，车 4 退 1，车四平三，炮 3 进 1，车三平二，车 4 进 3，车二退二，车 4 平 5，马三进四，炮 3 平 6，车二平五，和棋之势。

21. ······　　炮 8 退 7

22. 车四退二　　······

抢占卒林要道是最佳之选!

22. ……　　车 1 平 4

23. 马六进七　车 4 平 3（图 382）

连续捉马，寻求变化! 如图 382 形势，黑方如改走马 7 进 8，车四平二，马 8 进 9，相三进五，马 9 进 7，帅四平五，马 7 退 6，兵七进一，车 4 进 3，车二进三，马 6 退 5，车二退三，后马进 7，炮六平四，红方亦优。

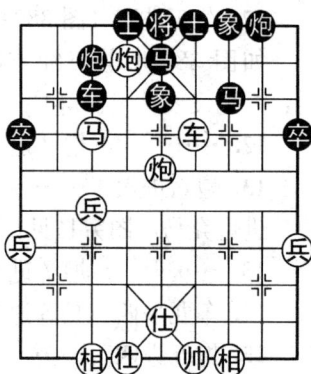

图 382

24. 兵七进一　炮 8 进 4

25. 炮五退三　……

红方退炮似有迟缓之嫌! 可改走车四平三，以下黑方有三种选择，分述如下：①炮 8 平 6，车三进一，炮 3 进 2，车三平四，炮 3 平 5，车四退二，红优。②马 7 退 8，车三进三，炮 8 平 6，炮六退四，炮 3 进 2，兵七进一，车 3 进 1，炮六平五，红优。③马 7 退 9，炮六平一，炮 3 平 9，车三进三，红优。

25. ……　　炮 3 进 2

消除眼中钉，暂解燃眉之急。

26. 兵七进一　车 3 平 4

27. 炮六平八　炮 8 平 5（图 383）

如图 383 形势，至此各有顾忌。

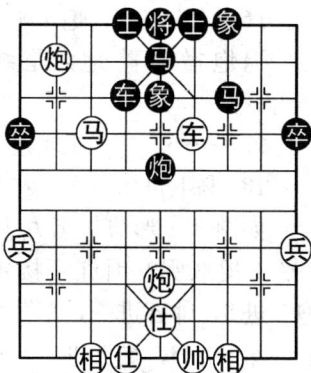

图 383

小结：升边车新着锋利凶险，虽然最后的结局留下出师未捷的遗憾，但含金量还是颇高的。

第八章　中炮对左三步虎

黑方以左三步虎阵式应对中炮，早在 20 世纪 60 年代即已出现，经过几十年的开拓与发展，现已成为应对红方中炮缓开车的流行下法。开局伊始，黑方跳马、出车、平边炮，三步之内亮车，故称为"三步虎"，其特点是左刚右柔，灵活多变，以后可以根据对方的布阵特点，变化成为屏风马、单提马、转角马及半途列炮等多种阵势。而先手方对付左三步虎，又分为中炮进三兵与中炮进七兵两种布局体系，"三兵"棋势稳步进取，以后八路炮过河，将形成较为细腻的功夫棋；"七兵"棋势则变化激烈，黑方进骑河车捉兵，双方将在沿河一线剑拔弩张，展开激烈交锋。

第一节　2006 年个人赛新变例

一

1. 炮二平五　马 8 进 7　　**2.** 马二进三　车 9 平 8

3. 兵七进一　卒 7 进 1　　**4.** 马八进七　炮 8 平 9

先跳马后出车再平炮的三步曲被称为"三步虎"。

5. 炮八进二　象 3 进 5

6. 马七进六　车 8 进 8（图 384）

单刀赴会！其目的是阻止红方形成"巡河炮横车"的战术。在 20 世纪 90 年代末期，著名特级大师李来群对此战术十分偏爱。如图 384 形势，红方有仕四进五与车一进一两种选择，演示如下：

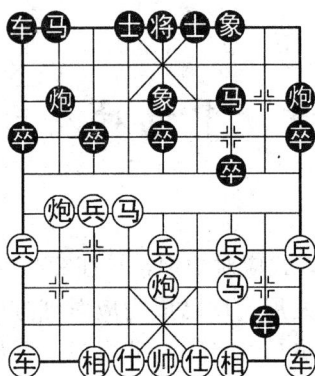

图 384

（一）仕四进五

（11月14日浙江赵鑫鑫 VS 河北王向明之战）

7. 仕四进五 ……

上仕拦车是流行多年的主流战术。

7. …… 马2进3

新着！过去名手对局多走马2进1或士4进5。

8. 炮五平七 ……

稳健些似可改走炮五平六。

8. …… 士4进5   **9. 相三进五 卒3进1**

冲卒拆断红方桥头堡防御链条。

10. 兵七进一 车1平4

先弃卒再出车捉马是既定战术。

11. 马六进八 ……

求胜欲望强烈。如改走炮七进五，车4进5，炮七平三，车4平2，炮三平八，局势趋于平稳。

11. …… 炮2进3   **12. 马八进七 车4进8**

13. 车九平八（图385）……

如图385形势，红如改走马七退六，炮2进2，马六退四，马7

进6，黑也有攻势。

13. ……　　　　炮2进3　　　　　**14. 马七退八　马7进6**

佳着！如改走象5进3，炮七平六，车4平3，车一平四，马7进8，马八退七，车3退2，车八进一，红无大碍。

15. 兵七平六　……

红如改走炮七平六，马6进4，马八退七，马4进3，车一平二，车8进1，马三退二，炮9进4，黑优。

15. ……　　　　炮2平5

冷箭突发，防不胜防。

16. 马三退五（图386）……

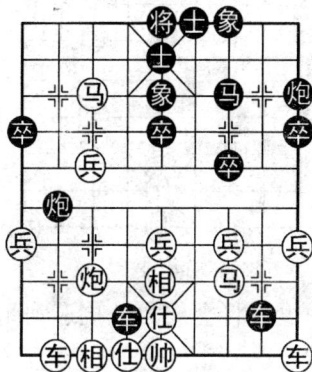 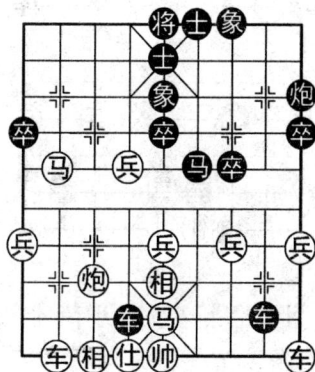

图 385　　　　　　　　　　　　　图 386

顽强！如图386形势，红方另有两种选择：①仕六进五，马6进5，车八进二，马5进7，仕五进四，车4退1，红难招架。②车八进三，炮5退2，车八平五，马6进5，马三进五，炮9进4，黑方胜势。

16. ……　　　　马6进5　　　　　**17. 车八进二　马5退4**

18. 马八进六　象5退3

稳健！如改走马4进6，车八进七，象5退3，车八平七，士5退4，马六进七，将5进1，炮七平八，炮9平2，虽然黑有攻势，但也有所顾忌。

19. 马六进七　将5平4　　　　**20. 炮七平六　马4进3**

21. 车八进四（图 387）……

如图 387 形势，红方忍痛弃子别无良策。

21. ……	车 4 退 1	**22.** 车八平六	车 4 退 4
23. 马七退六	车 8 退 3	**24.** 马五进七	炮 9 平 3
25. 马六退七	车 8 平 4		
26. 仕六进五	卒 5 进 1（图 388）		

如图 388 形势，至此黑优。

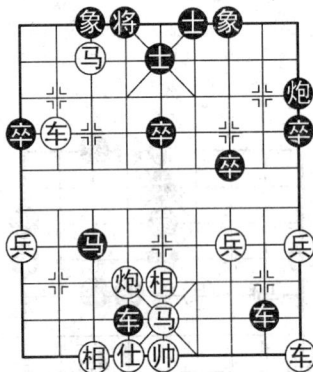

图 387

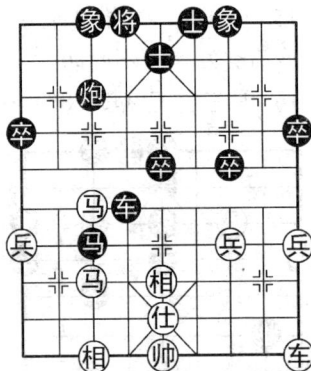

图 388

小结：新着犹如小荷才露尖尖角，也许将会成为抵抗巡河炮的利器。

（二）车一进一

（11 月 21 日江苏伍霞 VS 北京唐丹之战）

7. 车一进一　车 8 平 9

8. 马三退一　马 2 进 4（图 389）

新着！如图 389 形势，朦胧记得棋界大腕李来群、洪智分别在 1999 年与 2006 年曾走过炮 9 进 4 与马 2 进 1，现在跳拐角马别出心裁！

9. 炮五平六	车 1 进 1	**10.** 马一进三	炮 2 退 2
11. 相七进五	士 4 进 5	**12.** 炮六进六	……

机警！主动打破僵局。如改走仕六进五，炮 2 平 4，炮六平八，卒 3 进 1，黑有反先之势。

12. ……　　　车 1 平 4　　　　　**13.** 马六进七　车 4 平 3

14. 马七退六　车 3 平 2

利用子力交换在不知不觉中使优势的天平向黑方倾斜。

15. 炮八进五　车 2 退 1

16. 兵三进一（图 390）……

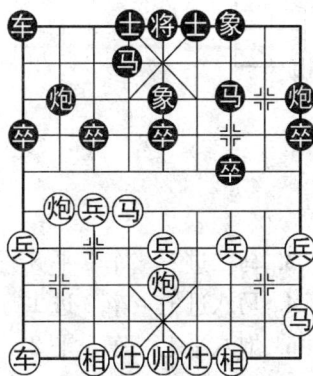
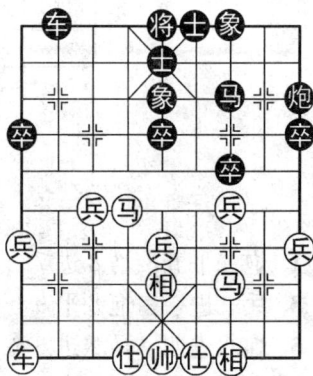

图 389　　　　　　　　　　　　　　图 390

兑三兵活马是顽强防守之策。如图 390 形势，红方如改走仕六进五，车 2 平 4，车九平六，车 4 进 4，也是黑方稍优。

16. ……　　　卒 7 进 1　　　　　**17.** 相五进三　车 2 平 4

18. 马六进七　车 4 平 3　　　　　**19.** 马七进八　……

似可改走兵七进一，象 5 进 3，马七进八，象 3 退 5，车九平八，局势平淡。

19. ……　　　车 3 进 5　　　　　**20.** 相三退五　车 3 平 2

21. 马八退七　象 5 进 3　　　　　**22.** 车九平七　象 7 进 5

23. 车七进四　车 2 退 2　　　　　**24.** 马七进六（图 391）

如图 391 形势，局势平淡，终局和棋。

小结：新着虽然出自女子大师之手，但较强的反击性能仍不容小觑。

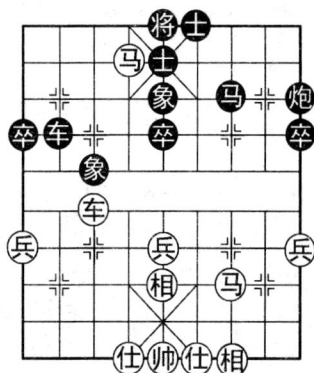

图 391

二

1. 炮二平五 马8进7	**2.** 马二进三 车9平8
3. 兵三进一 炮8平9	**4.** 马八进七 卒3进1
5. 炮八进四 马2进3	**6.** 炮八平七 车1平2
7. 车九平八 象3进5	
8. 车八进六 车8进4	
9. 炮七平三 炮2平1（图392）	

平炮兑车是稳健性战术。如图392形势，过去黑方曾一度流行走马3进4，红则车一进一，卒3进1，车八退一，卒3进1，马七退五，形成剑拔弩张的对攻之势。

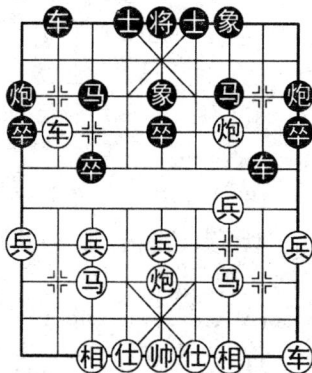

图 392

10. 车八平七 车2进2	
11. 车一进二 ……	

似笨实巧！如改走车一平二，车8进5，马三退二，炮1退2，马二进三，炮1平3，车七平六，士6进5，黑可抗衡。

11. …… 炮1退2	**12.** 车一平二 车8进3
13. 炮五平二 炮1平3	**14.** 车七平六 车2退1

15. 马三进二　车2进4

黑车退而复进，新趣向！

16. 兵七进一　……

强硬的阻击手段！如改走相七进五，车2平6，黑车占据肋道，红有顾忌。

16. ……　　　车2退1（图393）

怪！为什么不走车2平3杀兵呢？因红可接走马七进六，红方的立体攻势颇为壮观！如图393形势，红方有兵三进一与兵七进一两种选择，演示如下：

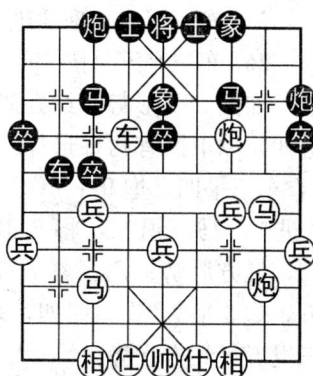

图 393

（一）兵三进一

（11月17日张强 VS 邢毅之战）

17. 兵三进一　卒3进1

18. 马二进四　马7退5

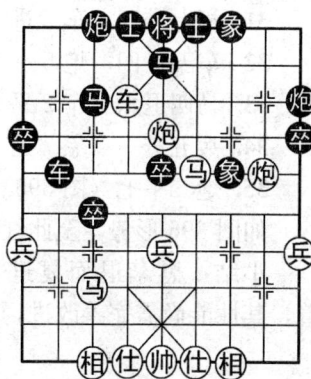

19. 炮二进三　象5进7

倘若车2进3，炮二进四，象5进7，车六进一，红方攻势猛烈。

20. 车六进一　卒5进1

21. 炮三平五（图394）……

主攻方向正确！如图394形势，红方如改走炮二进四，车2退1，红方攻势被瓦解。

21. ……　　　马5进7

22. 马四进五　……

压住阵脚！如改走车六平三，马3进5，车三进二，相互对攻，各有顾忌。

22. ……　　　士6进5

正确！如改走马7进5，马五进三，马5退6，车六平七，红方大优。

23. 马五进三　将5平6

24. 车六平三　马3进5

图 394

25. 车三退一   炮 3 进 7

26. 车三平五（图 395）······

如图 395 形势，红方似可改走炮二进四，以下黑有两种选择：甲、将 6 进1，车三平四，炮 9 平 6，马三进一，象7 进 9，马三退二，将 6 退 1，车四平二，红方胜势；乙、象 7 进 5，车三平五，炮 3 平 7，车五平四，炮 9 平 6，马三退五，红方优势。

26. ······   炮 3 平 7

27. 炮二进四   将 6 进 1

29. 炮二退五   ······

进退有度，流畅有力！

29. ······   将 6 退 1

30. 车五退一   炮 9 平 5

31. 相七进五   车 2 进 1

32. 车五平四   炮 5 平 6

33. 马四退六   车 2 平 7

34. 兵五进一   象 7 退 5

35. 炮二平七（图 396）

如图 396 形势，至此红优。

小结：黑车退而复进是探索性新着，其性能尚需完善改进，倘若重演请谨慎。

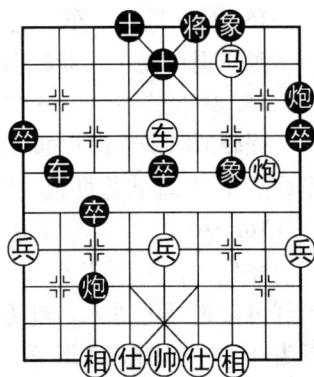

图 395

28. 马三退四   车 2 退 2

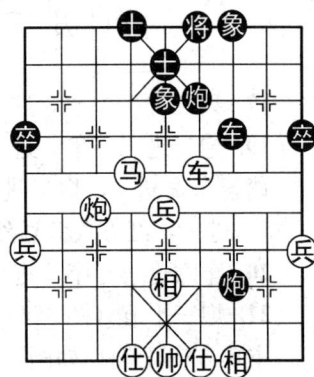

图 396

（二）兵七进一
（11 月 20 日陈富杰 VS 赵利琴之战）

17. 兵七进一   ······

新着！

17. ······   车 2 平 3   18. 马七进六   炮 9 进 4

似可改走马3进2，相七进五，炮9进4，黑可抗衡。

19. 炮二平七　　马3退5

黑如改走卒9进1，炮七进五，车3退2，相三进五，车3进2，马六进五，红优。

20. 炮七进七　　象5退3

21. 车六进二（图397）……

如图397形势，红方进车点穴使窝心马的处境尴尬。

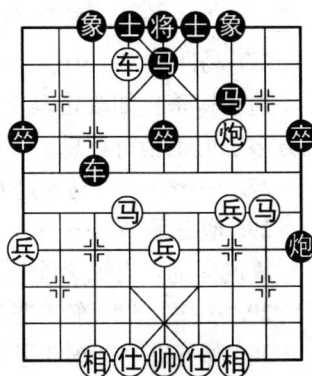
图 397

21. ……　　　　卒1进1

回避风险！如改走车3进5，马六进四，马7退9，炮三平九，红有攻势。

22. 相七进五　……

稳健！如追求对杀而走兵三进一，车3进5，马六进七，双方各有顾忌。

22. ……　　　　象7进9

精细紧凑，抓住黑马的弱点不放。

23. ……　　　　炮9平1

冲卒解困煞费苦心。如改走炮1进3，帅五平六，马5进6，马六进四，红方有攻势。

25. 马六进四　　炮1进3

26. 仕五进四（图398）……

稳健！如图398形势，倘若红方改走帅五平六会怎样呢？黑可接走马5进3，马四进三，马3进4，相五进七，车3平2，炮三平七，虽然红方多子，但黑方三子归边的惊险场面还是令人不寒而栗的。

26. ……　　　　卒5进1

23. 车六退一　……

24. 仕六进五　卒5进1

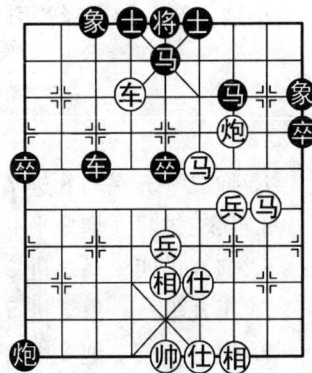
图 398

冲卒弃马背水一战！如改走马7进5，马四进二，后马进3，马二进三，马5退6，车六平四，红有攻势。

27. 马四进二　……

追求搏杀！如改走马四进三，马5进7，车六平三，卒5进1，红方多子但也稍有顾忌。

27. ……	马5进6	**28. 车六平三**	卒5进1

29. 炮三平一　……

算度深远，有惊无险！

29. ……	车3进5
30. 帅五进一	车3退1
31. 帅五退一	车3进1
32. 帅五进一	车3退1
33. 帅五退一	士4进5（图399）

只好放下战刀防护后院。如图399形势，黑方如改走卒5进1，相三进五，马6进5，前马进四，将5进1，车三进一，将5进1，马二进三，红胜。

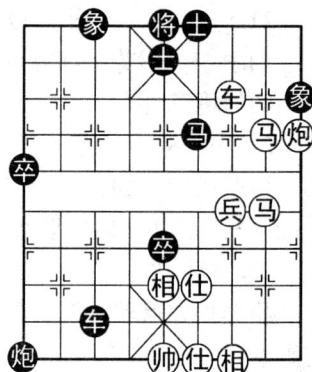

图 399

34. 炮一平四	卒5平4	**35. 炮四平六（红胜）**	

小结：新着初露锋芒引人注目，其优劣尚难定论。

三

1. 炮二平五	马8进7	**2.** 马二进三	车9平8
3. 兵三进一	炮8平9	**4.** 马八进七	卒3进1
5. 炮八进四	马2进3	**6.** 炮八平七	车1平2
7. 车九平八	象3进5	**8.** 车八进六	车8进4
9. 炮七平三	炮2平1	**10.** 车八平七	车2进2
11. 车一进二	炮1退2	**12.** 车一平二	车8进3
13. 炮五平二	炮1平3	**14.** 车七平六	车2退1
15. 马三进二	卒3进1		

16. 兵七进一（图400）……

新着！如图400形势，2005 年太原全国象棋个人赛尤颖钦 VS 伍霞之战曾走：兵三进一，马 3 进 2，车六退一，卒 3 进 1，马七退五，马 7 退 5，马二进一，马 5 进 3，车六平四，马 2 进 4，兵五进一，马 4 进 2，马五进四，马 2 进 3，帅五进一，士 4 进 5，车四进三，相互对杀，终局和棋。

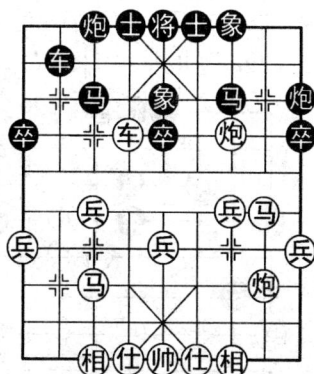

16. ……　　　　炮 3 进 5

黑方轰相打马，意在对攻！如改走士 4 进 5，相三进五，红优。

17. 兵三进一　……

针锋相对！为什么不走马七进六呢？因黑可接走马 3 进 2，车六退一，马 2 进 3，相三进五，马 3 进 4，混战对杀，双方各有顾忌。

17. ……　　　　炮 3 进 4　　　18. 帅五进一　……

御驾亲征！如改走仕六进五，炮 3 平 1，仕五进四，炮 9 进 4，黑有攻势。

18. ……　　　　炮 9 进 4

高估了己方的局势。稳健点可走车 2 进 7，车六退五，车 2 平 4，帅五平六，炮 9 进 4，黑方足可一战。

19. 马二进四　车 2 平 8　　　20. 车六退四　……

必然！否则有丢子之虞。

20. ……　　　　马 7 退 9　　　21. 马七进八　车 8 平 2

黑车左右寻找突破而疲于奔命，另如改走象 5 进 7，车六平七，炮 3 平 1，马四进六，红亦有攻势。

22. 车六平七　炮 3 平 1　　　23. 车七进五　车 2 进 4

24. 炮二进七（图401）……

如图401形势，红方吹响攻击的号角！

24. ……　　　　象 5 进 7　　　25. 马四进六　车 2 平 8

26. 炮三进二　车 8 退 5　　　27. 炮三平九　车 8 进 8

图 400

28. 帅五进一　车 8 退 7

29. 炮九进一（图 402）……

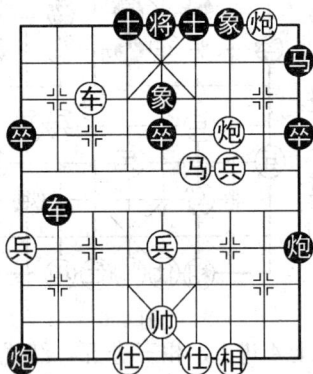

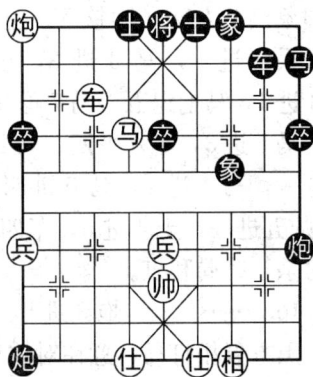

图 401　　　　　　　　　　　　图 402

老练！如图 402 形势，红方如改走马六进七，车 8 平 3，车七进一，虽然仍是红优，但有俗气的感觉！

29. ……　　士 4 进 5	**30. 车七进二　士 5 退 4**
31. 车七退五　士 4 进 5	**32. 马六进七　将 5 平 4**

33. 马七退九（红胜）

小结：这一新兴战术变化复杂，孰优孰劣尚待更多的研究与实战检验。

第二节　2007 年象甲联赛新变例

1. 炮二平五　马 8 进 7	**2. 马二进三　车 9 平 8**
3. 兵三进一　炮 8 平 9	**4. 马八进七　卒 3 进 1**
5. 炮八进四　马 2 进 3	**6. 炮八平七　车 1 平 2**
7. 车九平八　象 3 进 5（图 403）	

如图 403 形势，红方有车八进四与车八进六两种选择，演示如下：

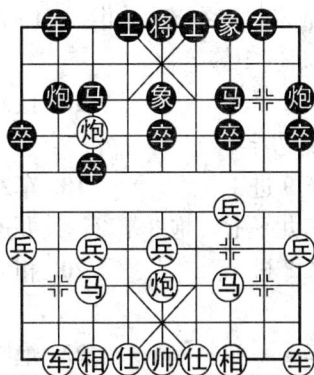

图 403

（一）车八进四
（5 月 22 日阎文清 VS 蒋凤山之战）

8. 车八进四 ……

巡河车是比较稳健的战术。在过去名手对局中其成功率较低，多以和棋告终，而现在阎大师敢于在"和棋黑胜"新规下逆势亮剑，显示其胸有成竹。

8. …… 车 8 进 4	**9. 炮七平三** 炮 2 平 1
10. 车八进五 马 3 退 2	**11. 车一进一** ……

高横车必然！如改走车一平二，车 8 进 5，马三退二，炮 9 进 4，黑可抗衡。

11. …… 马 2 进 3

12. 车一平八 马 3 进 4

13. 车八进三 马 4 进 3

14. 兵九进一 ……

挺边兵似劣实佳！

14. …… 士 6 进 5（图 404）

新着！乍看这步棋平常无奇，实则

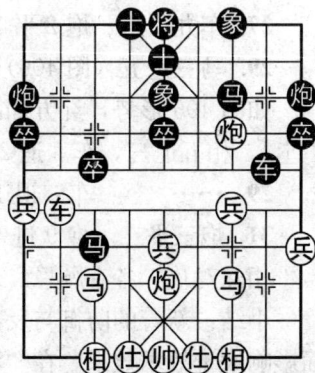

图 404

使阎大师精心准备的战术付诸东流。如图404形势，过去黑方多走车8平4、炮1平3、卒9进1等等。

15. 炮五平六　车8平4　　　　　　**16. 仕六进五　卒5进1**

不让红炮觊觎1路边卒。

17. 车八进二　卒9进1　　　　　　**18. 车八平九　炮1进3**

黑如炮1平3，车九平七，炮3平2，兵九进一，红稍优。

19. 炮三平二　卒3进1　　　　　　**20. 相七进五　卒5进1**

冲卒畅通车路。

21. 相五进七　车4平8　　　　　　**22. 炮二平七　……**

倘若错走车九平三，炮9进1，车三进一，炮1进4，黑有攻势。

22. ……　　　　车8平3

23. 相七退五（图405）……

如图405形势，红方为什么不走炮六进六呢？因黑可炮9退1，炮六平一，马7退9，相七退五，马3进5，相三进五，车3进3，车九退二，车3退4，车九平五，红方虽然稍优，但黑方亦可抗衡。

23. ……　　　　马3进5　　　　　　**24. 相三进五　车3进3**

25. 兵五进一　……

保持复杂态势。如车九退二，车3退4，兵五进一，车3进1，车九退一，马7进6，红多兵少相，赢棋也有难度。

25. ……　　　　马7进6　　　　　　**26. 炮七平三　炮1平2**

27. 车九平八　炮2平1　　　　　　**28. 兵五进一　马6进8**

29. 马三进五（图406）……

如图406形势，红方如改走马三进二，炮1平8，炮三平一，炮8进4，相五退三，车3退2，黑有攻势。

29. ……　　　　车3退1　　　　　　**30. 马五进六　车3退2**

31. 炮三平二　炮9进4

相互对攻，各有顾忌。

小结：新着的防御与反击性能不敢过于恭维，在实战中其心理层面影响大于战术效果。在"和棋黑胜"新规下选用稳健性较强的五八炮巡河车，在战略上是否得当，尚有商榷之处。

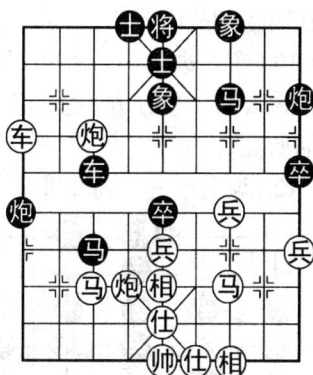

图 405

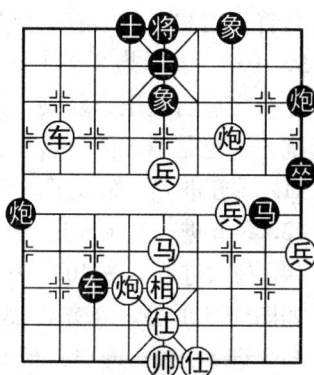

图 406

（二）车八进六

（5月30日许银川 VS 张晓平之战）

8. 车八进六 ……

急进过河车是流行多年的主流战术。

8. …… 车8进8（图407）

如图407形势，朦胧记得伸车点穴这步棋是2005年由特级大师刘殿中推出的新着。现在张晓平大师借他山之石，砸向许特大，从而演绎一段"以己之矛攻己之盾"的趣战！原来在2005年11月30日北京靳玉砚 VS 广东许银川曾这样下过：车一进一，车8平9，

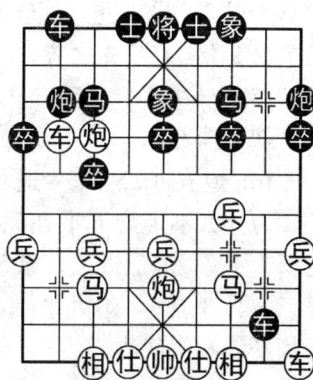

图 407

马三退一，炮2平1，车八进三，马3退2，马一进三，卒7进1，兵三进一，象5进7，兵五进一，炮1平5，马七进五，马2进3，局势平稳。当然在"和棋黑胜"这把达摩克利斯之剑下，倘若重蹈昔日旧路必然凶多吉少。那么许特大如何决策呢？请看下步。

9. 车一进二 ……

新着！怕和，高车避免兑车，争取在陌生的战区搏斗。

9. ……　　　　炮2平1　　　　**10.** 车八进三　马3退2

兑车之后右翼压力释放，由于黑车抢占要道，使红方不能右车左移骚扰。这也是第8回合黑车点穴的目的所在。

11. 兵五进一　车8平4　　　　**12.** 炮七平三　马2进3

13. 兵五进一　士6进5

14. 马七进五（图408）……

如图408形势，红方如改走兵五平四，马3进4，兵三进一，车4退2，炮三平九，车4平3，炮九平七，车3平7，兵三进一，卒3进1，兵三进一，炮1平7，黑弃子后有攻势。

14. ……　　　　卒5进1

15. 兵三进一　……

为什么不走炮五进三呢？因黑可接

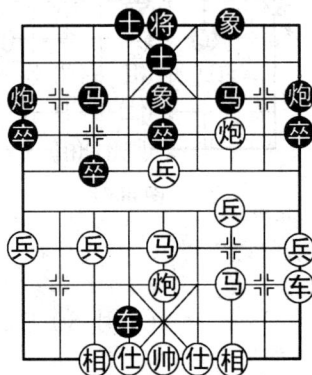

图408

走车4退5，兵三进一，车4平5，马五进三，象5进7，炮三进三，马7退9，黑有反先之势。

15. ……　　　　卒5进1

献卒佳着！

16. 炮五进二　车4退4

17. 车一平二　……

为什么不走炮五平九呢？因黑可接走车4平7，炮三进三，象5退7，炮九进三，马3退1，炮九平一，象7进9，局势平淡和望甚浓。

17. ……　　　　车4平5

18. 车二进二　马7进5

19. 兵三平四（图409）……

献兵求变！如图409形势，红方如改走炮三平二，马5进7，黑优。

19. ……　　　　车5平6

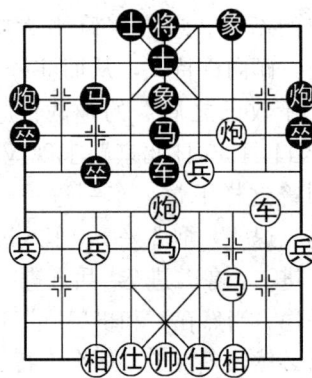

图409

20. 炮三平二　　车6平5　　　　　**21.** 炮二进三　　士5退6

22. 马五退四　　……

以退为进别无良策！因"和棋黑胜"，不能轻易交换子力。

22. ……　　　　　士4进5

23. 炮五退二　　车5平7

24. 马四进五　　炮9平7（图410）

如图410形势，黑炮瞄马胁相，反击由此拉开序幕！

25. 马三退五　　炮1进4

26. 兵七进一　　炮1平9

27. 相三进一　　卒9进1

黑方足可抗衡。

小结：针对"怕兑和棋"的心理，

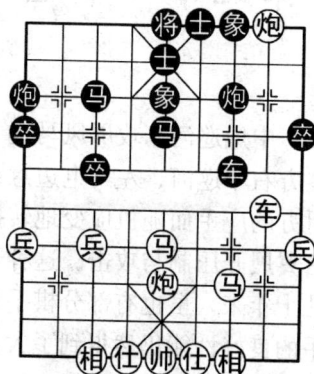

图 410

黑车点穴恰到好处，从而导致红方边车兑也尴尬，不兑也尴尬的两难境地，甚至像天下第一高手许银川也陷于怎样取胜的迷茫之中，所以布局如何与时俱进已迫在眉睫。在"红和黑胜"这把达摩克利斯之剑的威慑下，必须对五八炮的攻击性能给予重新评估，否则容易遭到对手"和杀"的命运。

第九章 中炮巡河车对屏风马挺3卒

中炮巡河车攻屏风马挺 3 卒是一种稳健型布局方法，开局阶段，红方右车巡河、左马屯边意在均衡发展子力，以后冲兑七路兵，根据对方的应手而随机应变地转换成五六炮、五七炮或是五八炮，对黑方右翼展开压制与攻击。这种开局法在 20 世纪五六十年代曾盛行一时，几十年来，虽也有部分棋手认为其稳健有余、攻击力不足，但稳持先手的良好性能仍然得到了大多数棋手的青睐，至新世纪以来成为一种被广泛认可的流行布局。

第一节 2006 年个人赛新变例

本届比赛著名特级大师吕钦在最关键时刻均抛出了屏风马高边车的杀手锏，并取得两战两胜的战绩而令棋界关注。

1. 炮二平五　马 8 进 7　　　2. 马二进三　车 9 平 8

3. 车一平二　卒 3 进 1　　　4. 车二进四　……

巡河车是古典稳健性布局战术。

4. ……　　　马 2 进 3　　　5. 兵七进一　卒 3 进 1

6. 车二平七　炮 2 退 1　　　7. 炮八平七　车 1 进 2

引而不发是近几年偶尔出现的冷门战术。过去主流是走炮 2 平 3 打车，以下红方有两种选择：①车七平二或车七平六，比较容易和棋。②著名古典的"弃马陷车"战法：车七平三，卒 7 进 1，车三进一，象 3 进 5，车三进二，马 3 退 5，炮五进四，炮 3 进 8，帅五进一，炮 3 平 1，黑优。

8. 车七平八　……

捉炮断道是其战术意图。如改走车七平六，黑车1平2出车。

8. ……　　　　炮2平7（图411）

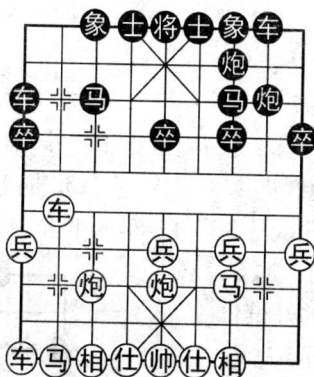

图411

摆下空城计等待红方来轰象。如图411形势，红方有马八进九与车九进一两种选择，演示如下：

（一）马八进九

（11月16日湖南谢业枧 VS 广东吕钦之战）

9. 马八进九　……

新着！怪，为什么不走炮七进七轰象拼个你死我活呢？其实道理很简单，大敌当前小谢选择"巡河车"求稳定是核心战略，不求有功但求无过。因在七轮淘汰赛制下，前两轮一和一负的积分使吕钦的形势相当严峻，只要和棋就可能把吕钦推向深渊。

而吕钦当时颇有点连和也和不起的窘境，战略上这盘棋对吕钦来说只能背水一战，不成功则成仁，否则只好告别06，相约07年了。

9. ……　　　　象7进5

不宜过度用强！倘若改走卒7进1，炮七进七，士4进5，车九平八，黑方后院也不安宁。

10. 炮五平六　……

卸中炮潜有进炮双打之暗着，也可走车九平八，卒7进1，马九进七，红方可战。

10. ……　　　卒7进1　　　**11.** 车九平八　……

如改走炮六进五，马3进4，车八进四，车1平4，车八平三，马7进6，黑有反先之势。

11. ……　　　马7进6　　　**12.** 前车平四　……

如改走炮六进六，马3退1，红方下一步攻击的目标也不明确。

12. ……　　　炮8进2　　　**13.** 炮七进四　……

红如改走相七进五，马3进4，车四平五，车8进3，黑方稍好。

13. ……　　　马3退5

右马左移是轻灵的好棋！

14. 相七进五　马5进7

15. 仕六进五　……

随手！似应改走车八进四，坚守为宜。

15. ……　　　炮8进1（图412）

如图412形势，明察秋毫火眼金睛的大英雄吕钦略思片刻，只听啪地一声，飞快地把黑炮轻进一步。

图412

16. 车四退三　……

虽然落子之声没有多少分贝，但对小谢来说无疑是晴天霹雳，足足考虑了近20分钟，才无奈做出退车的选择。

16. ……　　　炮7平6　　　**17.** 车四平一　车1平4

红方右车被打回原型，黑车趁势开出，于不声不响的移步换形之中，优势的天平开始向黑方倾斜。

18. 炮七退六　马6进7

为什么不走车4进4呢？因红可接走马九退七，车4平1，炮六进六，红有攻势。

19. 马九进七　炮8进2　　　**20.** 车八进六　前马退6

进而复退，井然有序！

21. 炮七平六　车4平3　　　**22.** 马七进六　车3进2

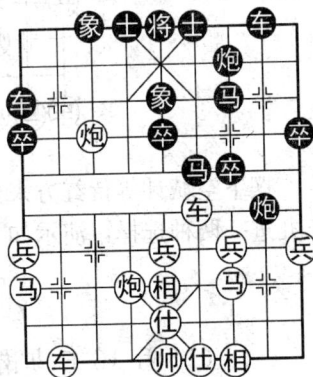

23. 车八退二 ……

在红方顽强的抗御下，黑方难有快速取胜之路。

23. ……　　　炮8退1

24. 马三进四（图413） ……

奋力反击！如图413形势，红方如改走兵九进一，炮8平7，红也难下。

24. ……　　　炮8平1

25. 马四退六　车3进3

26. 后马退八　士6进5

黑方多卒优势。

图 413

小结：红进边马的新着付出沉重代价，那么红方是否另有良策呢？请看下局。

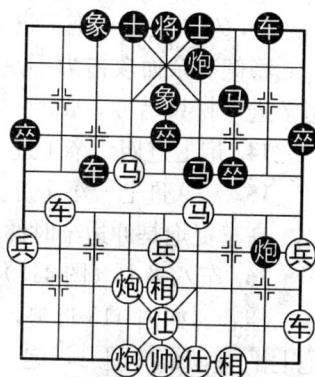

（二）车九进一

（11月18日北京唐丹VS浙江金海英之战）

9. 车九进一　象7进5

11月25日王斌VS吕钦之战曾走：卒7进1，炮七进七，士4进5，车九平四，马7进8，车四进七，炮7进5，相三进一，车1平2，车四退四，炮7平1，车八进三，炮8平2，车四平八，炮2进7，车八退四，马8进7，炮五平九，车8进8，车八进七，象7进5，相互对攻各有顾忌。

10. 车九平四　卒7进1

11. 炮五平六（图414） ……

新着。如图414形势，过去有走炮七进四的变化。

11. ……　　　马7进8

12. 相七进五　士4进5

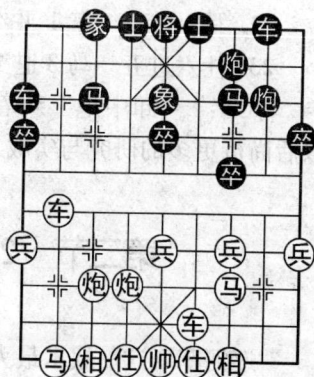

图 414

13. 车四进七　炮7进1

稳健有余而攻击力不足，似可改走炮7进5打兵足可一战。

14. 炮七进四　卒1进1

15. 马八进七　车1进1

高车捉炮是冲边卒时的既定战术。

16. 车八平七（图415）……

佳着。如图415形势，红方如改走炮七平一，卒5进1，炮一平八，炮7平6，黑方子力灵活可战。

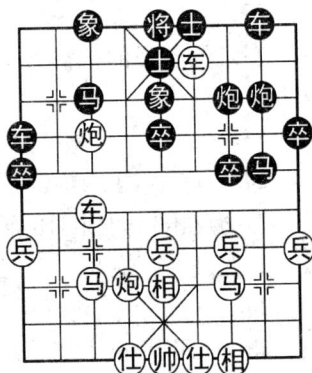

图 415

16. ……　　　卒1进1

煞费苦心的怪着。这步棋为什么呢？为防红马七进八踏车！

17. 马七进六　马8进7

18. 炮七平一　车1退2

19. 车四退二　炮8进6

20. 车四平三　卒1平2

21. 车七进二（图416）……

进车压马老练。如图416形势，红方如改走车七平八，炮7平9，马六进五，车1进2，双方各有顾忌。

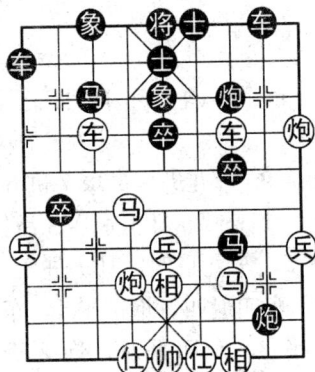

图 416

21. ……　　　炮7平6

22. 马六进五　车1平4

23. 仕六进五　马3退1（红优）

小结："卸中炮"新着初见成效，以后尚待更多的研究与实战来检验。

第二节　2007年个人赛新变例

"巡河车"这一战术最大的威慑力来自七路红炮，过去从没人敢于炮弹上膛远程击发！湖北熊学元大师首开记录，在本届比赛中按下发射按钮炸开黑营，从而引发一场新的战斗。

1. 炮二平五　马8进7　　　　**2.** 马二进三　卒3进1

3. 车一平二　车9平8　　　　**4.** 车二进四　……

巡河车是古老的稳健性战术。

4. ……　　　马2进3　　　　**5.** 兵七进一　卒3进1

6. 车二平七　炮2退1　　　　**7.** 炮八平七　车1进2

高边车保马是近几年来创新战术。老谱中是走炮2平3，车七平三，卒7进1，车三进一，象3进5，车三进二，马3退5，从而演变成著名的弃马陷车局。

8. 车七平八　炮2平7

9. 炮七进七　……

新着，飞炮轰象，利剑出鞘！过去只是利用其远程威慑力而多走车九进一，从没有现在的实质性轰炸。

9. ……　　　士4进5（图417）

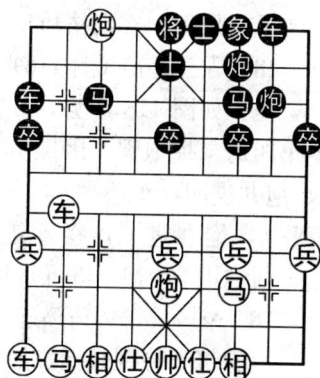

图417

如图417形势，红方有车九进一与炮五平八两种选择，演示如下：

（一）车九进一

（湖北熊学元 VS 厦门李鸿嘉9月4日之战）

10. 车九进一　象7进5

保持高车的复杂态势。如改走车1退2，炮五平七，象7进5，前炮退一，马3进4，车八平七，马4退2，车七退一，马2退3，炮七进六，车1平3，黑方欲和容易，而赢有点难。

11. 炮七平八　马3退2　　　　**12.** 车八进五　士5退4

13. 马八进七　……

红如车九平六，士6进5，马八进七，卒7进1，黑方可以一战。

13. ……　　　车1平4　　　　**14.** 马七进八　卒7进1

15. 车九平四　士6进5

伸车点穴试其应手。

16. ……　　　车8平7

倘若错走炮7退1，车四平三，红方有攻势。

17. 炮五平九　炮8进1

看似呆板，实则精巧！

18. 马三退五（图418）……

怪！如图418形势，红方为什么不走车四退二捉炮呢？因黑可接走炮8平7，炮九进四，车7平6，车四进三，将5平6，炮九进三，将6进1，车八退四，前炮进3，相三进五，后炮平8，黑可抗衡。

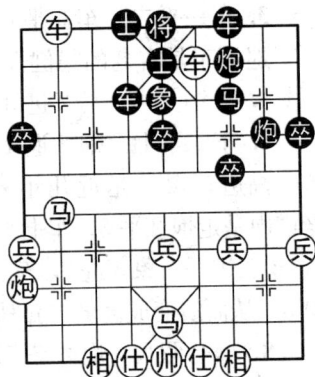

图 418

16. 车四进七　……

18. ……　　　马7进8

退炮打车势在必行。如错走马8进7，炮九平六，红有攻势。

20. 车四退二　马8进7

边炮出击似有发动攻势略早之嫌。含蓄一点可走车四平二，炮8平9，车二平一，马7进8，相三进五，炮9进5，炮九平六，车4平3，马八进六，车3进5，仕四进五，炮9平4，前马进五，红有攻势。

21. ……　　　车4平1

激烈的搏杀由此展开！

23. 马八进七　车1平3

24. 马六进八（图419）……

对杀之下速度往往是决定胜负的主要因素！如图419形势，红方似不如来个鱼死网破而走马七进五，车3平5，炮九进五，车5平1，车四平三，马7进9，仕六进五，混战之下鹿死谁手尚难预料。

24. ……　　　马7进9

19. 马五进六　炮8退2

21. 炮九进四　……

22. 炮九退二　炮8进8

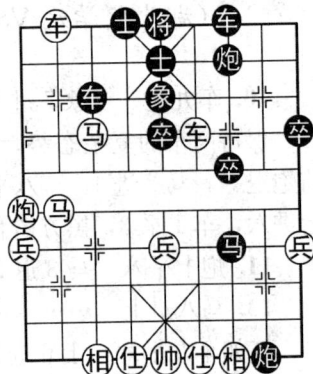

图 419

黑方大有攻势，终局获胜。

小结：飞炮轰象的新着虽然"出师未捷身先死"，但为这一布局填补了空白。

（二）炮五平八
（厦门汪洋 VS 四川邱东 9 月 5 日之战）

10. 炮五平八 ……

卸中炮是针对上局的最新改进战术！

10. ……　　　车 1 退 2　　　　**11. 炮七平八　卒 5 进 1**

攻守兼顾！如改走炮 8 平 9，车九进一，红优。

12. 车九进一　马 7 进 5　　　**13. 车九平七　炮 8 平 5**

14. 相七进五　卒 5 进 1

略嫌激进！似可改走车 8 进 6 牵制反攻为宜。

15. 兵五进一　车 8 进 5

伸车引兵，匪夷所思！

16. 兵三进一　车 8 退 1（图 420）

如图 420 形势，黑方似可将错就错而走车 8 进 1，马三进四，车 8 平 5，马四进五，车 5 退 1，相互对攻各有顾忌。

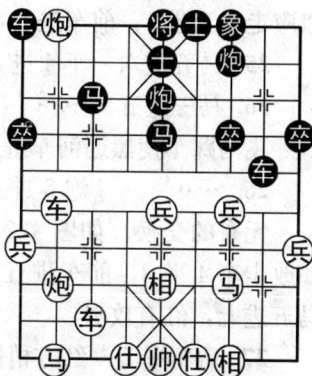

图 420

17. 马八进六　炮 5 进 3

似可引而不发走车 8 平 3 兑车，车七进二，卒 7 进 1，相互对攻。

18. 仕四进五　车 8 平 3

19. 车七进二 ……

奇巧！如车七进四兑车，亦是红方稍优。

19. ……　　　炮 7 进 1

有迟缓之嫌！似可改走炮 7 进 4，车八平五，车 3 进 2，马六进七，车 1 平 2，炮八平六，炮 7 进 1，尚可抗衡。

20. 前炮退三 ……

似可改走前炮平四，士 5 退 6，车
八平五，车 3 进 2，马六进七，车 1 平
2，马七进六，红优。

20.……　　　车 1 平 4

有似先实后之感。似应走炮 7 平 5
为佳。

21. 后炮平七　车 3 平 2（图 421）

如图 421 形势，黑方如改走车 3 进
2，马六进七，车 4 进 6，车八平五，车
4 平 3，炮七进五，马 5 退 3，马三进
四，红方稍优。

22. 车八平五　炮 7 平 5

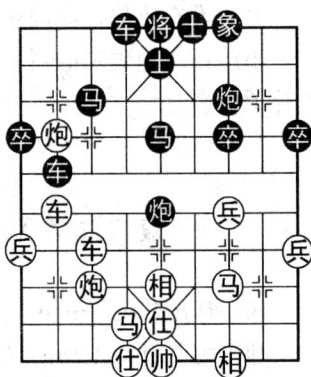

图 421

23. 车五平七　车 2 退 1

24. 马六进五　马 3 进 4

主动兑马虽然解除了 3 路马的威胁，但也留下底线空虚的弱点。
似应走车 2 进 1，前车进二，炮 5 平 6，坚守为宜。

25. 马五进六　车 4 进 4

26. 马三进五　……

飞马踩车使黑巡河车进退两难。

26.……　　　炮 5 进 4（图 422）

无奈的交换！如图 422 形势，黑方
如改走车 4 平 8，前车进五，士 5 退 4，
马五进七，红有攻势。

27. 后车平五（红方稍优）

小结：炮轰底象战术开创了巡河车
与高车保马争斗的新天地。因其复杂多
变，孰优孰劣尚需更多的实战检验与研究。

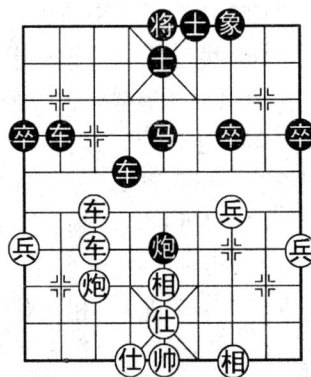

图 422

第十章　顺　炮

顺炮布局源远流长，远在明清时期就已初具规模，发展至今分为顺炮直车对横车、顺炮横车对直车、先手顺炮缓开车和后手顺炮缓开车四大体系。因为顺炮局在棋型上针锋相对，炮口隔岸对峙，所以以后的发展变化多见于火药味十足的对攻场面。

顺炮局经过不同时代的发展与总结，攻守双方的战略思想已大抵定型。作为先手方，凭借着先行之利，大都采用稳步推进的缓攻策略，将先手优势逐渐扩大；而后手方也已经意识到如果正常应对的话将很难获得反先的机会，要想取得与红方分庭抗礼的地位，必须打破常规，积极挑起争端，浑水摸鱼。进入 21 世纪，顺炮直车两头蛇对双横车变例、顺炮直车两头蛇对横车分边炮变例与顺炮直车对缓开车挺 7 卒变例成为大赛中顺炮局较量的中心，双方攻守变化不断增多，新颖精巧的战术构思日趋丰富，使现代斗炮战变得更加激烈与精彩。

第一节　2005 年等级赛 & 区县级赛新变例

朦胧记得"弃卒捉马"变例最早出自 1978 年蔡福如 VS 胡荣华两位特级大师之战。由于此变例对攻激烈惊险，吸引了众多弈林好汉，进入新世纪，此布局变例又有新品出现。

1. 炮二平五	炮 8 平 5	**2.** 马二进三	车 9 进 1
3. 车一平二	马 8 进 7	**4.** 兵三进一	车 9 平 4
5. 马八进七	马 2 进 3	**6.** 兵七进一	车 4 进 7
7. 炮八进二	车 1 进 1		
8. 马三进四	卒 3 进 1 （图 423）		

如图 423 形势，黑方弃 3 路卒打破红方巡河炮保马的格局，是胡荣华的杰作。

9. 兵七进一　　车 1 平 6

10. 马四进三　……

强硬。如改走炮八平七，车 6 进 4，炮七进三，局势平稳。

10. ……　　　　车 6 进 3

11. 兵七进一　　马 3 退 5

12. 炮八平五　　车 6 平 3

把局势导向复杂对杀的轨道。也可改走炮 5 进 3 兑炮。

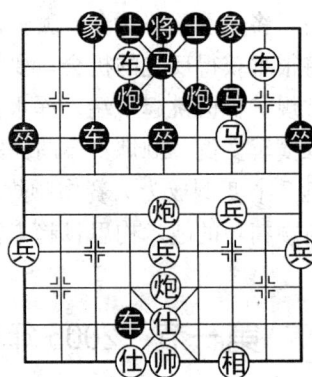

13. 车九平八　　炮 2 平 4

14. 车八进八　　车 3 进 3

15. 车八平六　　炮 5 平 6

布局飞刀！这是湖南队业余棋手孙浩宇在 2005 年全国等级赛中创出的新着。如改走炮 5 进 3，炮五进二，车 3 退 4，马三进五，车 4 平 6，车二进一，红有攻势。

16. 车二进八　　车 3 进 2

17. 仕四进五　　车 3 退 6（图 424）

如图 424 形势，红方有车二平四和后炮平八两种选择，演示如下：

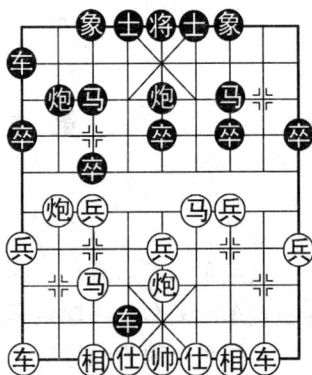

图 423

图 424

（一）车二平四

（5 月 25 日河南李林 VS 湖南孙浩宇弈于江西）

18. 车二平四　　炮 4 平 2

闪击，解围佳着！

19. 车六平八　　车 3 退 1　　　　**20.** 后炮平三　　炮 2 进 6

21. 炮三退一 ……

迟缓。强硬一点可走马三退四，各有顾忌。

21. …… 炮2平3

22. 车八退八 车4退6

23. 炮三平七（图425） ……

如图425形势，红方似仍可走马三退四，车3平2，马四进五，车2进7，炮三平七，红方虽然少一车但有攻势，黑方也有顾忌。

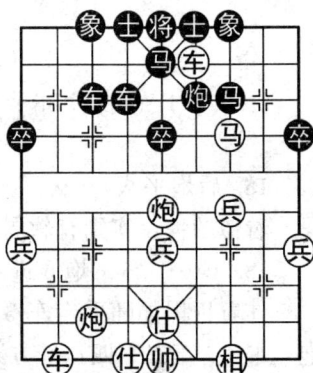

图 425

23. …… 车3进6　　**24. 车八进五** 炮6平5

好棋！解除中路压力后可保持多子之势。

25. 炮五进三 ……

红如改走马三进五，象3进5，兵三进一，马5进3，车八进一，卒5进1，黑优。

25. …… 象3进5　　**26. 车八平四** 象5退3

27. 前车平三 马5进3

28. 车三进一 马3进4

29. 车四进三 马4进5

30. 马三进一 士4进5

31. 兵三进一 马5进3（图426）

如图426形势，至此黑方大优。

小结：当孙浩宇的飞刀战术打响第一枪之后，表面上在棋界并没有产生很大的轰动效应，实际上却是暗流汹涌。请看下局：

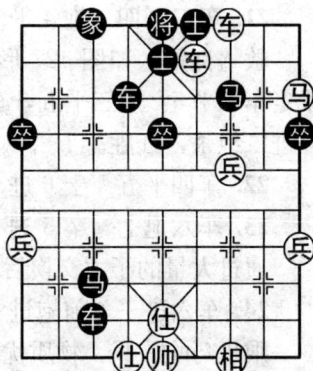

图 426

（二）后炮平八

（6月6日广州卢曦VS深圳刘立山弈于广州）

18. 后炮平八　……

看似凶悍，实则有软弱之嫌。

18. ……　　炮6进1

佳着！黑如随手走车3平2，炮八平六，炮4平3，炮六平七，炮3平4，车二平四，红方大有攻势。

19. 炮八进五　……

如改走炮八进七，炮4平2，车六平八，炮2退2，车八进一，卒5进1，红阵崩溃。

19. ……　　卒5进1

红方的镇顶炮是攻势之源，现冲卒驱炮顿使红方的攻势土崩瓦解。

20. 炮八平三　卒5进1

21. 车二平四　炮4平6（图427）

救驾良策！如图427形势，黑方如改走车3平5？炮三平五，车5退1，马三进二绝杀，红胜。

22. 车四平五　士6进5

23. 车六退七　卒5进1

通过大量的子力交换后，局面大抵定型，黑方优势明显。

24. 车六进三　前炮进3

乘机巧吃一兵，物质优势不断扩大。

25. 马三退五　前炮平1

26. 车六平九　炮6平1

红如改走马五进七，前炮进3杀。

27. 车九平八　……

27. ……　　前炮进3

28. 车八退四　车3平2

29. 车八平七　车2平5（图428）

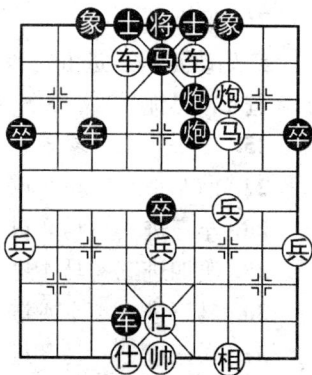

图 427

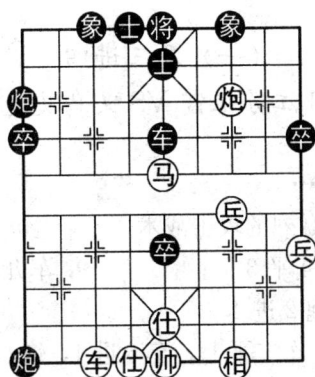

图 428

如图 428 形势，至此黑胜。

小结：飞刀再试仍获成功，这是否意味着顺炮双横车布局将再度崛起呢，我们要用时间来验证。

第二节 2005 年浙江 "三环杯" 赛新变例

1. 炮二平五　炮 8 平 5
2. 马二进三　马 8 进 7
3. 车一平二　车 9 进 1
4. 马八进七　马 2 进 3
5. 兵七进一　车 9 平 4
6. 兵三进一　车 1 进 1
7. 相七进九　车 4 进 5（图 429）

进车兵行线是双横车布局的主流战术。如图 429 形势，红方有马三进四与仕六进五两种选择，演示如下：

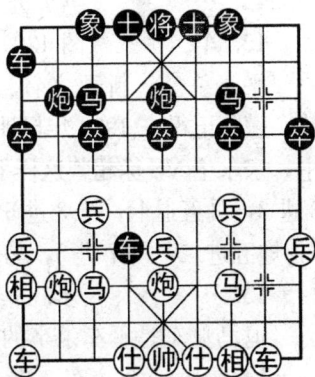

图 429

(一) 马三进四

(9月3日江苏伍霞 VS 义乌艾光智之战)

8. 马三进四 ……

飞马踏车是比较激烈的攻击战术。

8. …… 车4平3 **9. 车九平七** 卒3进1

10. 车二进五 炮2进4

如改走车1平6，车二平七，车6进4，炮八进二，车6进3，前车进二，红优。

11. 兵七进一 ……

如改走车二平七，车1平6，黑方有很强的反击手段。

11. …… 车1平6

12. 马四退三 ……

以退为进。如改走马四进三，车6进2，双方各有顾忌。

12. …… 卒7进1

13. 车二平三（图430）……

平车杀卒，新颖之着。如图430形势，朦胧记得在1998年昆明全国个人赛

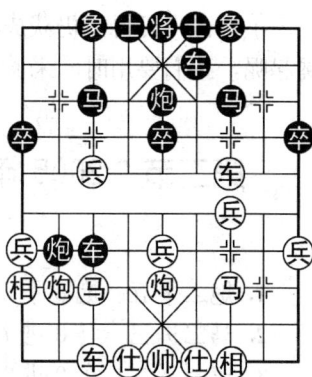

图 430

中，宗永生 VS 徐超曾这样下过：车二退一，卒5进1，马七退五，车3进3，马五退七，马3进5，兵七平六，卒5进1，兵六进一，马5进6，炮五进二，马7进5，马七进六，炮5进3，兵五进一，红优。

13. …… 马7进6 **14. 马七退五** ……

退马兑车是平车杀卒的配套战术。

14. …… 车3进3 **15. 马五退七** 马6进5

16. 马三进五 ……

如改走兵七进一，马5进7，炮八平三，炮2平7双打，红方难应。

16. …… 炮5进4

17. 仕六进五 象3进5（图431）

如图431形势，黑方飞象逐车，抢先一步。

18. 车三平二 车6平4

19. 兵七进一 马3退5

20. 车二平八 车4进5

21. 炮八退二 炮2平3

22. 车八退二（红优）

小结：精华之作出自女子棋手可喜可贺，从而为这一战术增添了新的攻防内容。

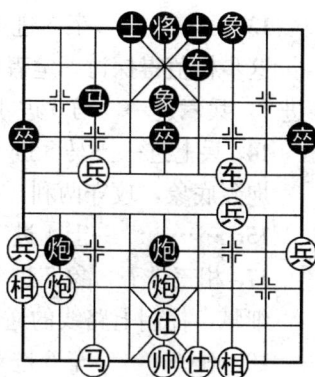
图 431

（二）仕六进五
（9月3日黎德志VS洪智之战）

8. 仕六进五 ……

补仕是久经考验的主流战术。

8. …… 车4平3

10. 马七退六 ……

追求稳健的战术策略。

10. …… 车3进3

11. 相九退七 车6进3

12. 炮五平七 卒5进1

13. 兵七进一（图432）……

如图432形势，红方冲渡七兵是新着。2002年11月2日浙江张辉VS黑龙江赵国荣之战曾走：炮七进四，卒5进1，兵五进一，卒7进1，车二进六，

9. 车九平七 车1平6

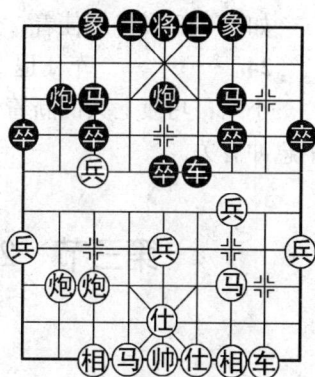
图 432

马3进5，炮八平五，炮5进3，马六进七，炮2平5，马三进五，车6进1，车二平三，卒7进1，马五退三，车6进1，车三退二，士4进5，车三进二，车6平4，马三进二，车4退2，黑可抗衡。

13. ……　　　　卒 5 进 1

这步棋值得探讨。笔者愚见，似可先走马 3 进 5，兵七平六，卒 5 进 1，兵六进一，马 5 进 4，相互激战各有顾忌。

14. 兵七进一　马 3 进 5　　　　**15. 炮七进七　……**

炮轰底象，攻守两利。

15. ……　　　　士 4 进 5　　　　**16. 兵五进一　炮 5 进 3**

17. 相三进五　象 7 进 5　　　　**18. 炮七退一　……**

细腻，控制七路线的通道。

18. ……　　　　车 6 进 2

19. 马六进七　……

机警，加强协防组合。

19. ……　　　　车 6 平 4

20. 车二进六　卒 7 进 1

21. 炮八进四　将 5 平 4

22. 马三进五　马 5 进 6

23. 兵三进一　象 5 进 7

24. 车二平六（图 433）……

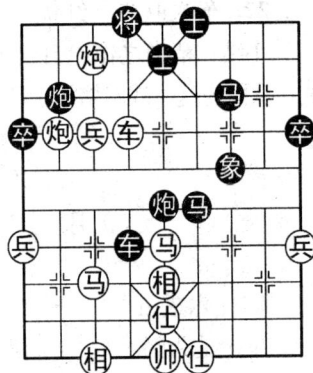

图 433

如图 433 形势，佳着，于无车棋中确保优势。

24. ……　　　　车 4 退 3　　　　**25. 兵七平六（红优）**

小结：巧渡七兵的新着乍露锋芒，黑方造成失先的主要原因与中卒急冲有关。

第三节　2005 年个人赛新变例

一

1. 炮二平五　炮 8 平 5　　　　**2. 马二进三　马 8 进 7**

3. 车一平二　车 9 进 1　　　　**4. 兵三进一　车 9 平 4**

5. 马八进七　马2进3　　　　**6.** 兵七进一　炮2平1

7. 车九平八　车4进5　　　　**8.** 马三进四　车4平3

9. 马四进六　……

飞马踏车是20世纪70年代中后期兴起的战术。

9. ……　　　车3进1　　**10.** 马六进七　炮1进4

11. 炮八进七　炮5进4

黑如改走炮1平3瞄相，则双方另
有攻守。

12. 仕四进五　炮1平3

13. 相七进九　车3平1

14. 车二进七　……

伸车提马是急攻的选择！如改走帅
五平四，双方另有攻防变化。

14. ……　　　前车平2（图434）

这是金波大师在大型比赛中首创的

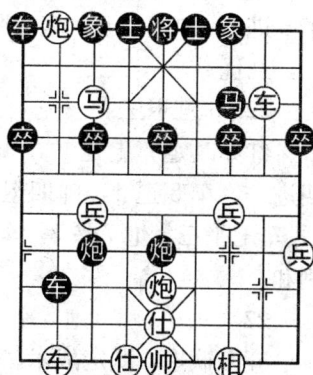

图434

新着。如图434形势，红方有车八平七、车二平三两种选择，演示
如下：

（一）车八平七

（10月31日谢卓淼先和金波之战）

15. 车八平七　炮3平9　　**16.** 车二平三　炮9进3

17. 相三进一　车2平5　　**18.** 车七进三　车1平2

枰旁观战不得不叹服弃车砍炮算度之深远！因如改走象7进5，
车七平六，士6进5，帅五平四，车1平2，车三平四，象3进1，车
四进一，车2平3，马七进五，红方大优。

19. 马七进八　车5平8

脱离牵制的必然选择！如改走象7进5，帅五平四，卒5进1，
车三平四，士4进5，车四退一，红方大优。

20. 帅五平四　车8退1

21. 车三进二（图 435）……

如图 435 形势，红方吃象是破坏黑方防线，争取胜利的必然之路。

21. ……   士 4 进 5

黑如贪仕而走车 8 平 6，仕五进四，车 6 进 1，帅四平五，炮 5 退 1，车三退三，红优。

22. 车三退三   ……

红如改走车七退一，车 8 进 3，帅四进一，车 8 退 1，帅四退一，炮 5 平 7，车七平三，炮 7 平 3，车三平七，炮 3 平 7，车七平三，双方不变判和。

图 435

22. ……   炮 5 平 7   **23. 车七平三   ……**

弃车砍炮，既定战术。如改走车三平五，车 8 进 3，帅四进一，炮 7 进 2，黑胜。

23. ……   车 8 平 7   **24. 车三平五   车 7 平 2**

25. 马八退七   卒 9 进 1   **26. 车五平七   卒 9 进 1**

27. 车七平九   卒 9 进 1

28. 车九退四（图 436）……

机警！如图 436 形势，红方如贸然进攻而走车九进三，士 5 退 4，兵七进一，卒 9 进 1，黑方车炮卒三子归边，可捷足先登。

28. ……   车 2 平 3

红多兵是潜在威胁，及时吃兵是明智的选择。

29. 马七退六   车 3 退 1   **30. 兵三进一   车 3 退 1**

31. 车九平六   炮 9 平 8   **32. 兵三进一   炮 8 退 8**

33. 帅四平五（图 437）

如图 437 形势，黑方可以抗衡，终局和棋，余着从略。

小结：新着具有一定的反击力，不过其性能优劣与否尚待更多的研究与实战的检验。

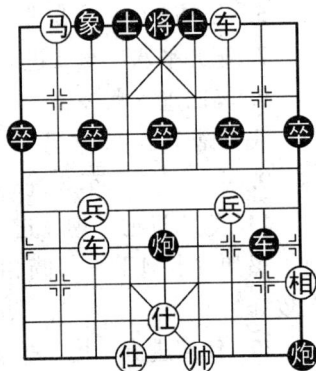

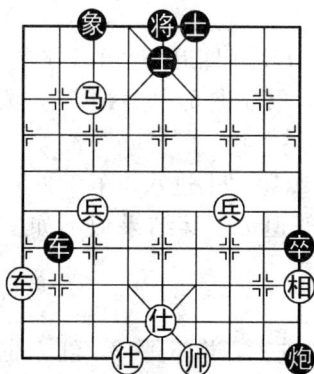

图 436

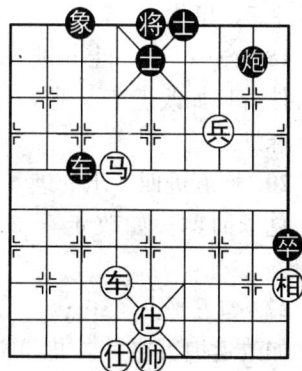

图 437

（二）车二平三

（11月7日郑乃东 VS 孟辰之战）

15. 车二平三 ……

惊天地泣鬼神的新创！这盘棋是最后一轮，笔者在枰旁见老将郑乃东挥臂弃车砍马而感到惊叹，其一贯勇于搏杀、敢于拼命的风格表现得淋漓尽致！

15. ……　车2进2

16. 帅五平四　车2退5（图438）

如图438形势，临场小将孟辰不慌不忙地把车退回河口，顿使红方攻势的锋芒大减。

17. 兵七进一 ……

弃兵拦挡，煞费苦心！为速战速决而不惜一切代价。如改走炮五进四，车2平6，仕五进四，车6进3，帅四平五，车6进1，黑胜。

17. ……　车2平3

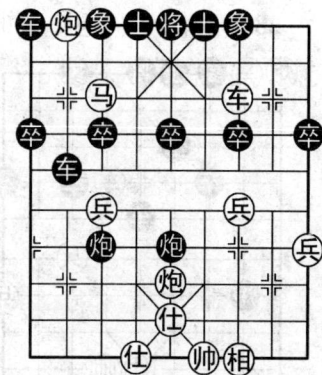

图 438

18. 车三平四 ……

如改走车三退一，车3平6，炮五平四，车6退2，车三平五，车6平5，黑优。

18. …… 士6进5 　　**19.** 车四退一　车1平2

佳着！如改走卒5进1，炮八平六，象3进5，炮六退三，黑方
要有麻烦。

20. 炮五进四　士5进4 　　**21.** 马七进八　车3平5

兑子简明！如改走车3平2，炮五退二，其结果似不如实战
理想。

22. 炮五平九　……

如改走炮五平三，炮3进3，帅四进一，炮5平2，红方也难
招架。

22. …… 炮3进3 　　**23.** 帅四进一　炮5平2

24. 炮九进三（图439）……

如图439形势，红方为什么不走车四平五兑车呢？因黑可走车5
退1，炮九平五，炮2退5，黑方胜势。

24. …… 炮2进2 　　**25.** 帅四进一　炮3平7

26. 炮九平七　将5进1 　　**27.** 车四进二　将5进1

28. 仕五进六　……

无奈！如改走仕五退四，炮2平8，黑方亦胜。

28. …… 炮7平6（图440）

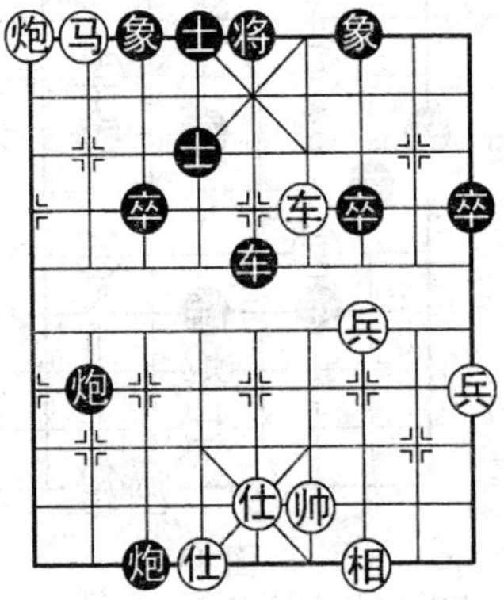

图 439

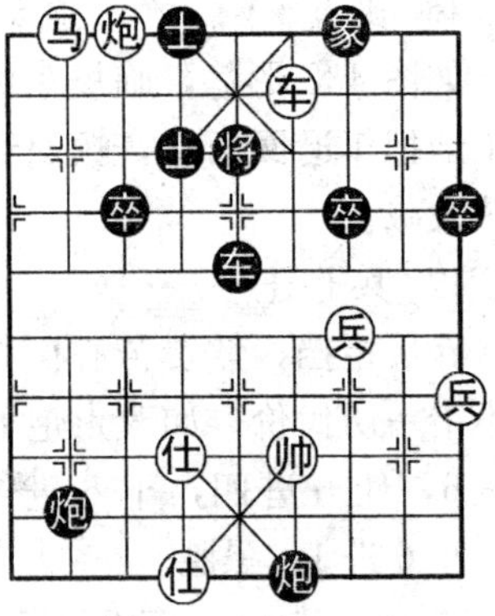

图 440

如图 440 形势，至此黑胜。

小结：此变红方过于贪攻而导致灭顶之灾，重演此局请谨慎！

二

1. 炮二平五　炮8平5	2. 马二进三　马8进7

3. 车一平二　马2进3

4. 马八进七　车9进1

5. 兵七进一　车9平4

6. 兵三进一　炮2平1

7. 车九平八　车4进5

8. 马三进四　车4平3

9. 马四进六　车3进1

10. 马六进七　炮1进4（图441）

如图 441 形势，至此红方有炮八进

七、炮八进五两种选择，演示如下：

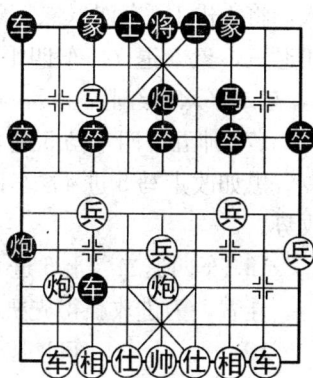

图441

（一）炮八进七
（10 月 31 日赵顺心 VS 钱君）

11. 炮八进七　炮1平3	12. 相七进九　……

黑方先打相是首次出现在大型比赛的新着。

12. ……　　　　　车3平1

新奇趋向！倘若改走炮5进4，仕四进五，则与上局殊途同归。

13. 车二进八　炮5进4	14. 仕四进五　……

红如改走仕六进五，马7退5，黑优。

14. ……　　　　　马7退5

急于解围。似可改走前车平2，车八平七，炮3平9，相互对攻中黑方足可一战。

15. 炮八平六　……

挥炮轰士，搏杀由此展开！

15. …… 　　　后车进2

16. 车二平四　后车平3（图442）

如图442形势，黑方为什么不走马5进3踩马呢？因红可走帅五平四，将5平4，车四进一，将4进1，车八进八，将4进1，车四退二，象7进5，车四退三，象5退7，车四平六，将4平5，车八平六，红胜。

17. 帅五平四　马5进6

黑如改走马5进4，车四进一，将5进1，炮六退二，红方大有攻势。

18. 车四退二　士6进5

佳着，为进攻赢得先机！

19. …… 　　　车1退3

21. 兵七进一　……

冲兵开路是夺取优势的好棋！

21. …… 　　　车3平6

最顽强的抵抗。如改走车1平3，车八进四，红方胜势。

22. 兵七平六　炮3平4（图443）

如图443形势，黑如改走炮5平4，车四进一，士5进6，车八进三，炮3进3，帅四进一，炮4退1，车八进一，炮4进1，车八平六，炮4平1，车六平七，红也得子。

23. 兵六平五　炮4平9

25. 炮五退三（终局红胜）

19. 炮六退七　……

20. 炮五进四　将5平4

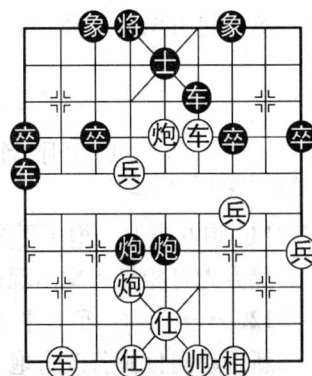

图442

图443

24. 车四进一　士5进6

小结：红胜不等于红方布局成功！重演此局还是小心为宜。

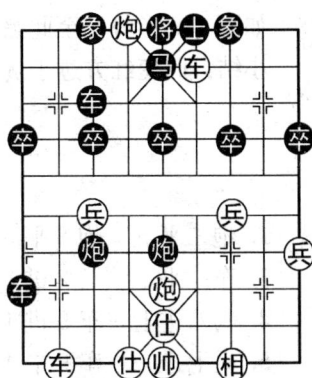

（二）炮八进五
（11 月 7 日董子仲 VS 王瑞祥）

11. 炮八进五 ……
冷门战术！最早是由深圳刘星大师于 1978 年在实战中试用的。

11. ……　　车 3 退 1

12. 炮八平五（图 444） ……

北京小将董子仲师承张强大师，临场突见小将发出新着而惊奇。如图 444 形势，在 2004 年张强 VS 黄仕清之战中红方曾走车二进八，车 3 平 4，炮八进二，车 1 进 2，车二平七，炮 5 进 4，炮五平六，炮 1 退 2，帅五进一，炮 1 平 5，帅五平四，前炮进 1，仕四进五，车 1 平 3，车七退一，后炮平 6，仕五退四，马 7 退 5，车七退一，相互厮杀，惊天动地，终局红胜。

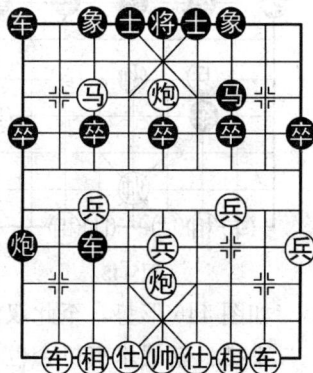

图 444

12. ……　　象 3 进 5　　　　**13. 车二进七　炮 1 平 5**

14. 炮五平八 ……
强硬！如改走仕四进五，马 7 退 5，马七退五，马 5 退 3，车二退四，局势平稳。

14. ……　　车 1 进 2
想稳反而不稳！似可改走马 7 退 5，炮八进七，象 5 退 3，马七进六，炮 5 退 2，相互对杀，黑方并非没有机会。

15. 炮八进七　士 4 进 5　　　　**16. 炮八退二** ……
先进后退，井然有序！

16. ……　　炮 5 退 1　　　　**17. 帅五进一　车 1 退 1**

18. 炮八平九（图 445） ……
巧妙！如图 445 形势，红方如改走炮八进一，车 1 进 1，炮八退一，双方不变作和。

18. …… 车 1 平 3	19. 车八进九 士 5 退 4
20. 车二进一 前车平 5	21. 帅五平四 车 5 平 6
22. 帅四平五 马 7 退 5（图 446）	

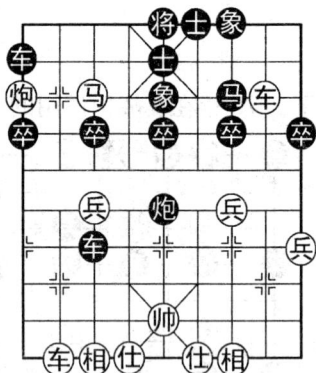

图 445

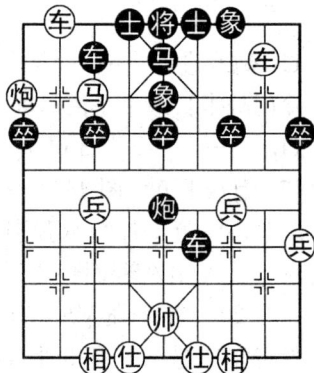

图 446

如图 446 形势，至此双方各有顾忌，终局和棋。

小结：新战术有机会也有风险，很可能风险大于机会。

三

"缓开车两头蛇"是 2000 年初萌发的冷门战术，由于其新颖并有一定的攻击性，近年来得到一些棋手的青睐。在本届比赛中，两头蛇这一新型武器仿佛从天而降，令人大有措手不及之感……

1. 炮二平五 炮 8 平 5	2. 马二进三 马 8 进 7
3. 车一平二 卒 7 进 1	4. 马八进七 卒 3 进 1

黑左车按兵不动，抢挺 3 卒而成两头蛇之势，使红方双马屈头呈呆滞之型。

5. 车二进四   ……

为了解除双马屈头的压力，红方升车巡河是必然之选。

5. …… 车 9 平 8	6. 车二平六 车 8 进 6

7. 兵三进一（图 447）……

2005 年 10 月 31 日蒋川 VS 宗永生之战曾走兵七进一，车 8 平

7，马七退五，车7退1，车六进四，马2进3，相七进九，卒3进1，车九平七，马7进6，车七进四，车7平3，相九进七，马6进5，马三进五，炮5进4，车六退五，炮5退2，车六平五，炮5进3，相三进五，士4进5，局势平淡，终局和棋。

如图447形势，黑方以下有马2进3与车8平7两种选择，演示如下：

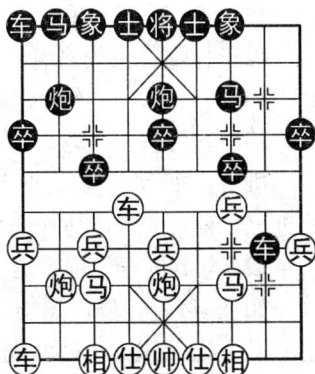

图 447

（一）马2进3
（11月1日柳大华VS宗永生之战）

7. ……　　　马2进3

新颖！首次亮相的战术。难道不怕红兵渡河吗？原来宗大师自有先弃后取的妙计。

8. 兵三进一　车8平7

难道不怕红方平炮打串吗？

10. 炮五平三　车7平4

巧兑解捉，精妙！

11. 兵七进一　……

柳特大早有妙计在胸，此着挺兵为车生根妙不可言！

11. ……　　　卒3进1

12. 车六平七　马3退5（图448）

如图448形势，黑方先弃卒后取兵的效果黯然失色，只好委屈一点倒退窝心马。

13. 相七进五　象3进1

9. 炮五退一　车7退2

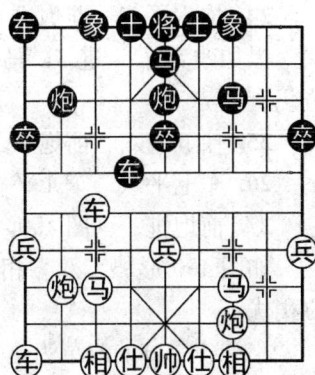

图 448

14. 仕六进五　车1平3

15. 车七进五　　象1退3

踩车打炮，抢先之着。

16. ……　　　　车4退2

18. 车九平七　　炮5进4

机警。如改走马6进5踩兵，则车
七进三，前马进7，马八退六，红优。

19. 车七进三　　炮5退1（图449）

如图449形势，黑方另有两种变
化：甲、炮5退2，马八退六，车4平
8，车七进五，红有攻势；乙、车4进
5，马三进五，车4退2，马八进七，车
4平5，马七进八，红有攻势。

20. 马八退六　　炮5平4

21. 马六退四　　炮4平2

进车逼马寻求战机。

22. ……　　　　马6进5

抢占制高点是争取主动的佳着。

23. ……　　　　前马进7

24. 炮六平三　　前炮进4

黑如改走车4进3，马五退三，红
方仍有攻势。

25. 仕五进六　　前炮平1

26. 车七平八　　车4平3

27. 前炮进一（图450）

如图450形势，双方相互对攻，红
方稍优。

小结：黑方的改革为这一战术增添了新的内容，但其性能优劣与
否尚难定论。

16. 马七进八　　……

17. 炮八平六　　马7进6

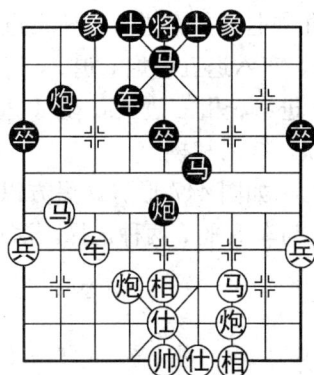

图449

22. 车七进二　　……

23. 马四进五　　……

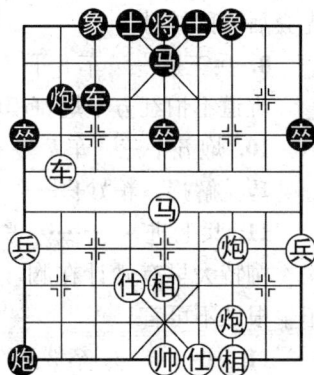

图450

（二）车8平7

（11月7日靳玉砚VS邱东之战）

7. ……   车8平7   **8. 炮五退一 车7退1**

黑如改走卒7进1，炮五平三，车7平6，车六平三，红优。

9. 车六进三 ……

伸车捉炮避兑是抢先佳着。

9. ……   车1进2（图451）

最新改进战术。如图451形势，
2005年3月22日杨德琪VS臧如意两
位大师曾这样下过：炮2平3（如车7
平2先弃后取，炮八进五，士4进5，
车六退二，车2退3，车六平三，红
优），炮五平三，车7平2，炮八进七，
车1平2，车六平七，马7进6，车七退

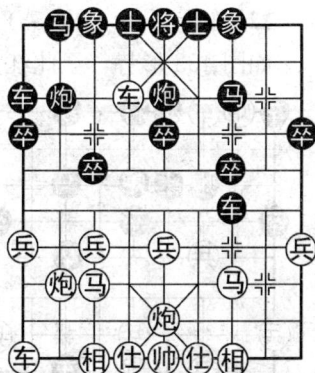

二，马6进4，马七退五，卒5进1，车七退一，卒5进1，兵五进
一，后车进3，车九进二，前车平3，兵七进一，车2平5，马五进
七，马4进3，车九平七，炮5进3，车七平四，红优。

10. 炮八进七 士6进5   **11. 车六平七 车7进2**

12. 车七进二 车1退2   **13. 车九平八 士5进4**

黑如改走车7平3，车八进七，黑方也难下。

14. 炮五进一 ……

倘若误走相七进五，马7退5，黑方得子。

14. ……   卒3进1

煞费苦心谋取反攻之路。如改走炮5平6，车八进六，象7进5，
车八平五，红优。

15. 兵七进一 炮2平3

16. 兵七进一（图452）……

弃子取势，计算深远。如图452形势，红方如误走马七退五，炮

（图451 位置有象棋棋盘图）

5进4，车七退二，车1平2，车八进九，车7平6，黑方反败为胜。

16. ……   炮3进5   **17.** 兵七平六   炮3平4

18. 兵六进一   ……

兵临城下，黑方难应。

18. ……   士4退5   **19.** 车七退六   车1平2

20. 车八进九   马7进6   **21.** 炮五进四   马6进4

22. 车七平六（图453）

如图453形势，至此红方大优。

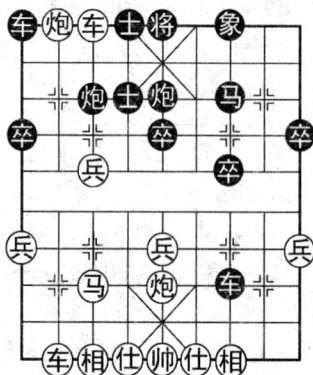

图 452

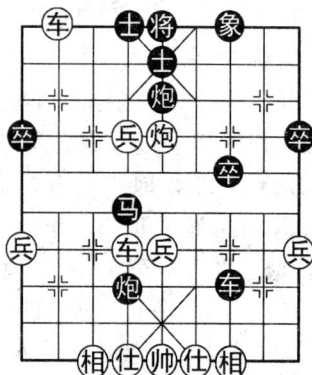

图 453

小结：黑方为两头蛇战术的探索付出了惨重的代价，倘若重演此变还是谨慎为宜。

第四节　2007年个人赛新变例

"顺炮三兵上仕"是20世纪80年代初兴起的战术。当时大牌明星李来群、胡荣华都曾于潮头领衔主演，后来逐渐陷于低潮而被冷落，但在本届比赛中又有新着出现……

1. 炮二平五   炮8平5   **2.** 马二进三   车9进1

3. 车一平二   马8进7   **4.** 马八进七   车9平4

5. 兵三进一   马2进1   **6.** 仕六进五   ……

上仕是稳健性战术！主流战术是走马三进四跃马河口。

6. ……　　　　车4进4　　　　**7.** 马三进二（图454）……

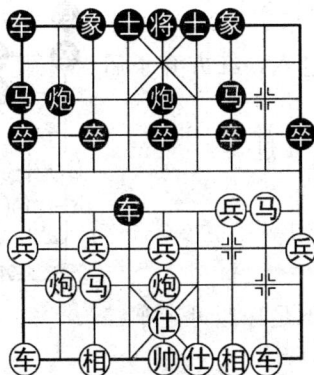

图454

跳外马是近几年新兴的主流战术。如图454形势，黑方有炮2进2与车1进1两种选择，演示如下：

（一）炮2进2

（湖北党斐 VS 江苏王斌 9 月 4 日之战）

7. ……　　　　炮2进2

新着！2004年11月7日张申宏 VS 王斌之战曾走炮2平3。现在巡河炮沿河十八打的威慑力显现出来。

8. 马二进一　……

先弃后取，颇为精巧！

8. ……　　　　马7进9　　　　**9.** 炮五进四　士4进5

10. 炮五平一　炮2平3

红方先手的便宜走完，必然遭到攻击。

11. 炮一进三　……

抢先发动攻势！如改走马七退六，车1平2，炮八平五，车4进3，黑有攻势。

11. ……　　　　炮5进1（图455）

如图 455 形势，黑方为什么不走炮 3 进 3 打马呢？因红可接走车二进九，将 5 平 4，相七进五，车 1 平 2，车二平三，将 4 进 1，炮八进六，红方弃子后有攻势。

12. 马七退六　　车 4 进 3

进车点穴是好棋！

13. 兵五进一　　车 1 平 2

14. 车二进九　　……

激情四溢，稳健不足！似可走车二进二为佳。

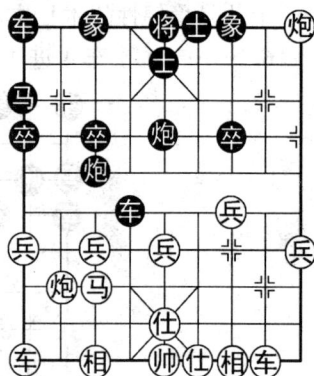

图 455

14. ……　　　象 3 进 5　　　　**15.** 炮八平四　　……

倘若误走兵五进一，车 2 进 7，兵五进一，炮 3 平 5，黑方胜势。

15. ……　　　车 2 进 5（图 456）

如图 456 形势，黑车骑河失去极好战机，似应改走车 2 进 8，以下红有四种应对着法：①炮四退一，车 4 平 5，仕四进五，车 2 平 5，帅五平四，车 5 进 1，黑胜。②炮四进六，士 5 进 6，炮一平三，将 5 进 1，炮三退一，将 5 退 1，兵九进一，炮 5 进 5，黑方胜势。③兵九进一，车 4 平 5，仕四进五，车 2 平 5，帅五平四，炮 3 平 6，黑胜。④兵五进一，将 5 平 4，炮四平六，炮 3 平 1，兵五进一，炮 1 平 5，相三进五，车 4 退 1，马六进七，车 2 平 4，相七进九，后车平 5，黑胜。

16. 兵五进一　　……

红方另有两种选择，演示如下：①如错走炮四退一打车，车 2 平 5，炮四平六，炮 3 平 5 绝杀，黑胜。②炮四进六，士 5 进 6，兵七进一，车 2 平 3，兵五进一，车 3 平 5，黑优。

16. ……　　　炮 5 平 6　　　　**17.** 炮四退一　　车 4 退 5

18. 相七进五　　炮 3 平 1　　　　**19.** 车九平七　　卒 3 进 1

20. 车二退二　　马 1 退 3

21. 兵七进一　　炮 1 平 5（图 457）

如图 457 形势，至此黑可抗衡，终局和棋。

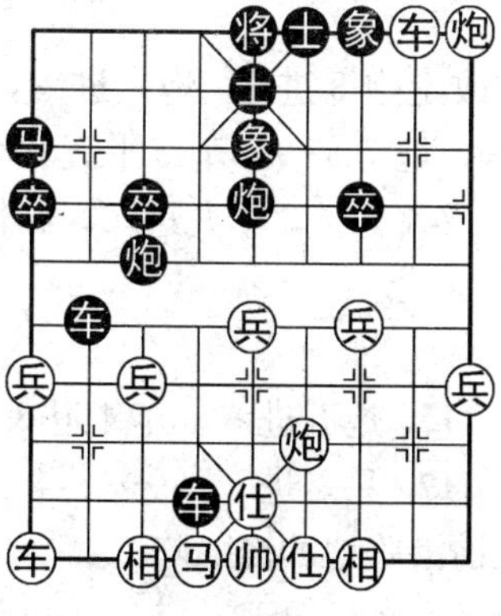

图 456

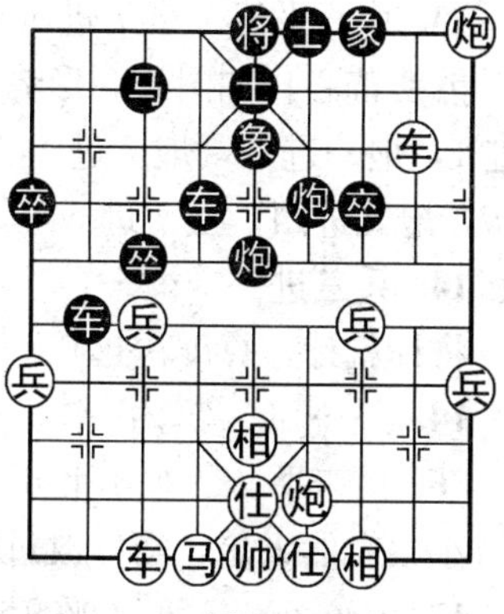

图 457

小结:"巡河炮"沿河十八打复杂多变的威力不可小觑,一着不慎有可能满盘皆输。

(二) 车1进1

(湖北柳大华 VS 石化田长兴9月4日之战)

7. ……　　　　车1进1

高横车是最新战术。著名业余棋手田长兴是顺炮专家,几乎"逢炮必顺"。

8. 马二进一 ……

马踏边卒是以特级大师柳大华为代表的鄂军独门武器。

8. ……　　　马7进9　　　　**9. 炮五进四　炮5平7**

敞门迎战,构思新颖!

10. 炮五平一　炮2进2　　　**11. 炮一退二 ……**

先退炮打车再升炮巡河,恰到好处。

11. ……　　　车4进3　　　**12. 炮八进二 ……**

攻守兼备的佳着!

12. ……　　　炮2平3

力争反击。如改走象3进5,炮八平五,士4进5,车九平八,红优。

13. 炮八平五　　卒7进1（图458）

煞费苦心！如图458形势，黑方如改走炮3进3，炮一进一，卒7进1，炮一进一，炮7平1，车二进六，炮7平9，车二平五，车1平5，炮五进四，士4进5，车五平一，卒7进1，车九进二，红优。

14. 兵三进一　　……

将计就计，算度深远！

| **14. ……　　车1平8** | **15. 炮五进一　　车4退3** |
| **16. 兵三平二　　车4平6** | **17. 兵二进一　　……** |

小兵安然无恙，巧妙渡过楚河，在前沿阵地冲锋陷阵。

17. ……　　车8平9

黑如炮3进3，兵二进一，黑也难下。

18. 车九进二（图459）

如图459形势，至此红方大优，终局红胜。

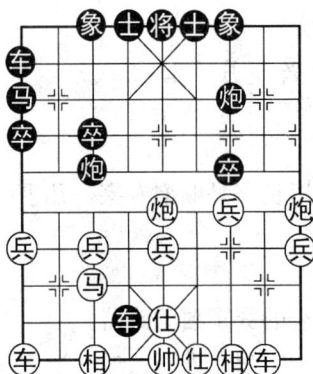

图458

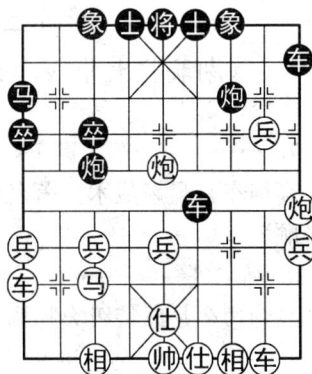

图459

小结："高横车"敞门迎战的新着初试受阻，尚需完善改进，否则重演此局必输多赢少。

第十一章　左炮封车转列炮

左炮封车转列炮是一种对攻性很强的布局，兴起于 20 世纪 60 年代，半个世纪以来经过众多棋手的不断实践和探索，各路攻防变化与实用价值得到了逐步验证与肯定。进入 21 世纪以后，后补列炮局经常被棋手在全国各种大赛上使用，且取得了良好的效果。值得一提的是，在 2005 年全国象棋个人赛最后一轮，新科状元洪智倚仗此阵力克强敌而一战功成，更使后补列炮局大放光彩，笼罩上了一层炫人眼目的神秘光环。那么历经五十载岁月长河涤荡的后补列炮，是怎样一步步从当初的偏门布局跃升为当今后手攻坚利器的呢？请看本章的详细介绍。

第一节　2005 年个人赛新变例

1. 炮二平五　　马 8 进 7
2. 马二进三　　车 9 平 8
3. 车一平二　　炮 8 进 4
4. 兵三进一　　炮 2 平 5
5. 兵七进一　　马 2 进 3
6. 马八进七　　车 1 平 2
7. 车九平八（图 460）……

如图 460 形势，黑方有车 2 进 4 与车 2 进 6 两种选择，演示如下：

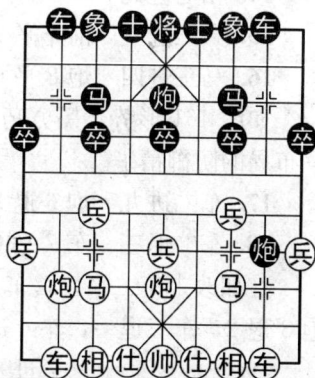

图 460

（一）车2进4

（10月28日黑龙江赵国荣 VS 浙江陈寒峰之战）

7. ……   车2进4

黑车巡河是最流行的经典战术。

8. 炮八平九   车2平8   **9. 车八进六   ……**

强硬的攻击战术。

9. ……   炮5平6

卸中炮是后发制人的策略。如改走炮8平7，车八平七，将形成互攻一翼的激烈搏杀场面。

10. 车八平七   象7进5   **11. 炮五进四   ……**

炮轰中卒，既打通线路，又能谋得多兵之势。

11. ……   马3进5   **12. 车七平五   炮6进5**

刻不容缓。兑炮之后使红方兵种不全，增加红方争胜的难度。

13. 车五平四   ……

不能再贪走车五平三杀卒，因黑炮8平7后大有攻势。

13. ……   炮6平1

14. 相七进九   卒7进1

15. 兵三进一   前车平7

16. 马三进四   炮8平6（图461）

如图461形势，黑方巧手兑车是这一布局的防御精华。

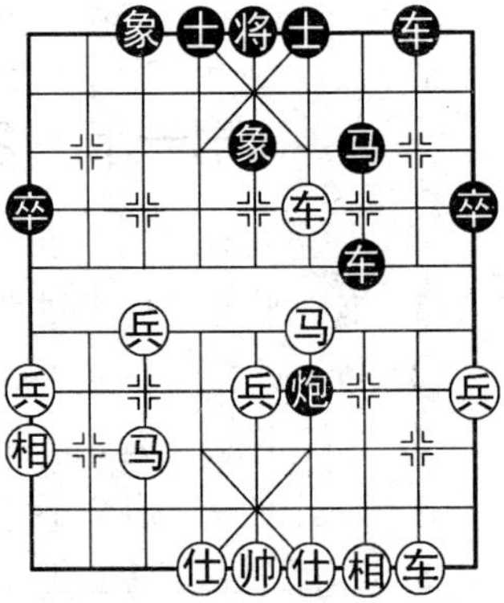

17. 车二进九   炮6退3

18. 车二退三   车7平6   **19. 马四退六   ……**

红如改走车二平三，车6进1，车三进一，炮6平3，马七进八，炮3退2，车三退一，车6进1，黑方有望谋和。

19. ……   马7进8   **20. 仕六进五   马8进9**

21. 相九退七（图462）……

图461

新颖！如图 462 形势，乍眼看去这似乎是一步平凡的棋，不值得大惊小怪。但笔者在枰旁对此着极感兴趣，记得 2004 年 1 月徐超大师执先手时曾走兵五进一，炮 6 退 2，车二退三，马 9 退 8，兵五进一，炮 6 平 8，兵五平四，炮 8 进 5，马六进八，卒 1 进 1，马八进七，红优。那么现在赵特大退相的效果怎样呢？请看以下战斗：

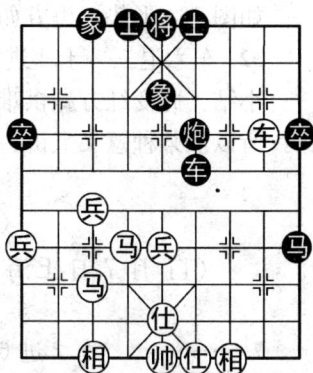

图 462

21. ……　　　　马 9 退 7

22. 车二平一　　马 7 进 8　　**23.** 相七进五　马 8 退 6

几步腾挪给红方造成了小小的威胁。

24. 车一平三　　炮 6 退 2　　**25.** 车三平六　车 6 平 2

26. 帅五平六（图 463）……

如图 463 形势，红方出帅助攻，暗设埋伏。

26. ……　　　　车 2 退 3

黑如车 2 进 2？马六进八闪击，黑难招架。

27. 马七进八　　炮 6 平 4　　**28.** 马八进七　车 2 进 8

29. 帅六进一　　车 2 退 1　　**30.** 帅六退一　车 2 进 1

31. 帅六进一　　炮 4 进 5（图 464）

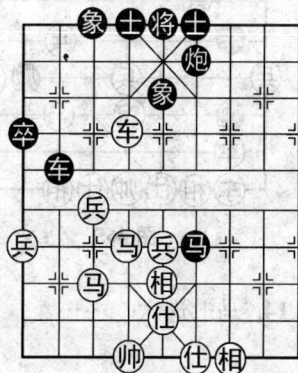

图 463

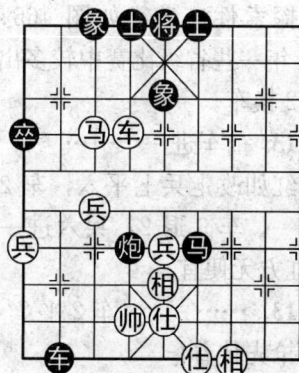

图 464

如图 464 形势，黑方如改走炮 4 平 8，马六进五，红方大优。

32. 车六退三　士 4 进 5　　　33. 车六进五（终局和棋）

小结：此变红方赢棋难但输棋也难，而黑方只有输棋与和棋两条路，所以从某种意义上讲，这种无风险的布局也有可取之处。

（二）车 2 进 6
（11 月 7 日上海万春林 VS 广东许银川之战）

7. ……　　　　　　车 2 进 6

过河车是近年来十分流行的布局战术。许银川的实战填补了特级大师在过河车变例领域的空白。

8. 马七进六　马 3 退 5　　　9. 车二进一　炮 5 平 2

10. 兵七进一　……

冲兵逐车拉开战斗序幕！

10. ……　　　　车 2 退 1　　11. 马六进七　……

跳马吃卒是首次得到特级大师认可，并出现在大型比赛的新着。

11. ……　　　　炮 2 进 5

12. 车二平八　……

强行夺炮是抢先的好棋。

12. ……　　　　马 5 进 4（图 465）

探索性应着。如图 465 形势，在2004 年一些省级比赛中较多出现的是炮2 进 2 换车。

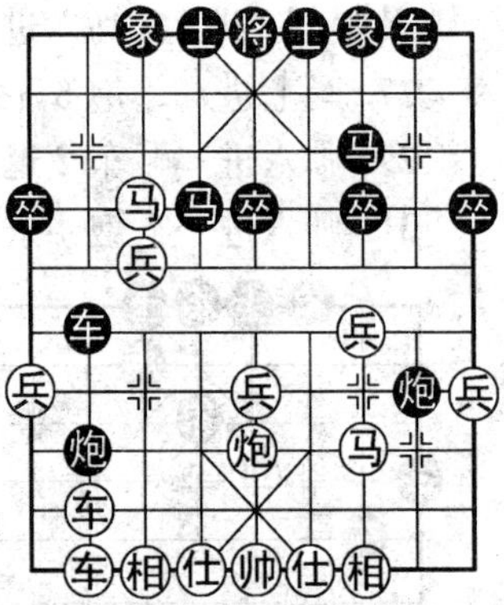

图 465

13. 前车进一　……

红如改走兵七平六，车 2 平 3，前车进一，车 3 退 2，兵六进一，车 3 平4，红方无便宜。

13. ……　　　　车 2 平 7　　14. 马七进六　……

抢先佳着！

14. ……　　　　炮 8 退 4

顽强的防着。如改走士6进5，炮五平七，马4进3，相七进五，车7平4，相五进七，车4退4，相七退五，象3进1，前车进五，红优。

15. 炮五平七 ……

攻守兼备的佳着。

15. …… 马4进3

16. 相七进五（图466）……

如图466形势，红方妙着迭出，黑难应付。

16. …… 车7平4

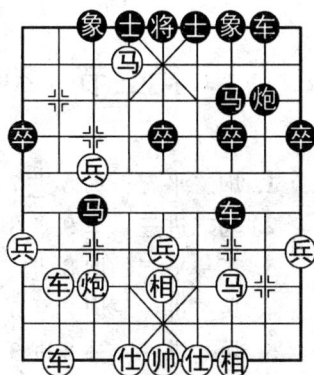

图 466

17. 相五进七 车4退4

18. 相七退五 象3进1

紧凑有力。

19. 前车进六 ……

19. …… 车8进1

黑如改走车4平2，车八进八，象1进3，车八平三，马7退5，车三退二，红优。

20. 兵七平六 车4平3（图467）

无可奈何。如图467形势，黑方如改走车4平2，炮七进七，士4进5，车八进八，红优。

21. 炮七进二 卒7进1

22. 马三进四 象7进5

23. 前车平七 车8平3

24. 车八进六（红优）

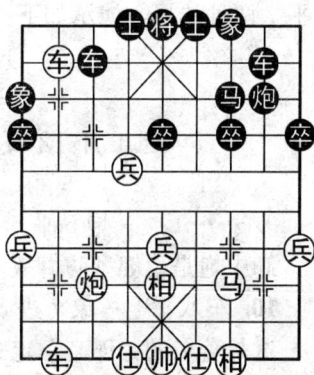

图 467

小结：马踏3卒的新着使黑方窝心马穿出肋道的光芒黯然失色，倘若重演此局请谨慎为宜。

第二节　2008 年象甲联赛新变例

1. 炮二平五　　马 8 进 7

2. 马二进三　　车 9 平 8

3. 车一平二　　炮 8 进 4

4. 兵三进一　　炮 2 平 5

5. 兵七进一　　马 2 进 3

6. 马八进七　　车 1 平 2

7. 车九平八　　车 2 进 4

8. 炮八平九　　车 2 平 8

9. 车八进六（图 468）……

如图 468 形势，黑有炮 5 平 6 与炮
8 平 7 两种选择，演示如下：

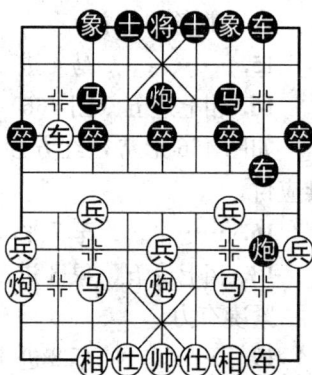

图 468

（一）炮 5 平 6

（4 月 12 日蒋川 VS 陈寒峰之战）

9. ……　　　　炮 5 平 6

卸中炮是稳健型防御战术。

10. 车八平七　　象 7 进 5　　　　**11.** 炮五进四　　……

这是著名的"谋卒"定式。

11. ……　　　　马 3 进 5　　　　**12.** 车七平五　　炮 6 进 5

13. 车五平九　　……

近年来兴起的谋卒扩大物质优势的战术。过去主流是走车五平
四，其结果往往和棋居多。

13. ……　　　　炮 6 平 1

必然！造成红方兵种不全，否则后果严重。

14. 相七进九　　炮 8 平 7　　　　**15.** 车二进五　　……

弃相杀卒争取"谋卒"的物质优势最大化。

15. …… 　　炮7进3

16. 仕四进五 　车8进4

17. 车九平三（图469）……

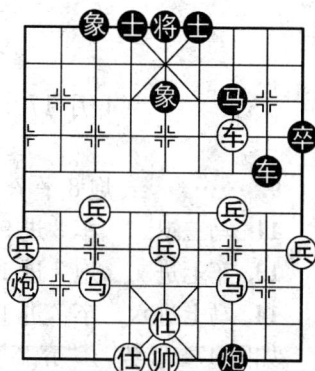

图 469

如图 469 形势，红方净多四兵之势非常壮观！

17. …… 　　马7退8

18. 兵五进一 　马8进6

起脚踏车是探索性新防御！2005 年 9月3日聂铁文 VS 葛维蒲两位大师之战曾走车 8 进 2，车三平四，红方稍优，终局和棋。

19. 车三平四 　马6进8　　　**20. 车四退二** 　士4进5

21. 马七进五 　炮7平9　　　**22. 兵九进一** ……

任凭风浪起，稳坐钓鱼台！如改走帅五平四，车 8 进 5，帅四进一，车 8 退 2，以后黑有退炮打马的手段。

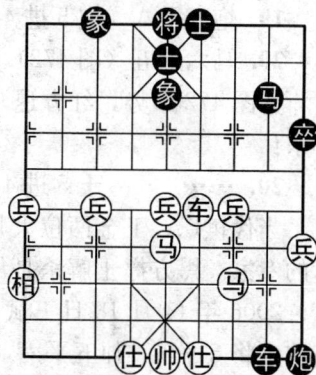

22. …… 　　车8进5

23. 仕五退四（图470）……

为什么不兑车呢？兑车后多兵之势不是稳操胜券吗？非也！如图 470 形势，红方如改走车四退四，车 8 平 7，马三退一，车 7 退 3，车四平一，车 7 平 5，一群散兵游弋在黑车追杀之下，要想赢棋也颇有难度。

图 470

23. …… 　　车8退2　　　**24. 帅五进一** 　炮9退2

25. 车四退二 　车8退1　　　**26. 车四进三**

红方优势，终局和棋。

小结：净多四兵的物质优势可谓大矣！率领一步步爬行的庞大军团渡河参战更需要大智慧，否则容易和棋。

（二）炮8平7

（4月17日王斌VS金松之战）

9. ……　　　炮8平7

10. 车八平七　前车进5

11. 马三退二　车8进9

12. 车七进一　车8平7

13. 车七进二　炮7进1

14. 马七进六　卒7进1（图471）

如图471形势，"弃卒"是少见的冷门战术。

15. 兵三进一　炮7平1

16. 相七进九　车7退5

17. 车七退四　车7进2

18. 仕六进五　士6进5

19. 炮五平八　炮5进4

20. 马六退五（图472）……

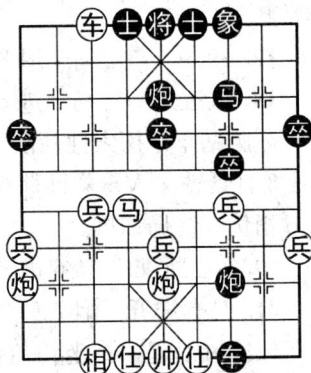

图 471

如图472形势，红方退马垫将精巧有趣，使黑方不能平炮拦挡解杀！

20. ……　　　士5进4

当代棋坛，王金两位大师是这一战术的专家。黑方撑士解杀是最新改进之着。2006年11月18日王斌VS金松之战曾走将5平6，帅五平六，车7退1，炮八进七，将6进1，车七平六，象7进9，炮八退四，车7进2，炮八退三，车7退3，车六退二，马7进6，马五退三，车7进4，炮八平四，马6退7，车六平五，红方稍优。

21. 帅五平六　车7平6

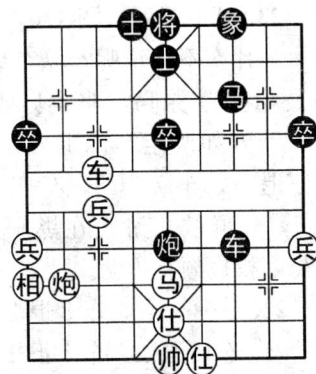

图 472

22. 车七平三　马7退6

23. 马五退三　车6退1

为什么不走车6平9杀兵呢? 因车三进一捉中卒, 红优。

24. 炮八进二　象7进5 (图473)

不明显的软着。如图473形势, 黑方似应忍耐一点走炮5退1, 马三进五, 车6平8, 尚可坚守。

25. 车三平六　炮5退1　　26. 马三进五　车6平8

27. 车六进二　炮5平2

无奈! 如改走士4进5, 车六平九, 黑方也很难招架。

28. 车六进二　将5进1　　29. 车六平四 (图474)

如图474形势, 至此红方大优。

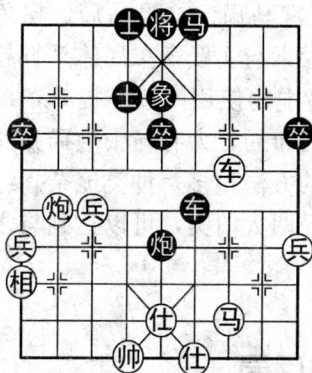

图473

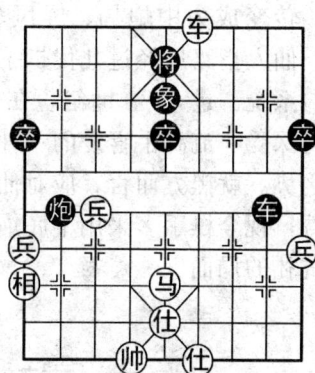

图474

小结: 黑方弃卒与撑士的防御效果不佳, 风险大于机会。

第十二章　仙人指路

　　起手第一步走兵七进一或兵三进一，名为仙人指路。这种开局的特点是投石问路，有试探对方应手的意味，以后可根据局势需要，转变成为中炮局、屏风马局、反宫马局、单提马局、拐角马局。仙人指路局经过几代棋手的不断探索与实践，布局体系日趋完善与系统。进入21世纪，在全国大赛中的使用率逐步提升，现已成为深受一流高手喜爱的一种先手热门布局，大有与中炮局并驾齐驱之势。就黑方而言，应对仙人指路的方法很多，种类庞杂。综合来看，现今棋手多采用卒底炮与对兵局两大门类，可以达到与之分庭抗礼的局面。

第一节　对兵局

一、2006年团体赛新变例

　　1. 兵三进一　　卒3进1
　　2. 炮八平七（图475）……
　　兵底炮是针对黑方挺3卒最凌厉的战术之一。如图475形势，黑方有炮2平5与象3进5两种选择，演示如下：

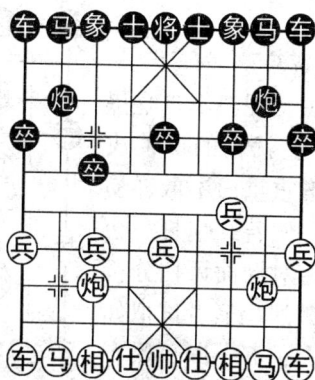

图 475

（一）炮 2 平 5
（4 月 4 日湖南孙浩宇 VS 电信潘振波之战）

2. ……　　　炮 2 平 5

补架中炮是强硬的对攻战术。

3. 兵七进一　……

接受挑战！弃空头冲七兵使两军阵前的形势霎时硝烟弥漫。寥寥几个回合就演成一触即发的战斗。

3. ……　　　炮 5 进 4

直取中兵，胸有成竹！

4. 马二进三　……

先进马踩炮，试其应手。上海著名象棋大师蒋志梁、万春林、孙勇征等在 20 世纪八九十年代都是先走兵七进一。

4. ……　　　炮 5 退 2

正确决策！如改走炮 5 退 1，炮二进二，炮 8 平 5，炮二平五，炮 5 进 3，马八进九，象 3 进 5，兵七进一，象 5 进 3，马九进七，炮 5 退 1，马三进四，红方优势。

5. 兵七进一　　马 2 进 3

惊天地泣鬼神的飞刀！这把寒光逼人的飞刀是首次出现在大型比

赛的战场上。

6. 马三进四（图476）……

怪！为什么不吃黑马呢？不贪吃黑马而跳红马盘河是避重就轻的谨慎决策，面对新阵红方顾虑重重而不敢轻易涉险。如图476形势，倘若红炮打马会怎样呢？这确实是一道对局面评估分析的难题。因对攻复杂激烈，笔者试拟如下变化仅供参考：炮七进五，以下黑有两种选择：甲、炮8平5，炮二平一，

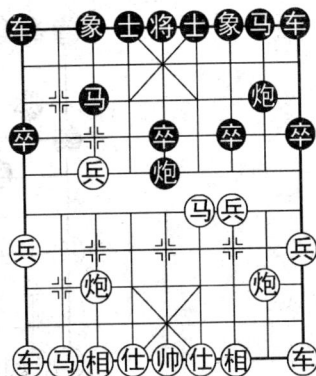

图 476

车1平2，马八进九，车2进6，马九进七，车9进1，车九进二，双方各有顾忌；乙、炮8进4，兵七平六，炮5进1，帅五进一，车9进2，炮七退五，车1平2，黑方弃子有攻势。

6. ……　　　炮8进4　　　7. 马四退六　……

一步回马枪勾起笔者朦胧的思绪，想起了2003年5月在弈天网华山擂台曾有人这样下过：马四进三，炮5进1，帅五进一，车1平2，炮七进五，车2进8，帅五进一，马8进9，马三进四，炮8平5，帅五平四，车9进1，马四退二，车9平7，仕四进五，车7进4，帅四退一，后炮进3，黑胜。

7. ……　　　炮5进2　　　8. 炮七进五　炮8平4

9. 车一平二　……

红如改走马八进七，炮5退2，兵七平六，炮5进1，炮二进二，炮5平8，车一平二，车9进2，炮七退一，车9平8，黑优。

9. ……　　　车9进2　　　10. 炮二进五　炮5退1

这里有一个小小的运子次序问题。从表面上看，炮5退1与炮4退1的效果似乎没什么差别，而实则并非如此。笔者认为还是应走炮4退1较好，红如接走炮二退三，车9平8，车二进三，炮4平8，车二平五，车8平3，黑优。

11. 帅五进一　……

似可委屈一点走炮二退三，炮5平8，车二进四，车9平3，车

二进五，炮4平5，车二平三，车3进2，车三退三，卒5进1，相七进九，车3进4，车三平六，红方尚可坚持。

11. ……　　炮4平5　　　　**12.** 帅五平四　车9退1

13. 炮二平四（图477）……

最顽强的抵抗手段。如图477形势，红方如改走车九进二，车9平6，车九平四，车6进6，帅四进一，车1进1，炮二平四，车1平6，车二进七，士4进5，马八进七，士5进6，黑优。

13. ……　　车9平6

14. 炮四退五　车1平2

15. 马八进九　……

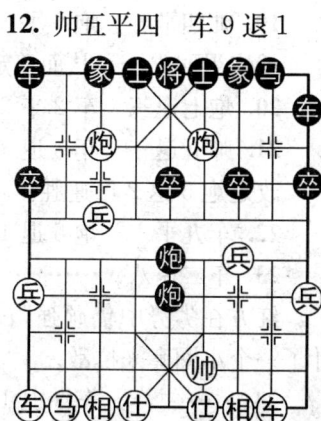

图 477

机警！如改走马八进七，车2进8，仕四进五，前炮平6，炮四平五，炮6平7，炮五平四，炮5平6，炮四平五，士4进5，帅四退一，炮6平1，黑方得车优势。

15. ……　　车2进8

似可改走车2进7，车二进二，前炮平6，炮六进六（如帅四平五，车2平5绝杀），车2平8，黑方有攻势。

16. 马九退七　……

退马拦车别无良策，如改走仕四进五将要丢车。

16. ……　　车6进5

弃马攻杀，颇有气魄！

17. 车九进二　……

红如车二进九，车6平7，车二退八，后炮平6，帅四平五，炮6平3，黑方大优。

17. ……　　后炮平6　　　　**18.** 车二进九　……

怪！红车吃马不怕被抽吃吗？请看下步！

18. ……　　象7进5（图478）

稳健至上，不给红方反攻之机。如图478形势，黑方如改走车6平8，炮四进七，车8平6，帅四平五，炮6平5，帅五平六，前炮平

3，炮四平六，鱼死网破，黑方总有几分顾忌。

19. 帅四平五　　炮6平3

献炮得回失子，从而奠定优势。

20. 炮七退三　　车2平3

21. 帅五退一　　车3退3

改走炮5退2可速胜。

22. 车九平六　　炮5退1

23. 车二退八　　……

红方在劣势中仍顽强防守，现在设计了一个小圈套来抗敌。

23. ……　　　　车3退1

不为抽车所诱！如改走车6平5，相七进五，车5进1，仕四进五，车5平4，仕五进六，车3退1，虽然也是黑优却难与实战效果媲美。

24. 炮四平二　　士6进5（图479）

如图479形势，至此黑方大优。

小结：犀利的飞刀演绎惊险与悬念，其凶悍的杀伤力令人生畏，从而给这一战术的攻守战增添了浓重的一笔！

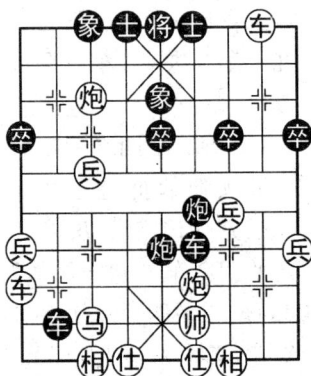

图 478

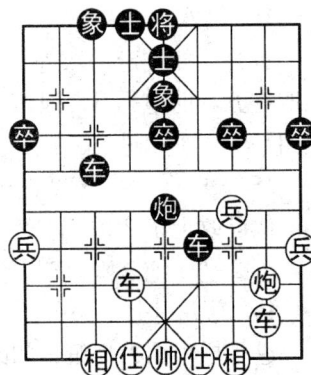

图 479

（二）象3进5

（4月2日湖南孙浩宇 VS 河北李晓晖之战）

2. ……　　　　象3进5

飞右象是比较常见的主流战术。

3. 马八进九　　马2进3　　　　　**4. 车九平八　　车1平2**

5. 车八进六　　炮2平1　　　　　**6. 车八进三　　……**

兑车稳健，可保持先手。如改走车八平七，炮1退1，黑有反击之势。

6. ……　　　　马3退2

7. 马二进三　　马8进9

8. 车一进一　　马2进3

9. 车一平八　　车9进1（图480）

如图480形势，黑方提横车是改进的探索性新着！在2005年11月2日全国象棋个人赛中，孙浩宇 VS 崔岩之战曾走炮8平6，炮二退一，车9进1，炮二平七，车9平4，仕四进五，马3进

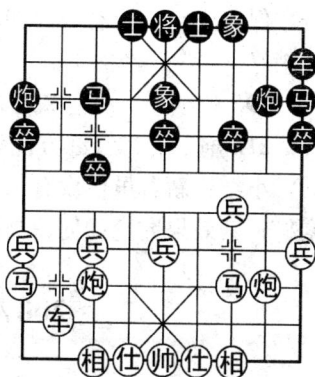

图 480

4，前炮平六，马4退3，相三进五，炮1进4，车八进六，车4平8，兵七进一，红方稍优。

10. 相三进五　　炮1进4　　　11. 车八进三　　车9平4

12. 兵七进一　　卒3进1

黑卒冲兑使3路马遭到攻击，进而造成中卒脱根失去保护。那么如改走车4进3巡河如何呢？答案是红可炮二退一，亦是红优。

13. 车八平七　　马3进2

乘虚而入，抢先夺势。

14. ……　　　　马2进4

15. 炮七平八　　炮1平2

16. 仕四进五　　士6进5

17. 兵五进一　　……

挺兵进逼，令黑马处境尴尬。

17. ……　　　　车4进3

18. 炮二平五（图481）……

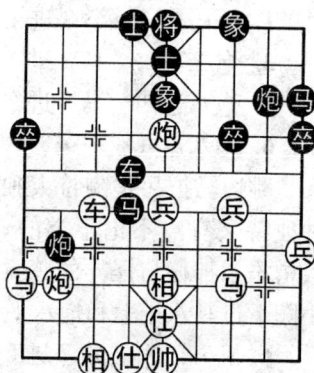

14. 炮二进四　　……

图 481

先得实惠。如图481形势，红方如改走炮八平六，车4平8，车七平六，车8退1，车六进二，车8进1，车六平五，炮8进1，车五退一，卒9进1，黑可抗衡。

18. ……　　　　车4退1　　　19. 炮五退一　　……

保持中路高压态势。如改走炮五平九，车 4 平 1，车七平六，红亦稍好。

19. ……   炮 2 退 4   **20.** 炮五平二   卒 9 进 1

21. 炮二退二（红方优势）

小结：新着虽然没有太大的突破，却为研究这一布局增加了新的素材，其效果究竟如何，尚待更多的实战来验证。

二、2007 年象甲联赛新变例

挺兵三步虎是特级大师陶汉明独步弈林的秘籍，以此战术能在强手如林的联赛战场上两战两捷，无疑是爆炸两颗精确制导的重磅炸弹！

1. 兵三进一 ……

大众思维往往是羊群效应而跟着"头羊"走，所以这步棋多走七路兵，而小陶却喜欢反其道而行之，偏偏就走三路兵。从某种意义上讲，这种"反盘"不会改变棋局实质，但有时却会干扰"谱派对手"习惯性思维而出现失误。

1. ……   卒 3 进 1   **2.** 马二进三   马 2 进 3

3. 炮二平一   马 8 进 7   **4.** 车一平二   车 9 平 8

5. 炮八进四   马 3 进 2

6. 马八进九 ……

跳边马护兵是陶特大独创新着！这种独特又有点不伦不类的"兵阵"，给人增添了神秘与怪异的感觉。过去曾见小陶下过马八进七和炮八平三。

6. ……   象 7 进 5

7. 炮八平三   卒 1 进 1（图 482）

如图 482 形势，红方有相三进五与车二进五两种选择，演示如下：

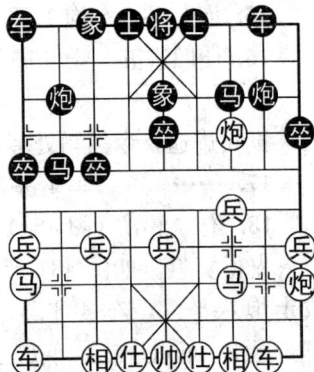

图 482

（一）相三进五
（5月22日黑龙江陶汉明 VS 上海万春林之战）

8. 相三进五　车1进1

高横车机动灵活！

9. 车二进六　……

现在攻击点的选择令人颇费神思。笔者倾向走车二进五。

9. ……　　　　车1平8

佳着！如改走炮8平9，车二进三，马7退8，炮一进四，红势基本满意。

10. 车九进一　炮8平9　　**11.** 车二进二　车8进1

12. 车九平四　……

加强右翼兵力支援。如改走车九平六，车8进2，马三进四，士6进5，车六进五，马2进1，黑可抗衡。

12. ……　　　　士6进5　　**13.** 车四进三　马2进1

14. 兵三进一　……

庞大兵团集结于侧翼，导致拥塞之弊病。现在忍痛弃兵意在疏导。

14. ……　　　　象5进7　　**15.** 马三进二　炮9进4

精巧！为反击所做的提前准备。

16. 炮一平二　炮9退1

妙！如红车逃逸则味同嚼蜡。

17. 炮二进六　炮9平6（图483）

如图483形势，在马炮兵争斗中，兵卒的多寡往往是决定最后胜负的主要因素。而现在黑方净多双卒是一目了然的优势，但是在智者眼里看的是动态攻势，由于着眼点不同就会得出不同的形势评估。

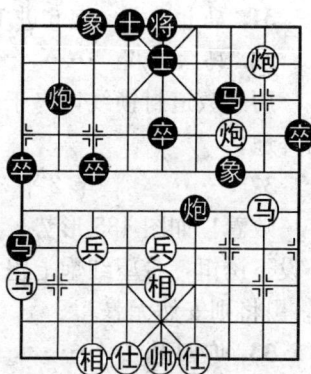

图483

18. 马二进四　象3进5　　　　　　**19. 兵五进一　……**

借鉴围棋术语，这步棋可称为"手筋"，也就是局部战斗的好着。倘若先走仕四进五，卒5进1，一步之差天壤之别。

19. ……　　　炮6平8　　　　**20. 炮二退三　炮2平4**

如改走卒1进1，马四进六，炮2平4，炮二平七，3路卒被吃。

21. 仕四进五　卒1进1　　　　**22. 炮二进一　卒1平2**

23. 马九退七　马1进3

24. 马四进三　炮4平7

25. 炮二平五　卒2进1

26. 炮五平七　将5平6（图484）

如图484形势，黑方似可改走炮8进3，仕五退四，炮8退2，兵七进一，炮8平3，兵七进一，炮3进2，黑方稍优。

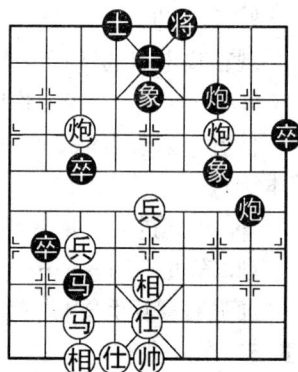

图 484

27. 炮三平四　炮8平6

28. 兵七进一　……

冲兵逐马为红马解除困境。

29. 兵七进一　象5进3

28. ……　　　马3退4

吃兵必然，已除后患。

30. 炮七进三　将6进1

31. 马七进六　炮6进1

32. 马六进八　……

历经数道封锁线，终于曲折奔赴前沿阵地。

32. ……　　　卒2平3（图485）

败着！如图485形势，黑方表面弃卒设下诱饵，希望红炮七退六，将6退1，黑将则安然无恙。

33. 炮四退二　……

千载难逢的偷袭佳着！

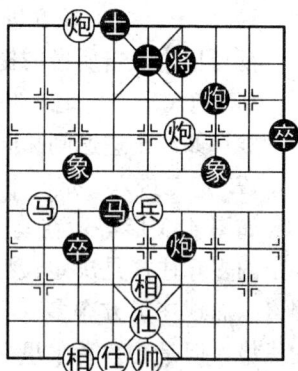

图 485

33. …… 马4退5

无奈！如改走马4进2，炮七退三叫杀得子。

34. 兵五进一 马5退3 **35.** 炮七退四（红优）

小结：新着似乎没有值得炫耀的亮点，也许因笔者才疏学浅而不能洞悉其中深奥与博大，但直觉认为倘若重演此局请慎重！

（二）车二进五
（5月30日黑龙江陶汉明 VS 广东吕钦之战）

8. 车二进五 ……

改进之着！是对上局的反思。

8. …… 车1进1

似可改走卒1进1，兵九进一，车1进5，相三进五，炮8平9，车二进四，马7退8，车九进一，马2进3，车九平二，马3进1，相七进九，马8进7，局势平稳。

9. 车九进一 炮8平9 **10.** 车九平二 车8进4

11. 车二进四 马2进1

12. 兵三进一 炮9退1

13. 马三进二 卒3进1（图486）

冲卒对攻积极反击。如图486形势，黑方如改走象5进7，车二平三，车1平8，马二退三，红优。

14. 相三进五 卒3平2

15. 马二进四 卒1进1

16. 马四进三 炮2平7

17. 炮一进四 ……

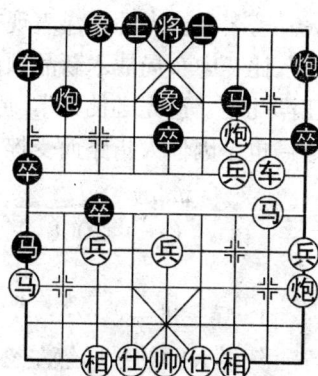

图486

先兑马再炮轰边卒，次序井然！至此红方取得物质优势。

17. …… 炮7退2

18. 兵三平四（图487）……

细腻！如图487形势，红方如改走炮一平五，炮9平5，炮五进二，士4进5，炮三平五，马1进3，兵五进一，车1平4，仕四进五，卒1进1，红有丢子之虞。

18.……   炮9进5

倘若改走车1进3，炮一平五，炮9平5，炮五进二，士4进5，兵五进一，红方稍优。

19. 炮一平五   士4进5（红优）

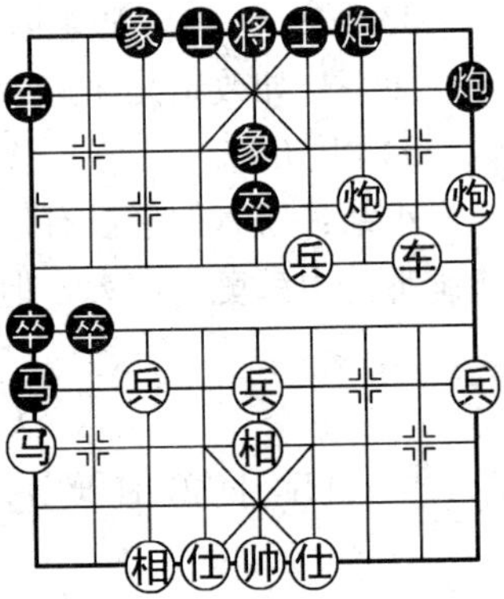

小结：武功高强的陶大侠祭出新着，也是一波三折，难以做到炉火纯青、游刃有余，建议读者对这一布局只可远观！

图487

三、2008 年广西北流两大棋赛新变例

2008 年大年初四北流市敲响首届"永顺名门杯"象棋大奖赛的锣声。经过三天激战刚刚落下帷幕，第四届"大地杯"于初八再燃战火。著名象棋大师汪洋表现神勇，把两个冠军悉数纳入囊中！

比赛中布局战术新品频出，花样翻新，令人目不暇接。尤其冠军汪洋几乎"逢先必仙人"，胜率颇高。但是有得也有失，汪洋的两盘败局也是因仙人指路而受挫，因特别引人关注，现简析如下：

（一）2008 年 2 月 11 日汪洋 VS 黎德志

1. 兵三进一 ……

汪洋大师的兵局忽左忽右飘忽不定，现挺三兵形成反盘的仙人指路，意在打乱干扰对手的习惯性思维。

1.……   卒3进1

兵底炮是应对逆卒最常见的战术。

2.……   象3进5

4. 车九平八   车1平2

2. 炮八平七   ……

3. 马八进九   马2进3

5. 车八进六   炮2平1

6. 车八进三　　马3退2

8. 车一进一　　车9进1

10. 车八进七　　炮8进1（图488）

首次在大型比赛推出的怪着！如图488形势，在过去名手实战中几乎无一例外地走车9平6，然后伺机退炮解除拴链。那么这步怪着是临场构思吗？非也！这是赛前黎德志用计算机与奇兵软件联合完成的最新研究成果。

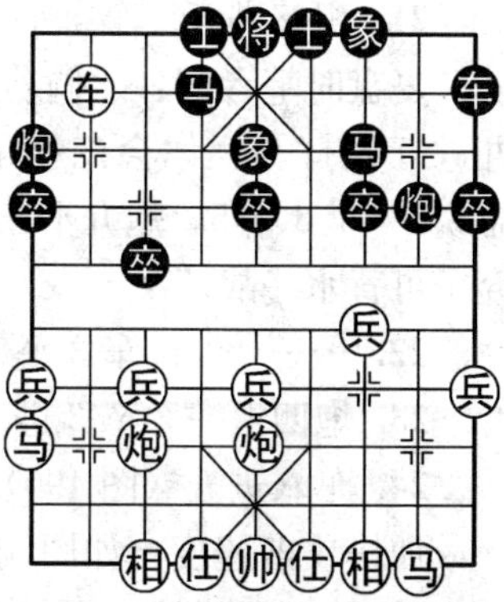

11. 马二进三　　……

2005年笔者在网上见到有人走兵九进一的。

11. ……　　　　炮1进4

13. 炮五平六　　……

卸中炮机动灵活，准备伸炮打马！

13. ……　　　　马4进6

赛后复盘黎德志说："临场曾想走卒1进1，炮六进五，卒7进1，炮六平四，卒7进1，弃子抢攻，但觉得有点风险与顾忌，所以先弃后取忍耐应战为上策。"

15. 车八平九　　卒1进1

16. 车九平八　　卒1进1

17. 车八进一　　卒1进1

18. 车八平四（图489）……

如图489形势，红方为什么不走炮六平九打卒，却平车捉马呢？因黑有卒7进1兑兵的手段，如再车八平四，炮8退1，车四进二，卒7进1，车四平三，炮8进4，相三进五，炮8平7，车三退二，马7进6，黑可抗衡。

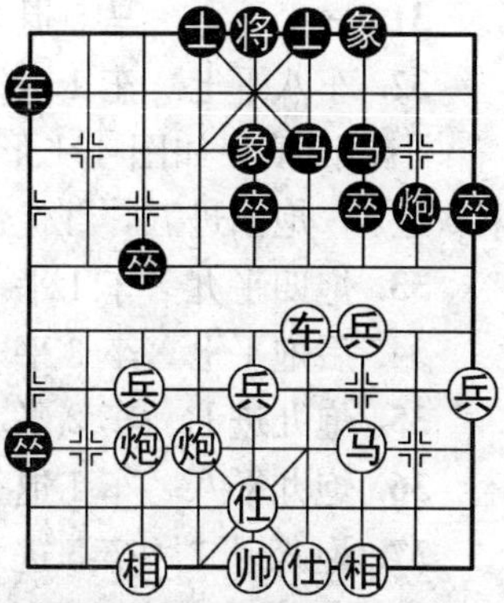

18. ……　　　　士4进5

7. 炮二平五　　马8进7

9. 车一平八　　马2进4

图488

12. 仕六进五　　卒1进1

14. 车八退五　　车9平1

图489

19. 炮六平九　　车1进5

20. 炮七平四　　马6进5

疏通左翼子力拥塞的压力。

21. 相三进五　　车1平3

复盘时笔者问："倘若对手改走炮九进五先打马，你会怎样下呢?"黎德志说:"车3平5，炮九平三，马5进4，弃子可背水一战。"

22. ……　　　车3平1

23. 炮四退一　　卒3进1

24. 车八进五 (图490) ……

加快攻击速度。如图490形势，红方如改走相五进七，马5进7，黑方多卒。

24. ……　　　士5退4

佳着! 不怕红炮打车。

26. 车八退一　　士4进5

28. 车八退一　　士4进5

30. 车八退一　　士4进5

名家风范! 如不变可判和。

31. ……　　　马5退3

32. 车八平七　　车1退3 (图491)

小心谨慎! 如图491形势，黑方如卒5进1，炮四进五，红优。

33. 炮四平九　　车1平2

34. 后炮平七　　卒3平4

35. 炮九进七　　车2平1

36. 炮九平八　　车1退3

37. 炮八退二　　卒5进1

弃马挺卒是高瞻远瞩的佳着。

38. 炮八平三　　卒4进1

22. 车四平八　　……

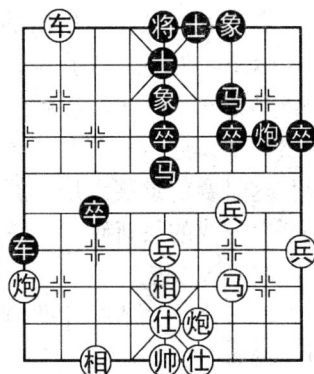

图490

25. 仕五进六　　卒3进1

27. 车八进一　　士5退4

29. 车八进一　　士5退4

31. 兵五进一　　……

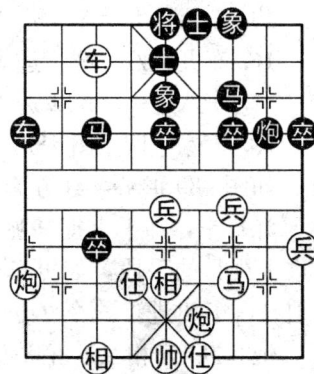

图491

小卒进逼九宫,形势顿显危机。

39. 炮七平三(图492)……

加强防御,别无良策。如图492形势,红方如兵五进一,卒4进1,红有丢子之虞。

39. ……　　　　车1进9

40. 仕四进五　　卒4平5

41. 后炮退一　……

忍痛丢弃中兵,因最后一道防线不能轻易失守。

41. ……　　　　后卒进1

图492

42. 前炮进一　　马3进4

43. 车七平九　　车1平2

44. 车九平八　　车2平1

45. 车八平九　　车1平2

要想赢棋只好策马挡车。

46. 车九平八　　马4进2

47. 帅五平六　　后卒平4

48. 车八进一　　士5退4

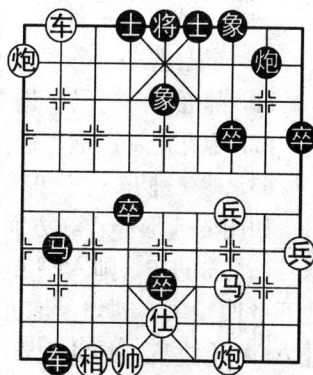

49. 前炮平九　　炮8退2(图493)

此时计时钟显示红方仅有五分钟,而黑方还有三十多分钟。可是黎德志却没有仔细推敲,而是不假思索地退炮防御,结果失去一次快速取胜的战机,从而踏上漫漫征途。

如图493形势,黑方可改走炮8进6献炮,以下红方有两种选择:①炮三进一,车2平3,帅六进一,车3退3,帅六退一,炮8退1,帅六平五,车3进3,仕五退六,卒5进1,马三退五,马2进4,帅五平四,车3平4,绝杀黑胜。②马三退二,卒5进1,马二进三,车2退2,马三退五,车2平4,帅六平五,马2进3,帅五平四,车4平6,绝杀黑胜。

图493

50. 车八退三　　炮8平4

51. 车八平六　　炮4平2

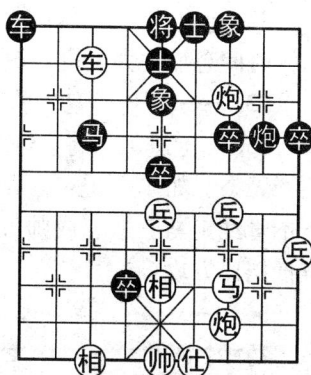

52. 炮九进一　士4进5　　　　　**53. 车六平七　……**

时间恐慌失去良机。似可改走炮九平八尚可一战。

53. ……　　　炮2平4　　　　　**54. 帅六平五　士5进6**

55. 车七进三　将5进1　　　　　**56. 车七退六　……**

无奈。如车七退一，卒5进1，以下不管红走马三退五或帅五进一，都很难抵挡黑方攻势。

56. ……　　　卒4平3

巧妙！

57. 车七退一（图494）……

如图494形势，红方为什么不走车七进一吃卒呢？卒5进1，帅五进一，车2退1，帅五进一，车2退1，帅五退一，车2平7，黑方大优。

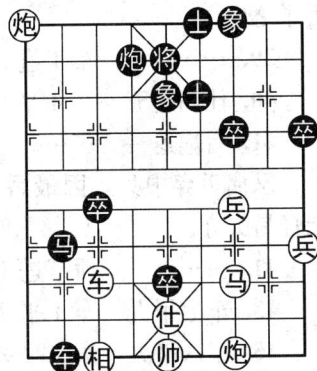

图 494

57. ……　　　炮4平3

一计不成又生一计！

58. 车七进二　卒5进1　　　　　**59. 帅五进一　车2退1**

60. 帅五进一　马2进3　　　　　**61. 帅五平六　炮3平4**

62. 炮九退一　炮4进1

63. 马三进五（图495）……

如图495形势，红方倘若改走车七退二，马3进5，帅六平五，马5退7，帅五平四，象5进3，炮九退八，炮4进7，相七进五，炮4退2，相五退七，车2退2，黑优。

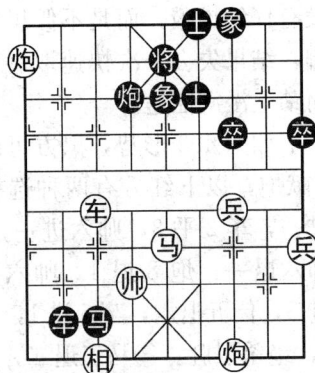

图 495

63. ……　　　马3进5

64. 帅六平五　车2退2

65. 车七平五　马5退7

66. 帅五平四　将5退1　　　　　**67. 帅四退一　……**

最后的败着。似应走炮九平四坚守为佳。

67.……　　　　炮4退1（黑胜）

小结："呆炮保卒"的新着因战胜汪洋大师而一鸣惊人，不过因其变化复杂，孰优孰劣尚待更多研究与实战检验。

（二）2008年2月17日汪洋VS黎德志

1. 兵七进一　……

汪洋与黎德志易地再战，仍然以仙人指路布阵，但这次兵的方向做了调整与改变。

1.……　　　　卒7进1　　　　2. 炮八平六　……

上局中汪洋是走兵底炮，现在抛出冷门仕角炮，大有出其不意攻其无备之意。

2.……　　　　车1进1

以冷制冷的探索性新着。过去比赛中曾有象3进5、马8进7、炮2平5三种下法。

3. 马八进七　车1平4　　　　4. 仕四进五　车4进3

5. 车九平八　马8进7　　　　6. 炮二平五　……

笔者2003年在网上见到有人走马二进三，马2进1，相三进五，炮2平4，炮六进五，炮8平4，车一平二，象7进5，局势平稳。

6.……　　　　马2进1

7. 马二进三　卒1进1

8. 兵五进一　炮2平5（图496）

好棋！如图496形势，黑方如误走马1进2，兵五进一，黑方要丢子。

9. 车一平二　车9平8

10. 车八进三　……

如车二进六，炮5进3，红也不敢轻易走车二平三压马。

10.……　　　　炮8进3

抢占制高点，轻灵有力。

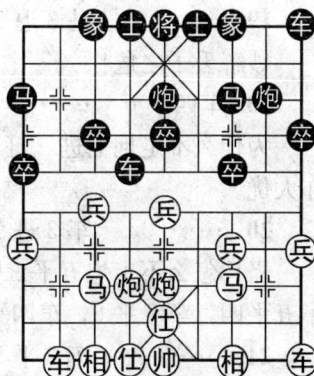

图496

11. 车八平四　　士 4 进 5

细腻! 如急走炮 8 平 3, 相七进九, 车 8 进 9, 马三退二, 炮 3 退 1, 车四进四, 各有顾忌。

12. 相七进九　　马 1 进 2　　　　**13.** 车二进三　　卒 3 进 1

14. 马三进五　　马 2 进 3

跳马瞄炮可伺机兑换, 来减轻中路攻击的压力。

15. 兵七进一　　车 4 平 3　　　　**16.** 炮六退一　　马 7 进 6

飞马抢攻吹响攻击的号角!

17. 炮六平七　　……

别无良策。如兵五进一, 马 6 进 5, 红要丢子。

17. ……　　　　马 6 进 4

佳着! 为什么不走炮 5 平 6 打死红车呢? 因红可接走车四进二, 车 3 平 6, 炮七进二, 红可抗衡。

18. 相九进七　　马 4 进 3

19. 炮七进二 (图 497) ……

如图 497 形势, 红方随手打马误入陷阱! 应改走马五退七, 马 3 退 5, 车四进一, 红尚可一战。

19. ……　　　　马 3 退 5

妙解丢子之危!

20. 车四平五　　……

为什么不走炮七进二打车呢? 因黑有炮 8 平 3 反抽车的手段, 黑亦大优。

图 497

20. ……　　　　车 3 进 1　　　　**21.** 炮五平七　　……

怪! 怎么不走炮五平二呢? 因黑卒 5 进 1, 炮二进二, 卒 5 进 1, 车五平四, 卒 5 平 6, 车四平五, 车 3 进 1, 黑亦胜势。

21. ……　　　　车 3 平 5　　　　**22.** 车五进一　　炮 5 进 3

23. 相三进五　　车 8 进 2

高车策应, 攻守兼备!

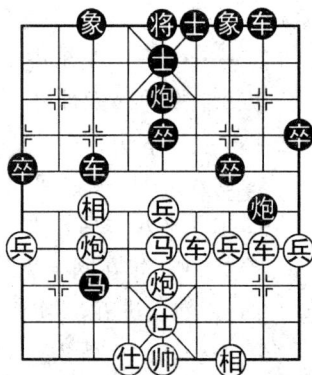

24. 前炮进一　炮 5 退 1

25. 后炮平九　卒 7 进 1（图 498）

如图 498 形势，绝妙脱身之计！

26. 炮七平二　卒 7 平 8　　　　　**27.** 车二退三　卒 8 进 1

28. 兵三进一　象 3 进 5　　　　　**29.** 炮九进三　卒 8 进 1

30. 炮九平六　卒 8 进 1

小卒欺车，兵临城下。

31. 车二平四　车 8 进 5

32. 车四进六（图 499）……

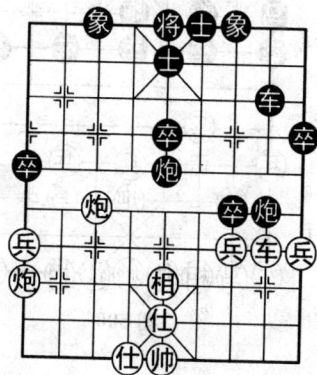

图 498

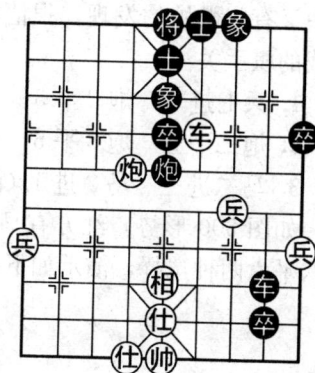

图 499

如图 499 形势，红方如改走车四进一，卒 8 平 7，红难以招架。

32. ……　　　　　　　　车 8 平 5

33. 车四平五　卒 8 平 7　　　　　**34.** 炮六退四　炮 5 平 3

35. 车五平七　车 5 退 4（黑胜）

小结：当代棋坛能以后手连胜汪洋大师两局者寥若晨星。从某种意义上讲，黎德志的成功与布局新着密不可分。

第二节　仙人指路对卒底炮

一、2006 年团体赛新变例

　　仙人指路 VS 卒底炮转顺炮是沉寂多年的冷门战术，近几年在某些传统变化中又有些微妙的发现，很值得喜爱斗兵战的棋手关注。

　　1. 兵七进一　　炮 2 平 3
　　2. 炮二平五　　炮 8 平 5
　　3. 马二进三　　马 2 进 1（图 500）

　　如图 500 形势，红方有马八进七与炮八平六两种选择，演示如下：

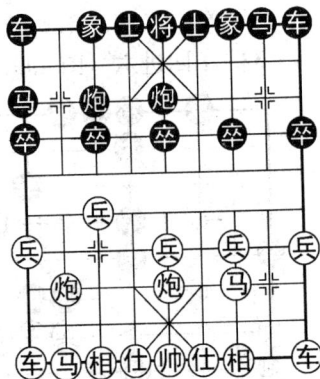

图 500

（一）马八进七
（4 月 4 日甘肃李家华 VS 天津刘德钟之战）

　　4. 马八进七　　……
　　进正马是当今十分流行的战术。

　　4. ……　　　　车 1 平 2　　　　**5.** 车九平八　　卒 3 进 1
　　冲卒欺马，挑起争端，一场短兵相接的战斗由此展开。

　　6. 马七进六　　……
　　马跃河头，势在必行。

　　6. ……　　　　卒 3 进 1　　　　**7.** 马六进五　　炮 3 进 1
　　8. 炮八进五　　车 9 进 1　　　　**9.** 车一进一　　车 9 平 4
　　10. 车一平八　　车 4 进 2

11. 炮八退一　炮 3 进 1（图 501）

如图 501 形势，黑炮巡河是 2003 年全国象棋团体赛上湖南著名棋手罗忠才首创的变化。20 世纪 80 年代多走炮 3 退 2，后来此布局逐渐沉寂。

12. 前车进四　……

新颖！为了解这一布局的发展史，现在回放 2003 年全国象棋团体赛天津廖二平 VS 湖南罗忠才之战的对局片段：马五退四，卒 7 进 1，前车进四，炮 3 进 5，后车平七，车 2 进 3，车八进一，车 4 平 2，车七进四，炮 5 进 5，相三进五，象 7 进 5，终局和棋。

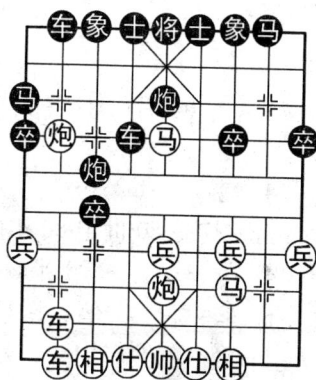
图 501

12. ……　炮 3 平 7

必然！如改走马三退一，卒 1 进 1 欺车，红方难以忍受。

13. ……　卒 7 进 1

15. 前车进一　……

红方已无先手可言，现鸣金收兵乃为上策！

15. ……　车 7 平 2

16. 车八进六　卒 3 平 4

17. 相三进一　炮 5 进 5（图 502）

如图 502 形势，黑方先横卒封锁，再兑掉中炮，次序井然。

18. 相七进五　象 7 进 5

19. 兵三进一　马 8 进 6（黑可抗衡）

13. 马五退三　……

14. 炮八进一　车 4 平 7

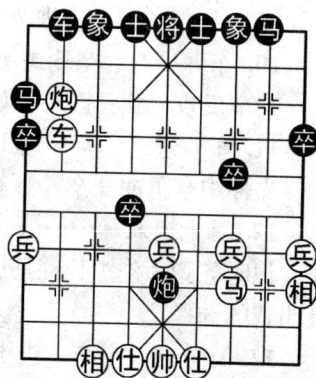
图 502

小结：黑炮巡河的新着在大型比赛中凤毛麟角，从此局变化来看，其较强的反弹力不容小觑。

（二）炮八平六
（4月3日甘肃何刚VS湖南孙浩宇之战）

4. 炮八平六 ……

五六炮是20世纪80年代比较流行的布局战术。

4. …… 　　　　车1平2

6. 车一平二 　　车2平3

另辟蹊径的新着！一般的惯性思维都是走马8进7。

7. 车二进八 　　士6进5

8. 相七进九 　　炮3退1

9. 车二退三（图503）……

如图503形势，红如改走车二退一，炮5平4，红无便宜。

5. 马八进七 　　车2进6

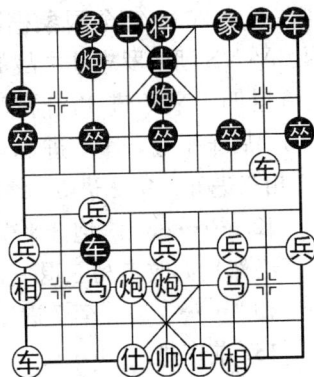

图 503

9. …… 　　　　马8进7

10. 车九平八 　　卒5进1

冲卒反攻，独具匠心！如求稳可走车9平8。

11. 车八进二 　　卒3进1

先冲中卒再冲3卒，颇有力度。

12. 马七退八 ……

识时务者为俊杰！红马成为黑车双炮攻击的靶点，所以主动退却是明智的选择。

12. …… 　　　卒3进1

在防御下暗伏反击手段。如改走车二退一，车9平8，黑优。

13. 炮六平七 ……

13. …… 　　　卒3平4

14. 炮五退一（图504）……

如图504形势，红方退窝心炮顿使局面变成剑拔弩张的复杂态势。

14. …… 　　　卒5进1

箭在弦上不得不发！黑方准备弃车抢攻，大有背水一战的魄力。

15. 炮五平七　　卒 5 进 1

16. 仕六进五　　卒 5 平 6

17. 相三进五　　车 3 进 1

视死如归，弃车砍炮是既定战术。

18. 马八进七　　……

红如改走车八平七，炮 3 进 7，车七退一，卒 6 进 1，红方多子黑有攻势，双方各有顾忌。

18. ……　　　　炮 3 进 7

红如改走车八退一，马 7 进 5，车八平七，卒 6 平 7，黑有攻势。

19. ……　　　　卒 6 进 1

21. 车七进四（图 505）**……**

如图 505 形势，红方如改走帅五平六，炮 5 平 4，仕五进四，马 7 进 5，车七平五，前炮平 5，黑优。

21. ……　　　　卒 6 平 5

黑如改走卒 6 平 7，车八进四，双方各有顾忌。

22. 车八平五　　炮 4 退 1

23. 车五进一　　车 9 平 8

至此呈相互对攻态势，终局黑胜。

19. 马七进六　　……

20. 车二平七　　炮 3 平 4

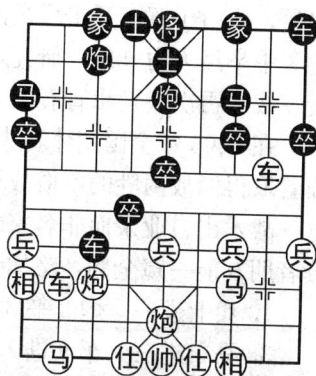

图 504

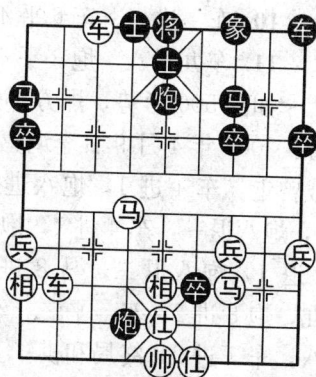

图 505

小结：黑方新着快冲猛打、气势如潮，但左车迟缓不动，暴露出后续兵力接应不上的弱点。尽管终局黑胜，但并非必然结果，读者倘若重演此变宜谨慎为妥。

二、2008 年团体赛新变例

"仙人指路炮轰中卒"曾风行于 20 世纪 90 年代，虽然炮方得卒多兵，但由于双车开出缓慢的不足，后来逐渐遭到冷落。但是近年来炮轰中卒经大力开发与研究，一些新式战术脱颖而出，使老式的"炮轰"战术再次焕发出青春。

在 2008 年全国团体赛中，河南两员小将以后手"肋炮打马"的新着取得两战两胜的不俗战绩，使炮轰战术遭到沉重打击。也许因为这一战术出自业余而非名家之手，并没引起媒体关注与喝彩。为了使读者朋友能一窥全豹，略加整理展示如下：

1. 兵七进一　炮 2 平 3

2. 炮二平五　象 3 进 5

3. 马二进三　车 9 进 1

4. 炮五进四　士 4 进 5

5. 相七进五　马 2 进 4

6. 炮五退一　车 1 平 2

7. 马八进六　车 9 平 6

8. 兵三进一　车 2 进 4

9. 兵五进一　车 6 进 5

10. 车一进一　车 6 平 4

11. 车九平八　炮 3 平 4（图 506）

如图 506 形势，黑方平炮士角，新着！2005 年 4 月 9 日李鸿嘉 VS 蒋川之战曾走：车 4 进 1，炮八进一，车 4 退 1，炮八退一，车 4 进 1，炮八进一，车 4 退 1，炮八退二，马 8 进 7，炮八平

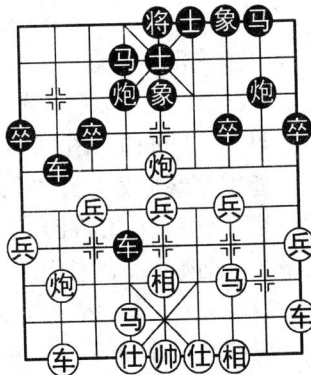

图 506

九，炮 8 进 2，车一平二，车 4 平 1，车二进四，车 2 进 5，马六退八，车 1 进 2，终局和棋。

12. 炮八平七　车 2 退 2

退车巧兑！是这一战术的精华之作。

13. 车八进七　马 4 进 2

14. 马六进五　马 2 进 4

马借炮势逼红补仕而达到阻挡红车左移的目的。

15. 仕四进五　马 4 进 3

16. 车一平二　马 8 进 9（图 507）

如图 507 形势，红有车二进四与炮五平四两种选择，演示如下：

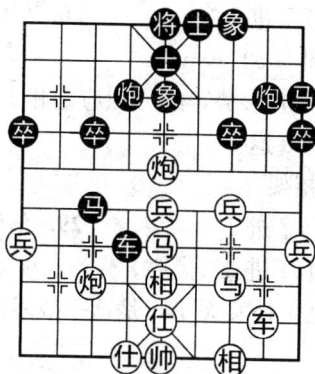

图 507

（一）车二进四
（4 月 18 日赵玮 VS 李晓晖之战）

17. 车二进四　马 3 进 1　　　　　**18. 炮七平六　……**

有点惹事生非的意味，稳健点改走炮七退一为宜。

18. ……　卒 9 进 1

抢先佳着！

19. 车二平四　……

倘若改走车二进一，炮 8 平 6，黑方优势。

19. ……　炮 4 进 5

20. 仕五进六　车 4 进 1

21. 炮五进一　炮 8 进 2

巡河拦挡攻守兼备！

22. 炮五平九　车 4 退 1

23. 相五退七　卒 7 进 1

24. 车四退一　……

应改走车四进一，卒 7 进 1，马五进三，红优。

24. ……　马 1 进 3

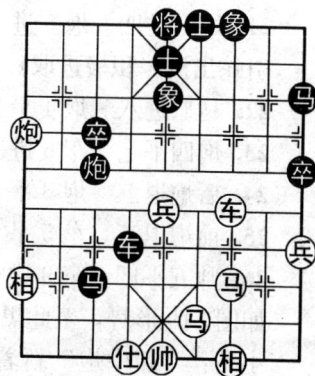

图 508

25. 马五退四　卒7进1　　　　　**26.** 车四平三　炮8平3

27. 相七进九（图508）……

加速失败。如图508形势，红方似应走相七进五坚守为宜。

27. ……　　　　　马3退2

一脚踩双，红难招架。

28. 炮九进三　马2进1　　　　　**29.** 车三退一　马1进3

30. 帅五进一　车4进3（黑胜）

小结："退车巧兑"朴实无华，是这一战术取得成功的核心奥秘。

（二）炮五平四
（4月20日龚岩VS武俊强之战）

17. 炮五平四　……

卸中炮是先弃后取的改进新着！

17. ……　　　　　马3进5　　　　　**18.** 炮四退二　车4退1

19. 马三进五　车4平5

略有急吃之嫌！似可先走卒3进1引而不发为好。

20. 马五进七　炮8平6（图509）

如图509形势，黑方如改走卒3进1，炮七进三，黑无便宜。

21. 炮七进四　炮6进3

引蛇出洞，积极进取！

22. 马七进八　炮4平2

23. 炮四平七　车5进1

24. 后炮退三　炮6平5

25. 前炮退五　车5平7

26. 帅五平四　卒9进1（图510）

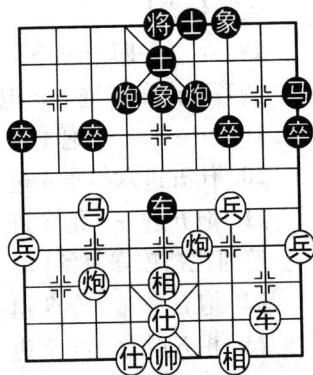

图509

如图510形势，至此黑方稍优，终局黑胜。

小结："卸中炮"新着略显软弱，尚需完善改进，重演此局请谨慎。

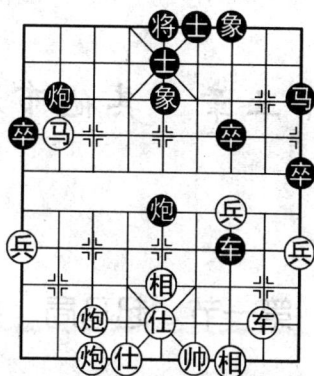

图 510

第十三章　其他布局

第一节　起马局

起马局是一把锋芒内敛以静制动的太极剑，得到棋界名家大腕们的青睐。在"和棋黑胜"新规下，稳扎稳打、步步为营的战略似乎不能与时俱进，所以稳健型的布局也要疯狂！

1. 马八进七　　卒3进1　　　　**2.** 兵三进一　　马2进3
3. 马二进三　　车1进1　　　　**4.** 车九进一　　车1平7
5. 炮八进四　　……

"过河炮"是激烈对杀的冷门战术。在和棋就等于输棋的情况下拼命搏杀是必然战略。过去主流战术多走马三进四或马三进二等。

5. ……　　　　　卒7进1
6. 炮八平七（图511）……

压马打象，放卒过河是"不成功则成仁"的壮举。如图511形势，黑方有象7进5与象3进5两种选择，演示如下：

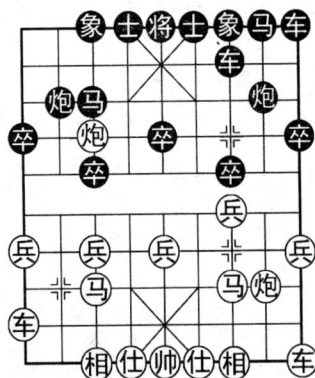

图511

（一）象7进5

（2007年5月22日广东陈富杰VS河南曹岩磊象甲联赛之战）

6. ……　　　象7进5

胆大包天敢飞左象？2001年曾有两位象棋大师败在此阵之下，此后再也没人敢重演此阵，就是一些网络狂人在这"粘着就死，碰着就亡"的高压电网面前也要退避三舍望而却步。那为什么曹岩磊还要为之呢？请看以下战局！

7. 马三进四　　卒7进1

8. 马四进六　　卒5进1（图512）

新着，神来之笔！当笔者为这步棋措词之际，忽然耳边响起中央电视台播送的一句"神来之笔"的广告词。于是信手拈来，作为对挺进中卒的赞美之言。如图512形势，黑方为什么不走车7进3呢？朦胧记得几年前宋国强大师执红棋曾接走：马六进四，马8进6，车九平八，马3退5，车一进一，卒7

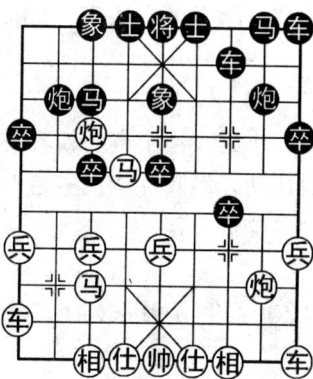

图512

平6，车一平六，炮8平7，车六进七，车9平8，车八平六，炮2退2，相三进五，卒3进1，后车进五，车8进7，仕六进五，卒3平4，帅五平六，红胜。

9. 炮二平五　　车7进2

机不可失！逼炮轰象乘势抢先。

10. 炮七进三　　象5退3

含蓄稳健！如强硬点走车7平3，马七进八，车9进1，车一平二，炮8进3，黑亦可抗衡。

11. 马六进七　　马8进7

12. 车九平八　　炮2平1

轻灵！还架中炮阵型舒展。

13. 前马进八　　炮1平5

14. 车一平二　　车9平8

15. 车二进二　　……

高车是为防止黑伸炮骚扰。

15. ……　　　　卒 7 平 6

横卒表面上是吃底相，实则是想通过中路冲卒来阻击红方的攻势。

16. 车八平四　　卒 5 进 1

17. 兵五进一　　卒 6 平 5

18. 车二进二　　士 6 进 5

19. 仕六进五（图 513）……

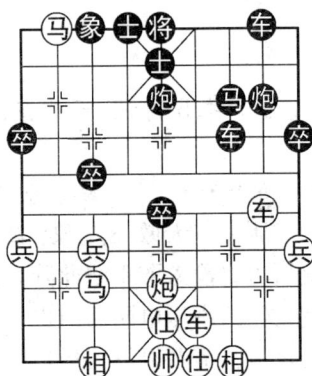

图 513

如图 513 形势，红方不敢车二平五吃卒，因为黑有马 7 进 5 的手段。

19. ……　　　　车 7 平 2

20. 车二平三　　马 7 退 6（黑优）

小结：冲中卒的新着一举打破多年来飞左象的禁区，虽然取得暂时成功，但其性能优劣与否尚待更多的研究与实战检验。

（二）象 3 进 5

（2007 年 5 月 22 日广东吕钦 VS 河南颜成龙象甲联赛之战）

6. ……　　　　象 3 进 5

7. 车九平八　　炮 2 平 1（图 514）

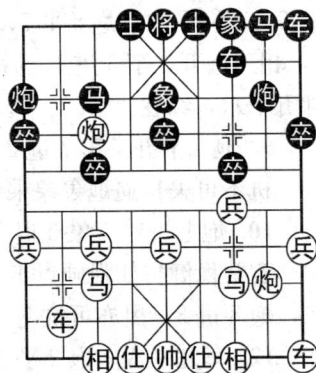

图 514

新着！如图 514 形势，以前大师们都走炮 2 退 2，现在开边炮别具一格。

8. 马三进四　　卒 7 进 1

9. 马四进六　　炮 1 退 1

退炮防止红走马六进七，炮 8 平 3，车八进六捉双。

10. 车八进六　　炮 1 平 3

11. 车八进一　……

先捉马再捉炮弈得颇为有力！

11. ……　　　　车 9 进 1

霸王车的防御优势不言自明，但丢下底马造成丢象的后果。似可拙笨点改走车7平9，马六进四，炮3进2，马四进三，车9平7，车八平三，马8进9，车三退四，炮8平6，黑可抗衡。

12. 炮二进七　　炮 3 进 2

14. 马六进五　……

红马踏象一脚踩两子，凶悍！

14. ……　　车 7 平 8

最顽强的防御手段！如改走车 7 平 4，马五退七，车 4 进 2，车一平二，炮 8 平 7，相三进五，车 4 平 3，车二进八，红优。

15. 炮二退二　　车 8 进 1

16. 马五退七　　马 3 退 2（图 515）

如图 515 形势，从表面上看，红方多子似乎胜定，可是黑方一步倒马，红马无论如何都将插翅难逃。

17. 相三进五　……

鞭长莫及，只好望马兴叹！

17. ……　　车 8 平 3

19. 车三进四　　车 3 进 1

黑如马 4 进 6，兵七进一，车 3 进 1，马七进六，车 3 退 2，马六进五，卒 3 进 1，车三平七，车 3 进 4，相五进七，红方优势。

20. 车三进五　　车 3 平 4

21. 马七退五　　马 4 进 6

22. 车三退五　　士 4 进 5

23. 马五进三　　车 4 进 1

24. 车三平九　　车 4 平 7

25. 马三进四　　车 7 平 6

27. 车九平六（图 516）

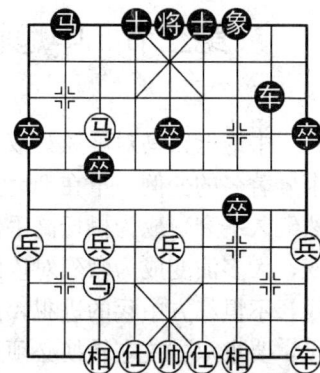

13. 车八平三　　车 9 平 7

图 515

18. 车一平三　　马 2 进 4

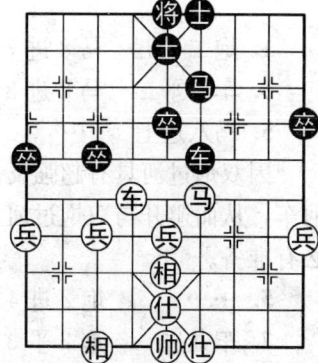

图 516

26. 仕六进五　　卒 1 进 1

如图 516 形势，至此红方稍优。

小结：新着经过猛烈炮火的检验尚有几分抵抗力，求胜虽难但和棋有望。

第二节　中炮七路马对屏风马双炮过河

中炮七路马对屏风马双炮过河是"马炮争雄"布局体系中的一则十分著名的变例，早在 20 世纪五六十年代就已流行开来，数十载仍然经久不衰，成为棋坛高手们的偏爱之阵。此变双方攻守十分复杂多变，大多演变成为激烈对攻的局面。开盘黑方双炮迅速封锁红方兵行线，不惧红方中兵的进犯，由此展开互攻争斗。特别是进入到中局阶段，要求双方攻守转换必须迅速快捷，往往因一步之差，就要被对手捷足先登，抢先发难。

近年来，重大比赛中此类布局时有出现，且是顶尖高手之演绎，增加了这一布局的含金量，使之不断有新的发展与开拓。

一

1. 炮二平五　马 8 进 7　　　2. 马二进三　车 9 平 8
3. 车一平二　马 2 进 3　　　4. 兵七进一　卒 7 进 1
5. 马八进七　……

因双炮过河具有超强反击力，众多名家几乎多走车二进六急进过河车，从而避开与双炮过河斗法。现在明知山有虎偏向虎山行，预示必有准备。

5. ……　　　　炮 2 进 4　　　6. 兵五进一　炮 8 进 4
7. 车九进一　炮 2 平 3　　　8. 相七进九　车 1 平 2
9. 车九平六　炮 3 平 6（图 517）

如图 517 形势，红方有车六进六与兵五进一两种选择，演示如下：

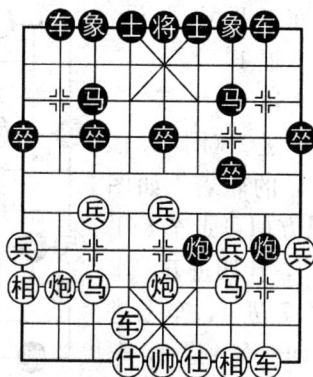

图 517

（一）车六进六

（2007年6月6日金松 VS 梁军象甲联赛之战）

10. 车六进六　炮6进1

飞马献炮展开激烈对杀！这步棋笔者于20年前最先创出。

11. ……　　　炮6平2

13. 炮五进四　车8进3

15. 车六平七（图518）……

如图518形势，红方倘若改走车二进一，车2进6，车二平六，炮8退2，前车平七，炮8平5，兵五进一，将5退1，车七平六，士6进5，前车退四，车2退2，和棋之势。

15. ……　　　车2进6

16. 马三退五　……

窝心马新着闪亮登场！

16. ……　　　炮8退1

11. 马七进六　……

12. 马六进五　马7进5

14. 炮五退一　将5进1

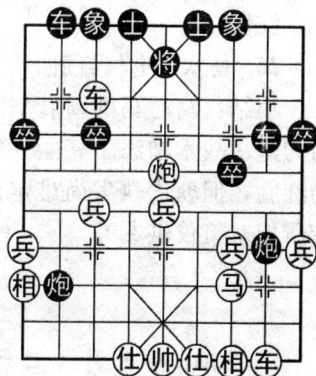

图 518

为什么不走车8进2提中兵呢？因红可接走车七进一，将5退1，车七退二，车8平5，车七平五，士4进5，车二进三，车2退2，兵七进一，车 2 平 3，车五平八，红优。

17. 车七进一　将 5 退 1

18. 车七退一　将 5 进 1

19. 车二进二　炮 2 进 2（图 519）

见将就将是不明显的软着。如图
519 形势，笔者愚见黑方似可走车 8 平
4，马五退七，炮 2 进 2，仕四进五，车
2 平 7，相三进一，卒 7 进 1，车七进
一，将 5 退 1，车七平四，车 4 进 3，车
二平五，车 7 平 8，黑方尚可一战。

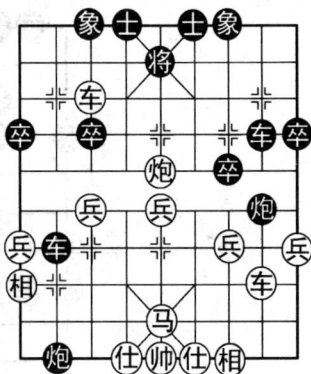

图 519

20. 相九退七　卒 7 进 1 **21. 马五进七　车 2 退 2**

似可改走车 8 平 6 对攻，红也有所顾忌。

22. 兵七进一　车 2 平 3 **23. 马七退八　车 8 平 4**

24. 车七进一　将 5 退 1

25. 车二平四　车 3 进 5（图 520）

如图 520 形势，黑方为什么不走车
4 进 2 捉兵呢？因红可接走车七平四，
车 4 平 5，相七进五，炮 8 退 5，炮五平
四，红优。

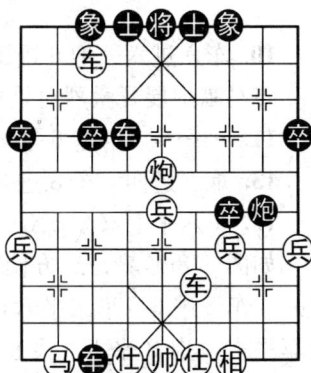

26. 马八进七（红胜）

小结：窝心马的新着乍露锋芒，从
而为这一战术增添了亮丽一笔！虽然终
局红胜，但孰优孰劣尚难定论，局中笔
者所拟对策仅供参考。

图 520

（二）兵五进一

（2007 年 8 月 1 日蒋川 VS 于幼华象甲联赛之战）

10. 兵五进一　……

冲兵突破是 20 世纪 80 年代流行战术，曾一度沉寂，近年来偶露

峥嵘。

10. ……　　士 4 进 5

迎车补士是别出心裁的防御着法!

11. 马三进五　　炮 6 退 1（图 521）

退炮打马具有攻击与牵制双重意味。如图 521 形势,黑方如改走卒 5 进 1,马五进六,象 3 进 5,马六进七,车 2 进 2,各有顾忌。

12. 兵三进一　　卒 5 进 1

13. 兵三进一　　炮 6 平 5

14. 炮八进二　　……

先弃后取,精妙佳着!

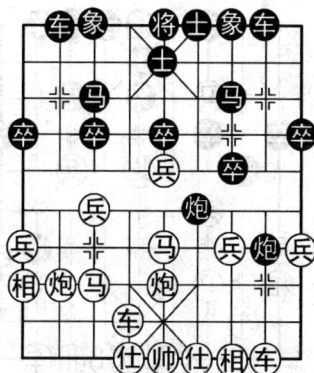

图 521

14. ……　　　炮 5 平 2　　　**15. 炮五进三　　象 3 进 5**

16. 马五进六　　炮 2 退 1

黑如马 3 进 5,马七进八,马 5 进 7,马八进七,车 2 进 2,车六进二,红方稍优。

17. 马六进七　　车 2 平 3

18. 车六平八（图 522）**……**

如图 522 形势,红方平车咬炮稳健!似也可先走前马进九,黑如车 3 进 1,车六平八,车 3 平 2,车八进二,炮 8 退 1,马七进六,红优。

18. ……　　　炮 2 平 7　　　**19. 前马进九　　车 3 平 4**

20. 马九退八　　车 4 进 1

最佳防御!顿使卧槽马威力大失光彩。

21. 马七进八　　车 8 进 3　　　**22. 车二进二　　马 7 进 6**

强行兑子是化解攻势的好棋。

23. 炮五平三　　象 5 进 7　　　**24. 车二平四　　马 6 进 4**

25. 车八进二　　车 8 平 5　　　**26. 仕四进五　　炮 8 进 3**

27. 相三进一　　卒 3 进 1（图 523）

如图 523 形势,至此黑优。

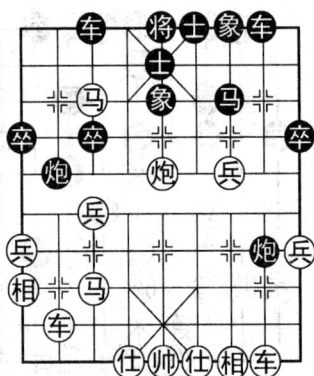

图 522

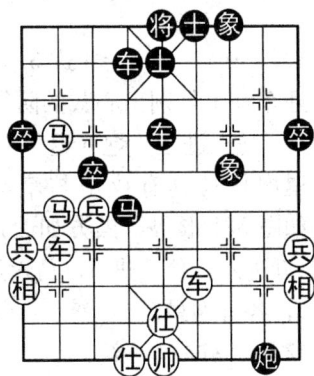

图 523

小结：迎车补士的新着取得成功！但请读者朋友注意，暂时成功并不等于布局黑优，倘若重演此局可能会有风险。

二

1. 炮二平五　　马8进7
2. 马二进三　　车9平8
3. 兵七进一　　卒7进1
4. 马八进七　　马2进3
5. 车一平二　　炮2进4（图524）

如图 524 形势，红有车二进四与兵五进一两种选择，演示如下：

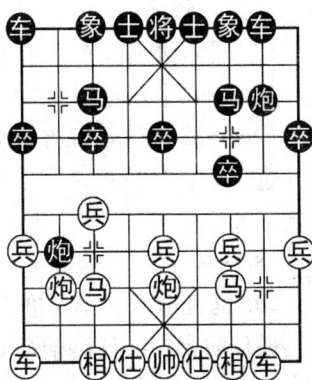

图 524

（一）车二进四

（2007 年 6 月 13 日杨德琪 VS 张晓平象甲联赛之战）

6. 车二进四 ……

"巡河车"是老资格名牌战术，近年来杨大师对此战术格外偏爱。

6. ……　　　　炮 2 平 7　　　　**7.** 相三进一　车 1 平 2

8. 车九平八　车 2 进 4

高车巡河是主流稳健战术。如改走车 2 进 6，马七进六，车 2 退 3，炮八进三，象 7 进 5，炮五平七，红方稍优。

9. 马七进六　炮 8 平 9

10. 车二平四　卒 3 进 1

11. 兵七进一　车 2 平 3

12. 兵五进一（图 525）……

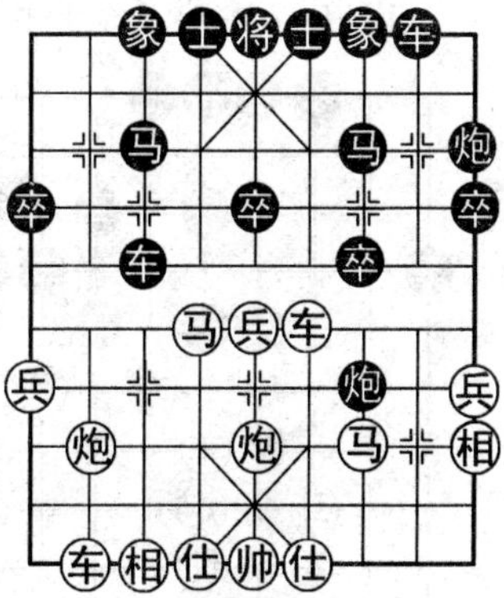

杨氏独创新着！如图 525 形势，2003 年 12 月 18 日香港赵汝权 VS 新加坡赖汉顺曾这样下过：炮八平七，马 3 进 4，车四退一，卒 7 进 1，兵五进一，象 7 进 5，车八进五，象 3 进 1，车八平七，象 1 进 3，相一进三，红方稍优。

图 525

12. ……　　　　象 7 进 5　　　　**13.** 炮八平七　马 3 进 4

14. 兵五进一 ……

再弃一兵，颇有胆魄！

14. ……　　　　卒 5 进 1　　　　**15.** 车八进三　炮 7 平 8

16. 马三进二 ……

居高临下，大气磅礴！笔者倾向改走炮五退一稳步进取。

16. ……　　　　炮 8 进 3　　　　**17.** 仕四进五　车 8 进 3

一车当关，红马难入！

18. 车八平五　车 3 进 3

化解红方攻势的佳着！如走士 6 进 5 消极防御，则车五进二，红优。

19. 马六退七（图526）……

如图526形势，红方为什么不走车五进二呢？因黑可车3平5砍炮，相七进五，马4进2，黑棋不怕。

19. ……　　　　马4进5　　　　20. 马七进五　炮9进4

21. 马五进七　炮9退2

退炮护卒令红方的攻势严重受阻，好棋。

22. 车四平六　车8平3　　　　23. 炮五平七　象5进3

24. 马二退四　车3平8　　　　25. 炮七进三　炮8平9

26. 仕五进四　士6进5（图527）

如图527形势，至此相互对攻各有顾忌。

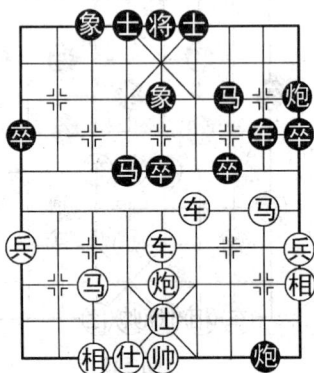

图 526

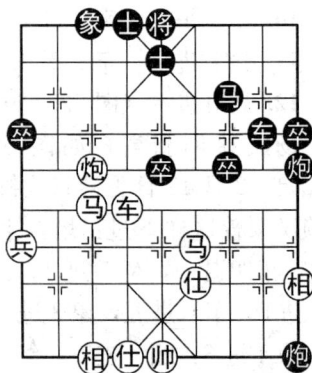

图 527

小结：新着虽然掌握攻势的主导权，可想一举擒王颇有难度，黑方残局净多三卒还是令人恐怖的。

（二）兵五进一

（2007年8月8日朱琮思VS徐超象甲联赛之战）

6. 兵五进一　炮8进4　　　　7. 车九进一　炮2平3

8. 相七进九　车1平2　　　　9. 车九平六　车2进6

车进兵林是久违了的"老枪战术"，现在重新子弹上膛别具韵味！

10. 车六进六　象7进5

一场弃子抢先的争斗由此拉开战幕。

11. 车六平七　士6进5

补仕是经典下法！如误走车七进一，炮8退5，车七退一，炮8进4，黑方大有攻势。

12. ……　　　炮8退1

13. 兵三进一　卒7进1（图528）

如图528形势，黑方挺7路卒是新着，开辟划时代的新战法，以往从没有人敢在大型比赛中试用这一战术。

14. 马三进二　车8进5

15. 车二进四　卒7平8

16. 车七进一　炮3平8

匠心独具！2005年笔者曾于网上见到有人走炮3平1。

12. 仕四进五　……

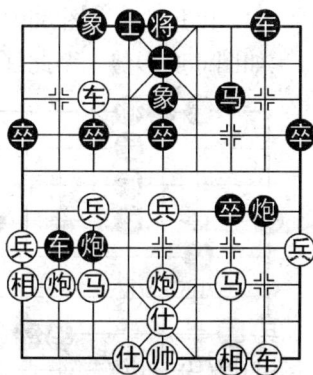

图528

17. 车七平六　炮8进3　　**18. 相三进一　马7进8**

19. 车六退三　……

黑方侧翼数子归边之势不可小视，退车加强防御是必然决策。

19. ……　　　卒8进1　　**20. 车六平四　马8进7**

21. 车四退一　马7进8　　**22. 车四退三　马8退7**

23. 车四进一　卒3进1（图529）

黑马上下腾挪而难有突破之路，只好另谋冲卒兑兵之策。如图529形势，黑方如改走炮8平9，车四平三，相持之下红方稍优。

24. 兵七进一　马7退5　　**25. 车四平三　炮8平9**

为什么不走马5退3踩兵呢？因马七进六，红有攻势。

26. 炮五进四　……

趁机轰卒，打破黑方的全线封锁。

26. ……　　　卒8平7　　**27. 车三平五　马5退3**

28. 马七进六　车2退1

黑如车2平4，炮八平七，马3退5，马六进五，红方稍优。

29. 相九进七 ……

飞相拦挡，构思精巧！

29. ……   马 3 退 5   30. 马六进五   炮 9 退 3

31. 兵九进一（图 530）

如图 530 形势，至此红方稍优，终局获胜。

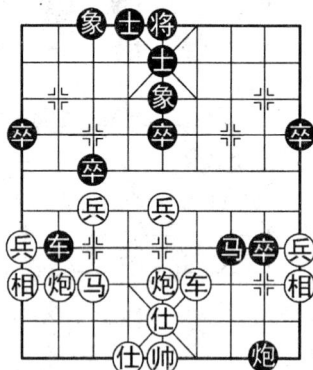

图 529

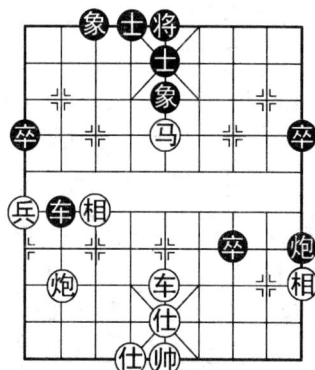

图 530

小结：新着新奇复杂，虽然出师未捷留下一抹淡淡的遗憾，但其侧翼攻杀的构思仍可圈可点。

第三节　中炮直车对反宫马

反宫马又称为"夹炮屏风"，其布局特点是利用士角炮威胁过河串打，以阻止红方左马正起，待自己 8 路马盘河后，又可依托角炮配合，盘踞河口要位。反宫马自 20 世纪 50 年代初具其形后，以其稳健兼含弹性的风格亮相棋坛。

几十年来，反宫马与中炮方的攻守变化不断发展与深化，派生出了许多布局定式战法，逐渐形成了一整套庞大的布局体系，从而开辟出了"马炮争雄"的第二战场。进入 21 世纪，中炮对反宫马布局再度出现了很多新颖战术，双方的争斗格局或对攻，形成激烈复杂的局势，或强制交换主力，转成无车棋，以马炮残局的功夫决定胜负。

反宫马曾因特级大师胡荣华领衔主
演而辉煌一时，后来由于进入稳定期，
可供开发的亮点逐渐减少，但在 2008
年明星赛上却有新的突破……

1. 炮二平五　马2进3
2. 马二进三　炮8平6
3. 车一平二　马8进7（图531）

如图531形势，红有兵七进一与兵
三进一两种选择，演示如下：

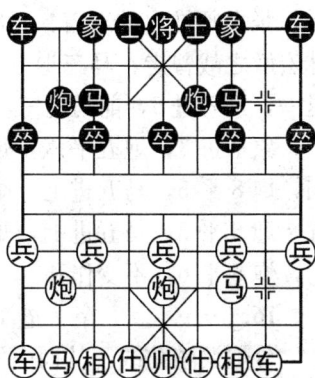

图 531

（一）兵七进一

（2008 年 7 月 26 日张申宏 VS 蒋川之战）

4. 兵七进一　卒7进1	5. 炮八平六　车1平2
6. 马八进七　炮2平1	7. 马七进六　士6进5
8. 车二进六　车9平8	9. 车二平三　炮6退1
10. 马六进七　车2进3	
11. 兵七进一　炮6平7	
12. 车三平四　炮1退1	
13. 马七退五　车2进2	
14. 炮六平七　卒7进1（图532）	

以上是 20 世纪 80 年代经典主流战
术。如图 532 形势，红分炮打马与黑冲
卒渡河，最早是徐天红与李来群两位特
级大师于 1987 年所创。

15. 炮七进五　……

红如改走兵三进一，卒5进1，炮七进五，车2平7，炮五进三，
象7进5，车九进二，马7进8，黑有反先之势。

15. ……　　　卒7进1	16. 马五退七　……

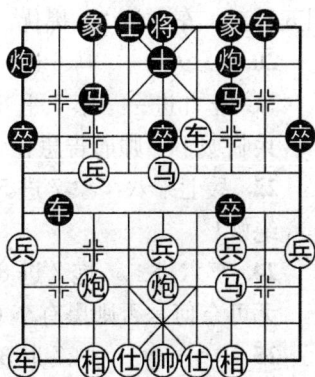

图 532

张大师推出的新着！1987 年 11 月 8 日，新加坡郑祥福 VS 上海林宏敏之战曾走：马三退五，马 7 进 8，车四退一，车 2 平 6，车四退一，马 8 进 6，前马退三，车 8 进 4，车九进二，车 8 平 7，相三进一，象 7 进 5，炮五平六，炮 7 平 8，炮六进二，炮 8 进 5，车九平四，炮 8 平 5，马五进七，炮 5 平 6，兵七进一，卒 5 进 1，马七退五，炮 6 平 5，马五进七，炮 5 平 6，马七退五，炮 6 平 5，马五进七，炮 5 平 6，不变作和。

16. ……   卒 7 进 1   **17. 炮五平七**   ……

分炮调整防线，从而引发黑方猛烈反击，似也可走相三进一避开被攻击的隐忧。

17. ……   马 7 进 8   **18. 车四平三**   马 8 进 6

19. 车三退二   车 8 进 8

一着精妙的点穴，使红方大有半身不遂之感。

20. 仕四进五（图 533）……

如图 533 形势，红方倘若改走相三进五，马 6 进 4，马七退六，车 2 平 7，相五进三，车 8 退 2，黑优。

20. ……   马 6 进 4

21. 车九进一   卒 7 平 6

兵临城下，帅府告急！

22. 兵七平八   象 7 进 5

绝妙！

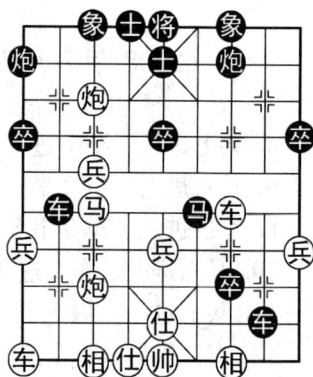

图 533

23. 车九平六   车 8 进 1

24. 车六进二   炮 7 进 8   **25. 仕五进四**   ……

无可奈何，否则黑有卒 6 进 1 绝杀的手段。

25. ……   炮 7 退 3

26. 帅五进一   炮 7 平 4（图 534）

如图 534 形势，至此黑方大优。

小结： 改革新着付出较大改革成本，重演此局请谨慎。

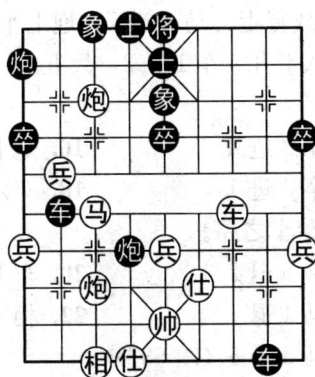

图 534

（二）兵三进一

（2008 年 7 月 25 日王琳娜 VS 张江之战）

4. 兵三进一　卒 3 进 1　　　　**5.** 马八进九　象 7 进 5

6. 炮八平七　车 1 平 2　　　　**7.** 兵九进一（图 535）……

挺进边兵最早是胡荣华于 1995 年推出的稳健性战术。如图 535 形势，红方如改走车九平八，炮 2 进 4，将要演变成著名双弃兵的流行定式。

7. ……　　　　　士 6 进 5

8. 车九进一　车 9 平 7

"车藏马底"是近几年的新兴战术。

9. 车九平四　卒 7 进 1

10. 兵三进一　马 7 退 6

11. 马三进二　车 7 进 4

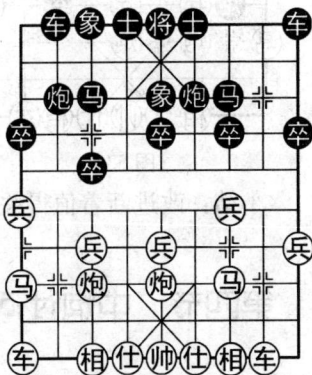

图 535

通过先弃后取的战术手段把黑车调到前沿阵地，战术耐人寻味。

12. 马二进一　车 7 进 2　　　　**13.** 车四进三　炮 2 进 1

14. 马一退二　炮 2 进 3（图 536）

如图 536 形势，黑方进炮兵行线是最新改进战术！2006 年 12 月

27日谢靖VS张江之战曾走：马6进7，炮七平八，车2平1，炮八进一，卒1进1，炮八平九，车1平2，兵五进一，车7进2，炮九进二，红优。

15. 兵七进一　车2进4		**16.** 炮七退一　马3进4
17. 车四平六　卒3进1		**18.** 车六平七　马6进7

机警！阻断红马踏车之路。

19. 炮七平五　炮6退2		**20.** 车七平六　车2平3
21. 前炮平六　马4退6		**22.** 相三进五　马7进8

23. 马二退三　马8进6（图537）

如图537形势，至此黑优。

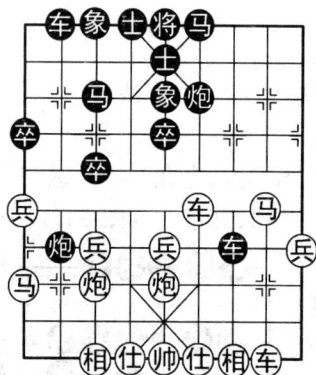

图 536

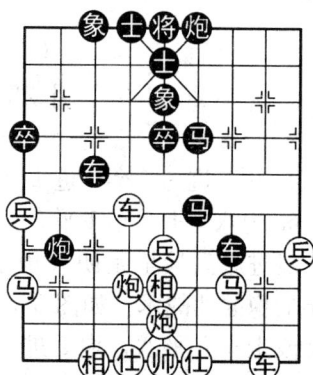

图 537

小结：改进新着值得关注与借鉴！

第四节　中炮过河车七路马对屏风马平炮兑车

　　中炮过河车七路马盘河开局在20世纪70年代就已得到了广泛的使用，双方攻守着法历经几十年的演变，建立了一整套比较成熟的布局体系。布局阶段，红方抢先构筑河口马"前哨"，配合中炮与过河车发动攻势，布阵策略讲究两翼子力均衡发展；黑方则采用退炮逐车的防守反击策略，于7路线蓄势待发，大有后发制人的气势。长期以来，双方拼斗的结果和棋居多，胜负参半。虽然近几年红方"新着"、"飞刀"时有出现，引起了不小的震动，但先后手方均为可战的格局仍然未被打破。以下是 2008 年首届世界智力运动会象棋比赛中的新变例。

1. 炮二平五　马 8 进 7
2. 马二进三　车 9 平 8
3. 车一平二　马 2 进 3
4. 兵七进一　卒 7 进 1
5. 车二进六　炮 8 平 9
6. 车二平三　炮 9 退 1
7. 马八进七（图 538）……

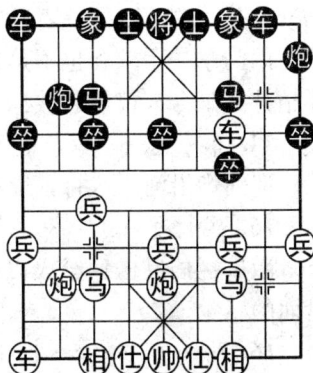

图 538

如图 538 形势，黑出现车 8 进 8 与车 1 进 1 两种选择，演示如下：

（一）车 8 进 8
（2008 年 10 月 6 日中国汪洋 VS 越南阮武军之战）

7. ……　　　　车 8 进 8

冷门战术！朦胧记得这是著名棋手胡荣华于 1989 年最早推出的战术。

8. 炮八平九　……

针对黑车抢占下二路线的下法而演变出两种攻击路线，古典版是走兵五进一，现代版是走炮八平九。

8. ……　　　　车 1 平 2

最新探索性新着！过去常走车 8 平 3，马三退五，另有繁杂攻守。

9. 车九平八　炮 9 平 7　　　10. 车三平四　马 7 进 8
11. 车四平三　马 8 退 7　　　12. 车三平四　马 7 进 8
13. 车四平三　……

面对新阵，汪洋十分老练，暂以不变作和的姿态投石问路。

13. ……　　　马8退9

汪洋佯装不变作和的策略增强了阮武军战斗的决心，从而扬鞭退马9路一决高下。据笔者臆断，还应走马8退7打车，汪洋还是要变着，因为拿先手求和也不是他的风格！不过越南阮武军主动求变的决斗精神还是令人肃然起敬！

14. 车三退一　象3进5

巡河炮沿河十八打，气势汹汹！

16. 兵七进一　……

激进拦挡反击！给人以高明者超凡盘面的感觉。

16. ……　　　卒3进1

17. 马七进六　炮7平2（图539）

稍嫌强硬！如图539形势，黑方如改走卒3进1，马六进五，炮2平7，车八进九，马3退2，马五退三，炮7进4，前马进四，将5进1，兵三进一，各有顾忌。

18. 马六进八　……

一车换二，突破佳着！

18. ……　　　炮2进8

20. 炮五进四　象5进7

背水一战风险加大！倘若改走士4进5，马七进五，车8平4，仕四进五，将5平4，马五退七，车2平3，炮九平六，车4退1，仕五进六，卒3进1，车三平四，红方稍优。

21. 炮九平七　车8平4

弃卒意在保象。

23. 车三平七　炮2平1

左炮右移是颇具妙味的好棋。

24. ……　　　车4退6

25. 炮四进二（图540）……

15. 车三退一　炮2进2

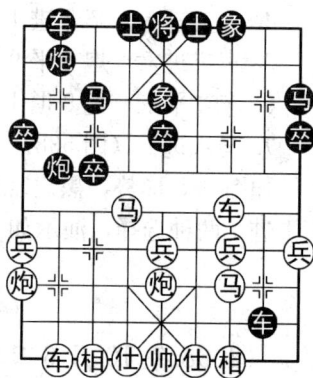
图539

19. 马八进七　车2进2

22. 仕四进五　卒3进1

24. 炮七平四　……

如图 540 形势，红方似可改走炮四进三，马 9 进 7，炮五退二，将 5 进 1，炮四平五，将 5 平 6，马七进六，车 4 退 2，车七进四，士 6 进 5，车七平五，将 6 退 1，前炮平四，车 4 进 5，炮四退五，红方大优。

25. ……　　　马 9 进 7

26. 炮四平五　马 7 进 5

27. 车七进一　车 2 进 7

图 540

为什么不走车 2 平 3 吃马呢? 因红可接走车七平五，将 5 进 1，炮五平六，象 7 进 5，相三进五，红大优。

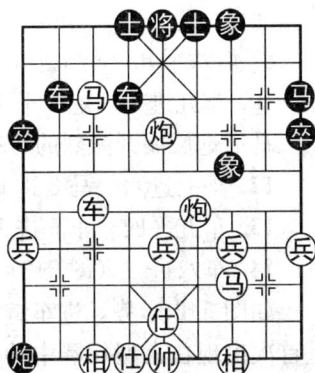

28. 相三进五　车 4 进 6

29. 帅五平四　炮 1 平 3

30. 帅四进一　炮 3 退 1

31. 帅四进一　……

御驾亲征，有惊无险!

31. ……　　　炮 3 退 1（图 541）

如图 541 形势，黑方别无良策而弃炮引车。

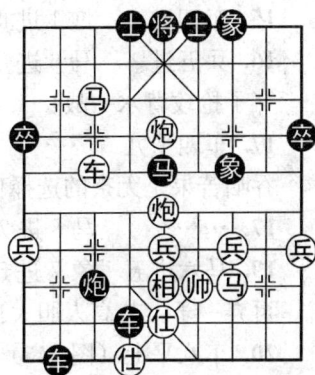

32. 车七退三　车 2 退 8

33. 相五退三　车 2 平 6

34. 帅四平五　车 6 平 2

图 541

35. 兵三进一（红胜）

小结：越南"武氏"新着虽然受挫，但其内蕴攻守之术仍可圈可点!

(二) 车 1 进 1

(2008 年 10 月 3 日越南阮武军 VS 中国蒋川之战)

7. ……　　　车 1 进 1

屏风马横车在近几年比较少见，现在老谱重续，颇有点出其不意攻其无备之意。

8. 炮八平九　　车1平6　　　　**9.** 车三退一　　炮2平1

10. 车九进一　　炮9平7　　　**11.** 车三平八　　马7进8

马借炮威展开激烈的对攻。

12. 马七进六　　马8进6

13. 车九平四　　车6进1

14. 车八进二（图542）……

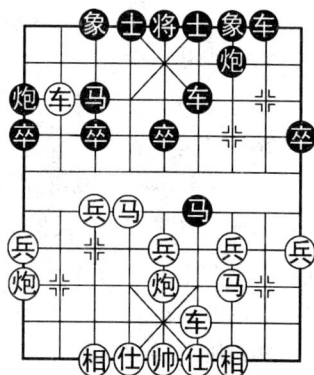

图542

如图542形势，进车链拴黑方车马是首次出现在大型比赛中的新着。如车四进二，马6进8，黑有攻势。

14. ……　　　　车8进2

15. 车四进二　　炮1进4

16. 兵五进一　　马6进8

弃子抢攻背水一战！

17. 车四平九　　……

吞咽苦果是无奈的选择！

17. ……　　　　马8进7　　　**18.** 帅五进一　　车6进7

19. 马六进五　　象7进5

再弃一子，艺高人胆大！

20. 车八平七（图543）……

探索性新着！如图543形势，2007年10月4日象棋软件争霸赛"饮水思源"VS"象棋奇兵"曾走马五退三，车8进2，兵五进一，车6平4，前马进四，将5进1，炮五进一，车4平3，兵五平六，将5平6，炮五平四，将6平5，炮四退二，车8平4，黑大优。

20. ……　　　　炮7进6　　　**21.** 炮九退一　　……

别无良策！如改走炮九平三，马7退5，帅五进一，车8进5，红也难招架。

21. ……　　　　马7退5　　　**22.** 帅五进一　　车6平4

挥车斩仕追杀，使红王呈高处不胜寒之态，黑方胜势已定。

23. 马五退四　　炮7进1　　　**24.** 炮九进一　　车4平5

25. 帅五平六　车 5 平 3（图 544）

如图 544 形势，至此黑胜。

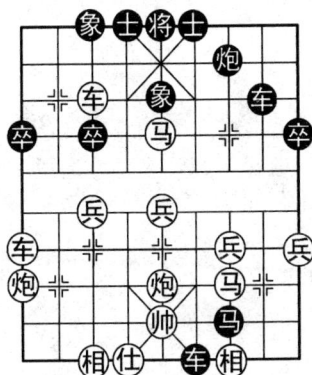

图 543

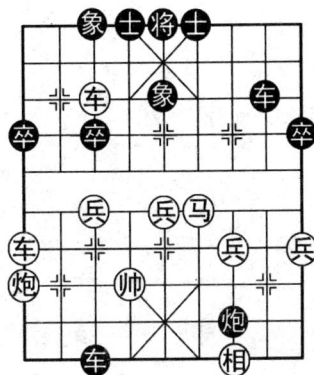

图 544

小结：新着贪吃酿成大祸，重演此局凶多吉少。